Das Buch

Daß bei einem Stierkampf der Stier der einzige ist, der eine faire, sportliche Haltung zeigt; daß wir keineswegs Angst vor einem Spaziergang zu haben brauchten, wenn es in unseren Wäldern wieder Bären gäbe; daß Dachse mit großem Vergnügen aufs Eis gehen – das sind nur einige der Erkenntnisse, welche die Lektüre dieses Buches vermittelt. Ohne die Tiere zu vermenschlichen, weiß Bernhard Grzimek sie auf unterhaltsame und doch höchst lehrreiche Weise dem Leser nahezubringen und in ihren spezifischen Verhaltensweisen zu erklären, seien es nun Gorillas, Robben, Flughörnchen und Stinktiere oder Dohlen, Goldfische, Fledermäuse und Hunde. Sie alle werden in liebevoll-genauen Porträts geschildert, von einem Autor, der wie kein anderer das Verständnis des Menschen für die Tiere zu wecken gewußt hat.

Der Autor

Bernhard Grzimek, am 24. 4. 1909 in Neisse (Schlesien) geboren, studierte Veterinärmedizin, war zunächst als Tierarzt tätig und trat kurz darauf in das Reichsernährungsministerium ein. Nach 1945 wurde er Direktor des Frankfurter Zoologischen Gartens, den er zu einem der reichhaltigsten in Europa ausbaute. Grzimek, Dr. Dr. h. c., Professor an der Universität Gießen und Kurator der Nationalparks in Tansania und Uganda, wurde mit zahlreichen Preisen und Ehrungen ausgezeichnet. Sehr bekannt wurde er in Deutschland dadurch, daß er als erster Wissenschaftler über ein Jahrzehnt lang in einer großen Illustrierten regelmäßig Woche für Woche einen Bildaufsatz über Tiere schrieb, seit 1956 dann auch durch seine beliebte Fernsehreihe ›Ein Platz für Tiere‹.

Bernhard Grzimek:
20 Tiere und ein Mensch
Der Zoologe erzählt

Deutscher
Taschenbuch
Verlag

dtv

Von Bernhard Grzimek
sind im Deutschen Taschenbuch Verlag erschienen:
Auch Nashörner gehören allen Menschen (1082)
Mit Grzimek durch Australien (1113)
Wildes Tier – weißer Mann (1177)
Kein Platz für wilde Tiere (1234)

Ungekürzte Ausgabe
April 1977
Deutscher Taschenbuch Verlag GmbH & Co. KG,
München

Umschlaggestaltung: Celestino Piatti
(unter Verwendung eines Fotos von Hans Reinhard/Okapia)
Gesamtherstellung: C. H. Beck'sche Buchdruckerei,
Nördlingen
Printed in Germany · ISBN 3-423-01264-1

Inhalt

Man kann Tiere zu Helden von Romanen und Geschichten machen. Seton Thompson hat das meisterhaft getan. Als Junge habe ich seinen ›Bingo‹ und seine ›Tierhelden‹, später die Bücher von Svend Fleuron bis tief in die Nacht gelesen. Sicher waren sie mit die Ursache, daß ich dann mein ganzes Leben Tieren verschrieben habe – diesen »Weltbürgern«, die auch ihren Rechtsanspruch auf Platz neben uns in den Ländern der Erde haben. Und die wir ständig verdrängen, erschlagen, ausrotten.

Das hier ist ein anderes Tierbuch.

Es soll zeigen, daß Tiere an sich interessant sind. Mindestens ebensosehr wie Autos, Motoren, Flugzeuge. Aus den Briefen, die täglich zu mir kommen, weiß ich, daß es immer mehr Leute gibt, die Adler mehr lieben als Düsenjäger und Elefanten interessanter finden als Lastwagen. Sogar interessanter als Menschen ... Hat man mit Tieren zu tun, stößt man täglich auf Dinge, die man noch nicht weiß und die verwundern, ja verblüffen. Es steckt eben mehr in ihnen als in den Dingen und Apparaten, die wir selbst fabrizieren.

Die Kapitel dieses Buches sind so bunt und so sprunghaft wie die Ereignisse, die mich als Zoomann, als Tierarzt und als Tierforscher täglich überraschen. Oft bringen sie Sorgen und drükken nieder. Aber im ganzen haben sie mein Leben ausgefüllt und zufrieden gemacht, haben mir Freude gebracht. Dieses Buch soll versuchen, etwas davon anderen zu übermitteln, die nicht das Glück haben, einen Beruf unter Tieren zu finden; die nur unter Menschen und Maschinen arbeiten.

Bernhard Grzimek

Unsere Menschenaffenkinder

Der Gorilla

Sicher hat es noch nicht gerade viele Menschen gegeben, die wie wir jahrelang mit Gorillas zusammen in derselben Wohnung leben. Aber wenn man das tut, dann entdeckt man immer wieder Neues an ihnen und interessiert sich für alles, was man über das Leben dieser »unheimlichen« Waldgeschöpfe hier und da aufgezeichnet findet. Es ist recht wenig, erstaunlich wenig. Dabei liegt die erste Kunde von ihnen schon weit zurück.

Im Jahre 460 v. Chr., also vor bald 2440 Jahren, stach von Karthago aus eine ungewöhnlich große Flotte in See, die von Hanno, einem der höchsten Staatsmänner der großen Handelsstadt, befehligt wurde. Es waren sechzig Schiffe, jedes mit fünffach übereinander sitzenden Reihen von Ruderern bemannt. Insgesamt zogen damals dreißigtausend in Libyen ansässige Phönizier durch die Meerenge von Gibraltar und immer weiter an der Küste Afrikas südwärts, bis sie nach Kamerun kamen. So weit war man bis damals noch nie gefahren. Die Flotte versuchte, den Niger aufwärts zu reisen, mußte aber an den Stromschnellen wieder umkehren. Vermutlich im heutigen Gabun traf die Expedition mit riesigen schwarzen Menschen zusammen, die behaart waren. Sie fletschten die Zähne, grunzten, drohten, und als die Karthager nach alter Sklavenjägerweise ein paar von ihnen fangen wollten, bissen selbst die Weiber so fürchterlich um sich, daß sie getötet werden mußten.

Hanno ließ diesen seltsamen, behaarten menschlichen Geschöpfen das Fell abziehen und brachte die Häute mit nach Karthago, wo sie im Tempel aufgehängt wurden. Dort sind sie offensichtlich Jahrhunderte geblieben. Noch nach einem halben Jahrtausend sahen sie die römischen Eroberer, wie Plinius berichtet, der 79 n. Chr. beim Ausbruch des Vesuv umkam. Die Dolmetscher hatten Hanno erzählt, daß diese merkwürdigen wilden Geschöpfe Gorillas hießen. Ob es wirklich Angehörige der großen Menschenaffenart waren, wird sich nie klären lassen. Manche Forscher nehmen an, daß es sich vielleicht nur um Paviane gehandelt habe. Aber das ist wohl unwahrscheinlich, denn die Phönizier werden auf ihren weiten Handelsfahrten in Nordafrika längst Paviane kennengelernt haben; sie hätten dann nicht Pavianhäute als Seltenheit aus Kamerun nach Hause gebracht.

Es hat lange gedauert, bis wieder Nachrichten von diesen riesigen Tiermenschen nach Norden kamen. Ende des 16. Jahrhunderts wurde der englische Matrose Andreas Battel von den Portugiesen gefangengenommen und jahrelang in Westafrika festgehalten. Er beschreibt zwei Menschenaffenarten, in denen wir unschwer Gorillas und Schimpansen erkennen können. Die Gorillas nennt er Pongo und behauptet, daß sie nach dem Abzug der Menschen an das Lagerfeuer kämen, sich dort wärmten, aber nicht klug genug wären, um neues Holz ins Feuer zu legen. Vieles andere, was er von den schwarzen Riesen erzählt, hat sich später als richtig erwiesen.

Die ersten lebenden Schimpansen kamen schon um 1640 nach Europa, aber von den übrigen Menschenaffenarten erfuhr man nicht viel. In den wissenschaftlichen Büchern der damaligen Zeit werden Gorillas, Orang-Utans und Schimpansen ständig verwechselt, aber auch mit den Zwergvölkern und verschiedenen wilden Menschenrassen durcheinandergeworfen. Erst um 1860 brachten der Missionar Savage und der Reisende Du Chaillu nähere Beschreibungen, Schädel und Häute nach Europa. Nach Du Chaillu sind Gorillas grausige Ungeheuer des Urwaldes, die jeden Menschen angreifen und zerreißen. Er beschreibt das fürchterliche Gesicht, die riesige Gestalt, das schreckliche Brüllen und das Trommeln mit den Fäusten auf der Brust vor dem Angriff. Seine Schilderungen haben den Gorilla ein halbes Jahrhundert als ungeschlachten Waldteufel in das Bewußtsein der Europäer eingehen lassen. Später hat man seine Angaben bezweifelt, und je besser die Ausrüstung der Jäger und Forscher wurde, je sicherer und durchschlagender die Büchsen schossen, um so friedlicher, ja zum Schluß fast liebenswürdig wird das Bild der riesigen Menschenaffen im Laufe der Jahrzehnte.

Du Chaillu hat trotzdem vermutlich nicht besonders übertrieben. Wenn man mit den unvollkommenen Waffen der Mitte des vorigen Jahrhunderts solch einem Riesentier wie einem Gorilla gegenübersteht, läßt man sich von seiner Körpermasse, von seinem schrecklich-menschlichen Gesicht und seinen Drohungen eben leichter einschüchtern als heutzutage, im beruhigenden Besitz moderner, zuverlässiger Gewehre.

Der tüchtige Amerikaner Martin Johnson, der im Auto und im Kleinflugzeug mit der Kamera hinter Löwen, Nashörnern und Gorillas her war – und der zum Schluß nicht durch Löwen, sondern bei einem Verkehrsunglück in Nordamerika umkam –, ist wochenlang mit gezücktem Aufnahmegerät hinter Gorillas hergelaufen. Sie haben ihn häufig gesehen, haben ihn nur manchmal angeschimpft und sind ihm immer ausgewichen. Wirklich, sie sind nicht angriffslustig.

Lebend kamen Gorillas erst am Ende des vorigen Jahrhunderts nach Europa. Major Dominik bot achthundert bis tausend Neger auf, um endlich mit Netzen drei Gorillas zu fangen. Zwei davon gelangten bis zu Hagenbeck. Einer hat dreizehn, der andere siebzehn Tage dort gelebt. Sie sind, wie der alte Hagenbeck erzählt, »an Heimweh« gestorben. Das mag bei älteren Tieren nicht ganz auszuschließen sein, aber immerhin erhielten die damaligen »Tiermagazingebäude« kaum irgendwelche Einrichtungen, die heute in einem Menschenaffenhaus selbstverständlich sind. Im Berliner Aquarium, wohin später einmal ein Gorilla für einige Zeit gelangte, gab man ihm »zum Frühstück ein Paar Wiener, Frankfurter oder Jauersche Würste oder ein Hamburger Rauchfleisch, Berliner Kuhkäse oder ein belegtes Butterbrot. Dazu trank er am liebsten eine kühle Weiße«. Mittags bekam er zuerst eine Tasse Bouillon, dann Reis oder Gemüse, Kartoffeln, Mohrrüben oder Kohlrabi mit Fleisch gekocht – also alles Nahrungsmittel, die er mit Sicherheit in seiner Heimat nicht zu sich nimmt. Heute sind wir in der Ernährung der Wildtiere in Zoologischen Gärten weiter, und dementsprechend haben die Tiergärten immer bessere Erfolge bei ihrer Haltung.

Von den drei Menschenaffenarten ist der Schimpanse die häufigste. Schimpansen sind die lebhaftesten und intelligentesten Menschenaffen, sie sind uns am meisten verwandt, weit enger noch als zum Beispiel die Gorillas. Immerhin haben von allen höheren Herrentieren nur Gorilla, Schimpanse und Mensch vielerlei Merkmale gemeinsam, wie zum Beispiel die Stirnhöhlen. Der asiatische Orang-Utan steht uns weit ferner. Auch die Eiweißbausteine unseres Körpers sind denen der Schimpansen am ähnlichsten, während sie beim Gorilla schon andersartiger und beim Orang-Utan wesentlich abweichender sind.

Wer einmal einen ausgewachsenen oder fast erwachsenen Gorillamann in einem Zoo sieht, muß diesen Eindruck erst verarbeiten. So ein Tier kann bis 2,30 m groß werden, obwohl es kurze Beine hat. Ein Gorillamann, der 1930 von einer wissenschaftlichen Expedition mit besonderer Erlaubnis im Virunga-Vulkangebirge des Albert-National-Parkes im Belgischen Kongo erlegt wurde, war 325 kg, also 6½ Zentner schwer, hatte 185 cm Brustumfang, und seine ausgebreiteten Arme klafterten drei Meter. Dabei gibt es noch größere Gorillas mit Schulterbreiten von

Der Gorilla-Mann »Massa« im Zoo von Philadelphia wog 180 kg, als er 22 Jahre alt war.

1,10 m. Diese männlichen Gorillas wirken ungeheuerlich und übermenschlich, und man mag sich das Grauen der ersten Weißen wohl vorstellen, die ungenügend bewaffnet solch einem menschlich aussehenden Tier gegenüberstanden. Solche Riesen konnte man in den ersten Jahrzehnten kaum in Zoos sehen. Im Zoo von Philadelphia starb 1961 »Bamboo« im Alter von 34 Jahren. Es lebte dort »Massa«, der im Dezember 1930 auf die Welt kam und 170 kg wog. Sie waren die ältesten Zoo-Gorillas.

Der New Yorker Gorillamann »Makobo« ist am 13. Mai 1951 im Wasserabsperrgraben seines neuerbauten Freigeheges ertrunken. Er hatte sich über das Wasser gebeugt, war hineingestürzt und wie ein Stein abgesunken. Dabei machte er keine Schwimmbewegungen und benutzte auch die Stricke und Aussteigleitern nicht, die vorsorglich am Ufer angebracht waren. Ein Tierfänger erzählte mir, daß auch kleinere Flüsse in Afrika unüberschreitbare Hindernisse für Gorillafamilien bilden. Während den gewöhnlichen Affen und fast allen Tieren das Schwimmenkönnen angeboren ist, machen die drei Menschenaffenarten und der Mensch darin eine Ausnahme.

Vor einiger Zeit brachte eine große Illustrierte in München unter ihren Witzbildern eine Zeichnung von zwei Hasen, von denen einer ins Wasser springt und der andere ihn fragt, warum er denn so etwas mache. »Dort hinten kommt der Tierpsychologe Schrimek«, sagt der andere, »der bringt mich dann vielleicht in die Zeitung, so unter der Rubrik ›Merkwürdiges Verhalten von Tieren‹!« Ich schrieb der Redaktion, daß der Hase auf diese Weise bei mir nie »in die Zeitung käme«, denn sein Schwimmen sei keineswegs merkwürdig, schon in ›Brehms Tierleben‹ könne man nachlesen, wie gut Hasen schwimmen können. »Ja, wenn Sie einen schwimmenden Gorilla gezeichnet hätten ...!« Aber Gorillas sind eben viel schwerer zu zeichnen als Häschen ...

Es gibt heute auf dem Erdball noch etwa 15000 bis 20000 Gorillas, etwas wenig im Vergleich zu 3860 (1973) Millionen Menschen. Die Mehrzahl der Gorillas lebt in den Urwäldern von Westafrika um den Golf von Guinea herum, und rund 3000, und zwar die Berggorillas, hausen in Zentralafrika, im östlichen Teil, in den Vulkangebirgen zwischen dem Eduard- und dem Kivusee. Dort hat man, hauptsächlich um gerade sie zu schützen, 1925 den Albert-National-Park gegründet, ein 315000 Hektar großes Naturschutzgebiet. Die Gorillas haben da in einer Höhe von teilweise dreitausend bis viertausend Metern ihre Heimat. Ich bin 1955 in dieser Gegend gewesen – dichter Bergwald, eigentlich mehr Gebüsch, Wolkennebel, kalt, ständiger Regen. Das troff und rieselte und es war so ungemütlich, daß mir die Berggorillas geradezu leid taten, hier leben zu müssen – aber natürlich war das eine stark vermenschlichende Denkweise! Während der Albert-Park zum ehemaligen Belgischen Kongo gehörte, kommen angrenzend im Südwesten Ugandas ebenfalls noch Gorillas vor.

Die Gorillaweibchen sind kaum halb so groß wie die Männer. Während sie und die halbwüchsigen Jungen mitunter in vier bis sechs Meter Höhe über dem Boden Schlafnester bauen, steigen die überschweren Männer kaum jemals auf Bäume, sie schlafen auf der Erde.

Während Schimpansen »weniger, aber besser« speisen, nehmen Gorillas große Mengen von oft nicht sehr nährwertreichen, aber stark zellulosehaltigen Schößlingen auf. Sie ziehen zum Beispiel das Mark der Bananenstauden deren Früchten vor.

Sie sollen in Familien von manchmal zehn bis fünfzehn Köpfen leben, aber die Größe eines Rudels, die Art der Ernährung und der Übernachtung wechselt wohl mit den verschiedenen Gegenden. Es ist kaum möglich, einen ausgewachsenen Gorilla zu fangen, und hätte man ihn gefangen, wie sollte man ihn transportieren? Meistens werden die Mütter trotz aller Verbote von den Schwarzen geschossen und aufgegessen. Die Kinder, welche so in Menschenhände geraten, werden dann häufig von »Tierfängern« aufgekauft. Auf diese Weise kommen Gorillas auch in Zoologische Gärten.

Im Jahre 1953 wußte ich genau über jeden Gorilla Bescheid, der irgendwo außerhalb Afrikas in einem Winkel der Erde lebte. Gerade hatte ich nämlich eine »Volkszählung« für sie abgeschlossen – mit Luftpostbriefen, Fragebogen, Telegrammen. Es waren genau 56, und das ist nicht gerade viel. 35 davon waren Männer. Fast kriminalistischer Spürsinn war nötig, um den letzten in Florida ausfindig zu machen, der mit einem Schausteller herumreist. Dessen Frau schrieb mir, daß der halbwüchsige »M'Jingo« ein sehr liebenswerter Bursche sei und mit ihnen gut zusammenlebe. Sie fügte stolz hinzu, daß sie die »einzige Gorillaschau Amerikas« hätten. Wenn andere Schausteller behaupten sollten, sie zeigten auch Gorillas, so gäben sie Schimpansen fälschlich als Gorillas aus – »wie wir das früher auch gemacht haben«, fügte die gute Frau offenherzig hinzu. – Die meisten dieser Gorillas habe ich übrigens persönlich kennengelernt. Als

1960 Honegger meine Zählung wiederholte, war die Zahl der Zoo-Gorillas auf 124 Köpfe gestiegen.

Wieso ich mich so um diese Riesen-Menschenaffen bemühe? Die Sache fing, wie gesagt, eines Tages im August an.

Damals kam ich gerade von einer Auslandsreise zurück. Wie alle Bauern und Zoodirektoren in solchen Fällen, ging ich nicht gleich in die Wohnung, sondern erst durch die Ställe. Am Raubtierhaus kam mir unser jüngster Lehrling entgegen und sagte mir, es seien drei Gorillas bei uns angekommen. »Unsinn«, erwiderte ich ihm, »du meinst natürlich Schimpansen.« Auch jeder Lehrling im Zoo muß den Unterschied zwischen den drei einzigen Menschenaffenarten kennen, die es auf Erden gibt. Die schwarzhaarigen Schimpansen aus Afrika kommen am häufigsten in den Zoo. Einer kostet heute 1500 bis 4000 Mark. Schon viel seltener sind die rothaarigen Orang-Utans aus Ostasien, die meist auf Bäumen leben. Für einen Orang-Utan muß ein Zoo 6000 bis 10000 Mark bezahlen. Alle Jubeljahre mal aber kommt ein Kind der riesigen, schwarzen Gorillas aus Afrika. In Deutschland waren vor dem Kriege nur der Berliner und der Frankfurter Zoologische Garten stolze Besitzer je eines Gorillas; davon hatte damals der Frankfurter »Tommy« die längste Gorilla-Lebensdauer in deutscher Zoo-Obhut erlebt: neun Jahre. Beide, sowohl »Tommy« wie der Berliner »Pongo« kamen in den letzten Kriegstagen um. Der Frankfurter Tiergarten hatte als einziger neben Berlin lange Zeit alle drei Menschenaffenarten gleichzeitig gepflegt.

Weil so eine Tradition verpflichtet, hatte ich in dem total zerstörten Zoo das Menschenaffenhaus als eines der ersten wiederaufgebaut, erweitert und sehr modernisiert. Seit Jahren verhandelte ich mit zwei auswärtigen Staatsregierungen um die Genehmigung, Gorillas zu bekommen. Nach einer Konvention vom 8. November 1933, der alle afrikanischen Staaten und Kolonien beigetreten sind, sind Gorillas nämlich streng geschützt. Sie dürfen nur in Ausnahmefällen mit Genehmigung der höchsten Landesbehörden »zu bedeutenden wissenschaftlichen Zwekken« gefangen oder gar getötet werden. Nur das ehemalige Französisch-Äquatorialafrika hat einst dem Drängen der Jäger nachgegeben und sie auf die »Liste B« gesetzt. Sie umfaßte geschützte Tiere, die gelegentlich doch geschossen werden durften.

Wohl bekam ich die Ausfuhrerlaubnis, aber damit hatte ich noch lange keine Gorillas! Auch ihr Preis war kaum abzusehen. Seit Jahrzehnten waren keine mehr in deutscher Mark gehandelt worden. Schon der erste Gorilla, der, wie gesagt, 1876 in das alte Berliner Aquarium Unter den Linden gekommen und nur vierzehn Monate am Leben geblieben war, hatte 20000 Goldmark gekostet. Und wieviel war damals noch eine Mark wert! Die kleinen Gorillas, welche in den letzten Jahren nach den Vereinigten Staaten gebracht worden sind, sind mit 20000 bis 90000 Mark bezahlt worden.

Wie erstaunt und beglückt war ich daher, als ich tatsächlich Gorillas bei uns vorfand. Ein alter Waldläufer hatte es sich gottlob in den Kopf gesetzt, die drei schwarzen Kinder unmittelbar aus dem Urwald Westafrikas nach Frankfurt zu fliegen. Er schlief auch hier die ersten Nächte zwischen ihnen und trennte sich keine Stunde davon. Da ihm bekannt war, daß meine Frau heikle Menschenaffenkinder in unserer Wohnung aufzupäppeln pflegt, hatte er viel höhere Geldangebote ausgeschlagen.

Wir mußten im Tierzimmer schnell eine neue Behausung einbauen und, bis das vollendet war, die schwarzen Menschenaffenkinder in unser Wohnzimmer einquartieren. So hauste unsere Familie notgedrungen zehn Tage lang in der Küche. Aber das taten wir gern, denn die drei kleinen Kerle waren wirklich hilfsbedürftig wie kleine Negerkinder. Wenn sie nur einen Arm oder einen Rockzipfel von meiner Frau erwischen konnten, klammerten sie sich gleich fest und waren nicht mehr loszubekommen.

Sieht man, wie liebenswürdig unsere schwarzen Pfleglinge sind, dann kann man sich nur empören, wenn immer wieder Berichte über Jäger erscheinen, die Gorillas aus Übermut oder »in Notwehr« erschossen haben wollen. Dabei ist sich die ganze Fachwelt aus allen Berichten wirklich zuverlässiger Afrikareisender über eines längst klar, daß noch niemals einer dieser gewaltigen Gorillamänner in Freiheit einen Menschen, außer in äußerster Verzweiflung und Einkreisung, angegriffen hat. Gorillas sind sehr scheu und flüchten meist, ehe man sie überhaupt entdeckt hat.

Vor einiger Zeit beschrieb in einer großen Wochenzeitung ein »Tierfänger von Hagenbeck«, wie er einen Berggorilla geschossen und sich dann »mit zwei dieser Riesentiere nach Hamburg eingeschifft« habe. Diesem Bericht waren Bilder beigefügt, und mit genau denselben Fotos brüstete sich fast gleichzeitig in einer Illustrierten ein »Großwildjäger«, der in Westafrika einen Gorilla erlegt haben wollte. Die fraglichen Bilder werden von der Werbeabteilung einer afrikanischen Kolonie kostenlos an jeder-

Alle drei wollen von meiner Frau getragen werden. Wir mußten einen Kinderwagen anschaffen.

mann abgegeben. Die Tierhandelsfirma Hagenbeck teilte mir mit, daß der Herr, der eben den Aufsatz veröffentlicht hatte, bereits vor zwölf Jahren verstorben und nie von ihr zum »Gorillafang« nach Afrika geschickt worden war; der ganze Bericht sei »wohl aus den Fingern gesogen«. Das sind so die Gründe, warum ich hier nicht die üblichen schreckenerregenden Abenteuer mit zähnefletschenden und brusttrommelnden, womöglich weiberraubenden Waldungeheuern berichten kann.

Weil also der riesige Menschenaffe Gorilla uns Menschen von allen Tieren am zweitnächsten verwandt ist, könnte er uns mancherlei Aufschlüsse über die eigene Vorgeschichte liefern. Wir wissen nur, daß er ein gutes Familienleben führt, aber nicht einmal genau, ob er in Einehe oder polygam lebt, wie sich Gorillas verständigen, ob sie feste Wohngegenden haben, in welchem Alter sie geschlechtsreif werden oder sterben. Solche Kenntnisse von Wildtieren werden immer erst in Zoologischen Gärten gewonnen, und bisher haben sich die wenigen Gorillas, die in die Obhut von Tiergärten gekommen sind, leider noch niemals fortgepflanzt. Erst wenn wir die Lebensbedürfnisse einer wilden Tierart kennen, haben wir überhaupt Aussicht, sie in der Freiheit vor der Ausrottung zu schützen.

In den letzten Jahren sind Gorillas in den Zoos zahlreicher geworden. Das liegt einmal daran, daß die Menschen, wie überall, auch in Afrika erschreckend zunehmen, die schwarzen wie die weißen. So entstehen neue Negerdörfer und Farmen in der Urwaldheimat der Gorillas. Die großen Affen brandschatzen die Felder und werden daher von den empörten Besitzern trotz aller Schutzgesetze getötet. Es wird niemals mehr als einige zehntausend Gorillas auf Erden gegeben haben, aber in den nächsten Jahrzehnten wird ihre Zahl sicher immer mehr abnehmen, und bald werden sie wie die meisten Großtierarten erloschen sein.

Tötet man Gorillamütter, so bleiben nicht selten hilflose Babys von unter einem Jahr zurück. Diese haben heute viel mehr Aussicht, am Leben zu bleiben als früher. Einmal liegt dies daran, daß Mittel wie Penicillin, Aureomycin und andere moderne Medikamente auch in Innerafrika greifbar sind. Noch wichtiger ist es, daß man dort heute Milchkonserven und Kindernährmittel hinbringen kann. Da es ja im Urwald keine Milchkühe gibt, gingen diese Säuglinge früher meistens zugrunde, weil sie Ersatznahrung wie Bananen oder Fruchtbrei nicht vertrugen. Am wichtigsten aber sind die Flugzeuge. Früher konnte ein kleiner Gorilla die schlechte Pflege auf dem wochenlangen Wege zur Küste und auf der noch längeren Dampferreise kaum überleben, so daß er entweder gar nicht oder nicht mehr lebensfähig in den Tiergarten kam. Heute ist er in ein oder zwei Tagen im Zoo, der einem Gorillababy mindestens die Pflege eines modernen Kinderhospitals für Menschensäuglinge angedeihen läßt. Auch von den europäischen Menschenbabys starben 1876 noch 40 Prozent, heute nur 4 Prozent – die Fortschritte der modernen Medizin und Ernährung kommen den Gorillakindern in den Zoos gleichfalls zugute.

Von den 56 Zoogorillas der Welt leben zwölf in Europa, die anderen in den USA. Es ist eben mit den »Geldleuten« unter den Tieren nicht anders wie mit den Geldleuten unter uns Menschen: in Europa sind sie viel dünner gesät. Der schwerste von allen ist »Phil« in St. Louis; er ist fünfzehn Jahre alt und wiegt fast fünf Zentner. Gorillas sind so einmalige Persönlichkeiten, daß sie bei den Fachleuten der ganzen Welt ihrem Namen nach bekannt sind. Jeder weiß, daß »Alfred« ein Gorillamann war, der achtzehn Jahre lang im Zoo von Bristol in England gelebt hat, und »Bobby«, ein bekannter Berliner, 7 Jahre; der Tod von »Bushman« in einem der beiden Zoologischen Gärten von Chikago ging auch durch die deutschen Tageszeitungen. Dieser prächtige schwarze Mann war besonders gut gewachsen, mit breitem Brustkorb, schlanken Hüften und einem langen Haarkleid an den Armen. Als er durch das Versehen eines Wärters einmal entfloh, gelang es, den Riesen mit Hilfe einer kleinen Schlange und einer Schildkröte wieder in seine sichere Behausung zu treiben. (Alle Menschenaffen haben ja eine seltsame Angst vor Reptilien, wie wir selbst auch schon früher bei unseren eigenen Schimpansen festgestellt haben.) Allen fiel ein Stein vom Herzen, denn so ein großer Gorillamann kann bei Fangversuchen viel Unheil anrichten. »Bamboo-Philadelphia«, lange Zeit der Senior unter den in Zoo-Obhut lebenden Gorillas, hatte einmal einem Wärter erst einen Finger und dann den Arm abgebissen. Nach dem Tode »Bushmans« untersuchten die Wissenschaftler in Chikago sorgfältig jedes Teilchen seiner Organe und stellten fest, daß er im Alter von 23 Jahren an einer Art Beri-Beri, einer Vitaminmangelkrankheit, gestorben war. Offensichtlich brauchen Gorillas besonders viel von B-Vitaminen, die auch im Fleisch stark enthalten sind.

Nach den Berichten von Jägern und Forschern, die toten Gorillas in Afrika den Magen aufgeschnitten haben, leben die großen Menschenaffen rein vegetarisch. Den Zooleuten war es bisweilen aufgefallen, daß manche ihrer Gorillas an Fleisch Geschmack gewinnen. Dafür gibt es eine einleuchtende Theorie. Wildlebende Menschenaffen haben Unmengen winziger, einzelliger Lebewesen im Darm, welche die – an sich unverdauliche – Rohfaser der Pflanzennahrung aufschließen und in Eiweiß umwandeln. Diese kleinen Urtierchen werden zum Teil vom Darm selber mitverdaut, sie liefern so den Menschenaffen Eiweiß. Sobald die Gorillas und Schimpansen aus Afrika herauskommen, verwandelt sich die Kleinlebewelt in ihrem Darm, die Urtierchen verschwinden, und so ist wohl der plötzliche Fleischhunger mancher Menschenaffen zu erklären. Gerade auf Grund der Todesursache des berühmten »Bushman« gibt man jetzt in den meisten Tiergärten den Gorillas gelegentlich Beefsteaks, gekochtes Geflügel, fast immer aber Eier.

Der zweitälteste Gorilla war lange Zeit »Solange« in Paris, die 24 Jahre dort lebte und täglich ein Beefsteak verspeiste. »Bamboo« und »Massa« im Zoo von Philadelphia wurden übrigens im Kleinkinderalter als Pärchen erworben. Erst nach Jahren stellte sich heraus, daß »Massa« auch ein Mann war. So etwas ist bei Gorillas gar nicht selten, weil sie in der Jugend winzige, unterentwickelte Geschlechtsorgane haben. Auch die Baseler »Achilla« hieß die ersten drei Jahre »Achilles«. Sie verschluckte als Kind den Vierfarben-Kugelschreiber ihres Wärters, um ihn vor ihrem Spielkameraden, einem jungen Schimpansen, in Sicherheit zu bringen. Weil Brech- und Abführmittel nichts halfen, schnitt man dem Gorillakind am vierten Tage den Bauch und den Magen auf – es hat diese Operation gut überstanden. In einem amerikanischen Farbfilm (»Mogambo«) haben die meisten Zuschauer das Schönste und Wichtigste übersehen, weil sie gar nicht darauf aufmerksam gemacht wurden. Dieser Film enthielt nämlich die ersten farbigen Aufnahmen, die von einer wildlebenden Gorillafamilie in Afrika gemacht wurden. Es will einem nicht in den Kopf, daß so etwas überhaupt möglich ist. Niemand hätte das für wissenschaftliche Zwecke oder für einen Kulturfilm machen können; nur die reichen Mittel, welche eine amerikanische Filmgesellschaft für einen Spielfilm aufwendet, haben das erlaubt. Es ist der Metro-Goldwyn-Mayer wirklich zu danken, daß sie diese Szenen nicht nach Hollywood-Manier mit Menschen in Pelzkostümen und Gorillaköpfen aus Pappe gedreht hat, sondern Fachleute und Hunderte von Schwarzen Ende Januar 1953 für eine Expedition in Französisch-Äquatorialafrika in der Nähe des Kongo-Nebenflusses Sanga bei dem Dorfe Oka aufgeboten hat.

Der französische Wissenschaftler Blancou hat mir mitgeteilt, wie diese Aufnahmen zustande gekommen sind.

Mit einem großen Aufgebot von schwarzen Treibern wurde eine Gorillafamilie eingekreist und dann in einem Waldstück mit Metallnetzen eingeschlossen. Diese Drahtgeflechte waren mit bunten Tuchlappen behängt, um die Menschenaffen abzuschrecken. Außerdem hatte man elektrische Drähte herumgezogen, deren Schlag die Tiere abschreckte. Man warf den Menschenaffen reichlich Nahrung hinein und konnte sie auf diese Weise zehn Tage eingesperrt halten.

Ein junger Gorilla wurde in dieser Umzäunung tot angetroffen, ohne daß er verwundet worden war. Die Leichenöffnung, welche von dem französischen Expeditionsarzt vorgenommen wurde, gab keine Anhaltspunkte für die Todesursache. Der Arzt vermutete, daß das Tierchen von einer Kobra gebissen worden war, die man kurz zuvor in seiner Nähe auf der Erde gesehen hatte. Wahrscheinlich ist der Gorilla der Giftschlange wohl nur in der allgemeinen Aufregung infolge der Treibjagd zu nahe gekommen.

Ein anderer Gorillamann von 55 Kilo Gewicht mußte mit Pistolenschüssen in dem Augenblick getötet werden, als er ein Gorillakind von drei bis vier Jahren auf der Erde zu erwürgen drohte, und zwar am Fuße eines Baumes, auf den sich die anderen erwachsenen Menschenaffen geflüchtet hatten. Der Grund für dieses bösartige Verhalten war nicht klar, vermutlich war wohl auch die Erregung daran schuld.

Zwei andere große Männer, die im Film gut zu sehen sind, von denen aber keiner schwerer als 120 Kilo war, haben wiederholt die Filmoperateure »angegriffen«. Die Kameramänner haben diese Gorillas zweifellos gereizt, um die Aufnahmen gefährlicher und interessanter zu machen. Die drohend heranstürmenden Affenmänner hielten jedoch immer einen oder zwei Meter vor dem Netz an und drohten von da wütend mit gesträubten Haaren und mit Kreischen. Vielleicht hatte sie die erste Berührung des elektrisch geladenen Drahtes vorsichtig gemacht. Aber wir wissen von anderen Beobachtern, die Zufallsbegegnung mit wütenden Gorillamännern hatten, daß diese auch sonst häufig kurz vor dem »Feinde« stoppen und sich mit Drohungen begnügen. Ein großer Gorillamann wurde mit besonderer Erlaubnis leider für das Museum von Los Angeles erschossen. Es soll sich um einen Gorilla gehandelt haben, der sowieso bald von dem zweitgrößten »entthront und aus der Herde vertrieben worden wäre«.

Die Familie bestand aus neun Köpfen: dem alten Mann, einem zweiten erwachsenen, einem halberwachsenen männlichen Tier, vier großen Weibern und zwei kleinen Buben. Vielleicht war beim Einkreisen auch ein Teil abgetrennt worden, denn meistens sind die Gorillafamilien noch größer.

Über eine Woche konnte man so zum erstenmal diese schwarzen, so menschenähnlichen Geschöpfe dabei beobachten, wie sie nach Nahrung suchten, wie sie sich untereinander »unterhielten« und wie sie ihre Schlafstätten unter den Bäumen vorbereiteten. Der alte Mann schlief immer, indem er rechts und links zwei andere Erwachsene mit den Armen umfaßt hielt ...

Wer in dem Film genau achtgab, wird verwundert gewesen sein, daß diese wilden Gorillas von Ananas lebten. So ganz unnatürlich ist das nicht, denn es kommen dort im Urwald gelegentlich wildwachsende Ananas vor. Die eingeengten Tiere zogen jedenfalls die Ananas den gleichfalls zugeworfenen Bananen vor, und sie nahmen diesen Proviant ohne weiteres an. Die

Carlo läßt sich – im Gegensatz zu vielen Menschenkindern – gern waschen.

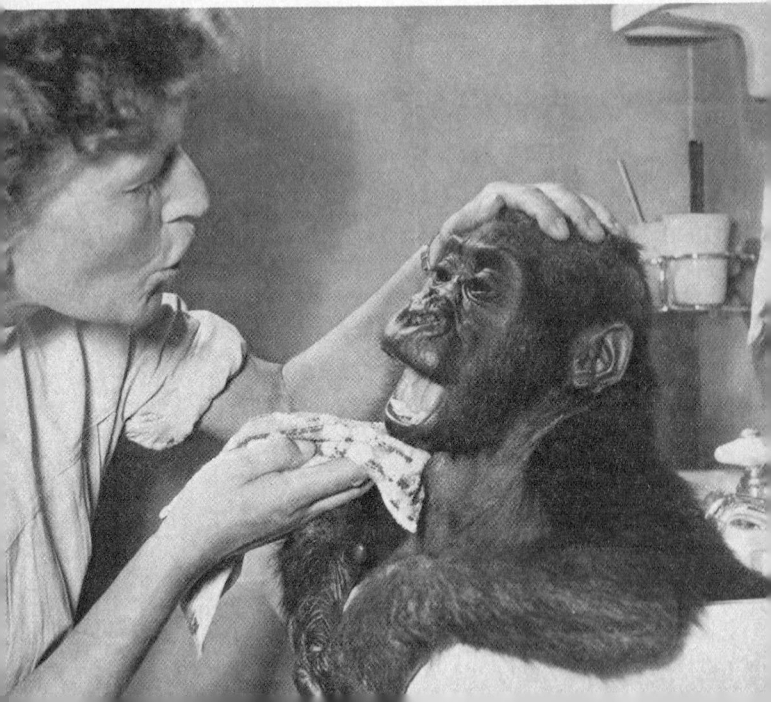

Gorillas verbrauchten erstaunliche Mengen; man mußte sich anstrengen, um ganze Berge von Ananas herbeizuschaffen. Der alte Gorillamann nahm die zugeworfenen Früchte an sich, riß die Schale ab und verteilte sie dann an seine Familie. Streitereien, die sich zwischen den eingeschlossenen Tieren ergeben haben, wurden zunächst immer durch diesen Familienvater geschlichtet.

Aber am Ende der ersten Woche stieg die Reizbarkeit immer mehr, und man konnte ein halb abgerissenes Ohr und eine schwerverletzte Augenbraue beobachten. Die Tiere schienen sich in höchster Not zu fühlen. Durch das Hinundhergehen hatte die Gorillagruppe nämlich das Untergehölz und das Gebüsch immer mehr zerstört und zertrampelt, so daß das Rechteck von 50 mal 30 Metern nach acht Tagen auf dem Erdboden ganz kahl war. Nur zwei große und einige mittlere Bäume waren noch stehengeblieben, ein eindrucksvoller Gegensatz zu dem Walddickicht daneben. Dieser Aufenthalt auf der kahl gewordenen Fläche quälte die Tiere sichtlich, besonders wenn die Sonne schien. Wenn sie auch reichlich mit Ananas versorgt wurden, so störte sie diese ungewohnte Nahrung wohl ebenfalls. Alles trug dazu bei, sie immer mehr zu reizen und zu erbittern.

Ein amerikanischer Spezialist fing noch einen drei- bis vierjährigen kleinen Gorilla geschickt mit dem Lasso. Dann nahm man die Umzäunung weg und gab den großen Menschenaffen ihre Freiheit wieder. Die Weiber warteten fast eine Stunde, ehe sie davon Gebrauch machten, und der große Mann ging sogar erst in der Nacht weg. Am meisten erstaunt und enttäuscht waren die Schwarzen, die nicht fassen konnten, daß man die so mühsam gefangenen Tiere einfach wieder laufen ließ.

Es ist also möglich, eine Gruppe Gorillas im Urwald selbst für längere, vielleicht sogar für beliebig lange Zeit eingekreist festzuhalten. Man muß dann aber dieses Gehege, das Tag und Nacht von einer Kette Wächter und von Feuern geschützt wird, allmählich verschieben, um wieder frische Pflanzen hineinzubekommen. Auf jeden Fall ist das recht umständlich und kostspielig. Übrigens wurden auch in einem bekannten farbigen Dokumentarfilm über die Tierwelt des Kongo Gorillas gezeigt, die unsichtbar eingesperrt gehalten wurden.

Eines Tages saß meine Frau mit vier Schimpansenkindern am Abendbrottisch. Es gab Butterbrot und Obst, dazu Weintrauben, die Irumu leidenschaftlich gern ißt. Natürlich hatte sie die Trauben auf ihrem Teller im Handumdrehen aufgegessen und

Bereitwillig und gelehrig »hilft« die kleine Schimpansin beim Fensterputzen.

versuchte, sich welche von ihrem Spielgefährten Yindi zu holen. Meine Frau untersagte ihr das. Daraufhin nahm Irumu nach einer Weile die Hand ihrer Pflegemutter und führte sie an Yindis Teller. Doch meine Frau ließ sich auch dadurch nicht erweichen, sondern legte im Gegenteil eine Weintraube mitten auf den Tisch. Langsam und scheinbar ganz zufällig rückte Irumus Hand immer näher an die begehrte Frucht heran. Als die Finger sie fast berührten, räusperte sich meine Frau, worauf die Hand sich zurückzog ... Während Yindi gern Salat ißt, legt Irumu keinen großen Wert darauf. Wieder eine Weile später nahm sie spielerisch ein Salatblatt und deckte damit die Traube zu. Da meine Frau sich um dieses Experiment nicht zu kümmern schien, holte sich Irumu schließlich das grüne Blatt einschließlich der Traube darunter und aß sie auf.

Ich beschreibe diesen Vorfall hier, weil heute früh der Brief eines Studienrates bei mir ankam. Er wollte wissen, was er seinen Schülern auf die Frage, ob die Tiere denken können, wohl antworten sollte. Natürlich müßte man dazu erst eine Menge Gegenfragen stellen: Was verstehen Sie in diesem Fall unter »Tier« – einen Regenwurm oder einen Menschenaffen? Natürlich steht ein Menschenaffe einem Menschen nicht nur in der äußeren Gestalt, sondern auch im Fühlen und in der Intelligenz unendlich viel näher als einem Maikäfer, obwohl Schimpansen und Maikäfer »Tiere« sind. Man hat in vielen Versuchen nachgewiesen, daß die »Herrentiere« – wie die Affen von Biologen wissenschaftlich genannt werden – überlegt und einsichtig handeln können und daß sie uns in mancher Hinsicht fast beängstigend ähnlich sind. Natürlich sind sie deswegen noch keine Menschen. Dazu fehlt ihnen zum Beispiel die Sprache. Diese und nicht das »Denken«, auch nicht unsere Gestalt, unterscheidet uns grundsätzlich von unseren Mitgeschöpfen.

Und doch. Wie oft sind gar überhebliche Leute zu mir gekommen, die im »Affen« nur ein Amüsement für Kinder oder für die oberflächlichsten und unüberlegtesten unserer Zoobesucher sahen. Ob es nun Anthropologen, Psychologen oder Philosophen waren, immer sind sie sehr nachdenklich nach Hause gegangen. Nicht, weil wir diskutierten und ich sie mit Gründen überzeugt hatte, sondern einfach, weil sie mitangesehen haben, wie sich Menschenaffen – nach uns die geistig höchstentwickelten Lebewesen dieser Erde – benehmen, wenn sie unter Menschen leben. Deswegen möchte ich auch hier nur davon erzählen, wie unsere Gorillakinder sich in unsere Familie eingefügt haben.

Thomas, Carlo und Rafiki sind die Jungens, welche im Alter von einem bis zwei Jahren und im Gewicht von sechs bis acht Kilogramm eines Tages zu uns kamen.

Rafiki hieß gar nicht so, als er ankam. Er hatte kein Haar am Körper und sah deswegen sehr mager und dünn aus. Wohl wegen dieser Schmächtigkeit hatte ihn schon in Afrika jemand »Gandhi«, nach dem verehrungswürdigen Führer der Inder, genannt. Der kleine Kerl hörte auf diesen Namen, und ich dachte mir nichts dabei und behielt ihn bei. Als die drei Gorillas aber der Presse vorgestellt wurden, liefen Briefe bei den Zeitungen ein. Es sei eine Beleidigung, einen Affen Gandhi zu nennen. Sogar die Indische Botschaft rief aus Bonn bei mir an.

Nun kann es zwar in den Augen eines Tierfachmannes niemals herabsetzend sein, ein Tier nach einem großen Menschen zu benennen. Außerdem glauben viele Inder an Seelenwanderung, und Affen werden dort oft als heilig angesehen – trotzdem tauften wir den kleinen Gorilla natürlich sofort um. Wir nannten ihn

Rafiki, was auf Suaheli soviel wie »Guter Freund« bedeutet. Rafiki hat auch den freundlichsten Charakter von allen dreien. Auch wenn er wütend wird, versucht er niemals zu beißen, was die beiden anderen und sogar Menschenkinder gelegentlich schon mal tun. Je älter unsere Gorillas werden, um so vornehmer kommen sie uns gegenüber Schimpansen vor. Die Schimpansen sind uns am meisten verwandt, sie sind am menschenähnlichsten und gewiß auch am gescheitesten. Sie haben aber auch alle so typisch menschlichen Eigenschaften: Schadenfreude, die Lust, andere zu necken und zu quälen, Bosheit. Gorillas sind mehr Tier, zwar lustig, verspielt, mit Neigung zu derben Späßen, aber im Grunde gutmütiger.

Rafiki hat seine Haare bei richtiger Kleinkinderernährung schon innerhalb sechs Wochen wieder gehabt. Als sie erst ziemlich kurz nachgewachsen waren, sah er zeitweise sehr lustig, wie ein »Plüschtier«, ein Spielzeug, aus. Monatelang waren seine Haare dunkelblond mit schwarzen Spitzen. Es war ein »blonder Gorilla«. Solche Farbabweichungen, selbst weiße Flecken, sind auch bei wilden Gorillas nicht ganz selten. Im Alter von über vier Jahren unterschied sich Rafiki allerdings in der Haarfarbe kaum noch von seinen Kameraden.

Nicht weil wir damals die kleinen Gorillas durchaus zu schwarzen Menschenbabys machen wollten, besorgten wir für sie einen Zwillingskinderwagen, sondern weil meine Frau mit ihrem Eigengewicht von 46 kg es kaum schaffte, alle drei zugleich auf dem Arm zu tragen. Die kleinen Gorillas waren mit dem Wagen sehr einverstanden, in dem wir sie genau wie Menschenkinder einschläfern konnten, wenn wir sie darin herumfuhren. Sobald das Gefährt aber anhielt, stiegen sie einfach aus. Das fällt so einem Menschenaffenkind ja viel leichter, weil es auch noch mit den Füßen greifen und klettern kann. Waren sie aber müde, dann kletterten sie von selbst in ihren Wagen. Thomas, der Älteste und Gewichtigste von den dreien, kam bald dahinter, daß er den Wagen umkippen konnte, wenn er sich weit nach vorn lehnte und sich mit den Händen an der Schiebestange festhielt. So vergnügte er sich manchmal viertelstundenlang damit, den Kinderwagen wie eine Wippe umzukippen und wieder aufzurichten. Daß dabei seine schlafenden Geschwister herauskugelten, störte ihn wenig.

Saß Hilde, meine Frau, mit den Pflegekindern auf der Wiese, dann klatschten sie in die Hände, um sie zum Herumtoben aufzufordern, und Carlo und Thomas spielten Haschen, indem

»Ich möchte nicht im Wagen bleiben!« Auch bei Affenkindern geht es nicht ganz ohne Windeln ab.

sie, mal in dieser Richtung, mal umgekehrt, um sie herumliefen.

Carlo wollte ständig auf dem Arm getragen werden. Der Waldläufer, welcher uns die Gorillakinder mit dem Flugzeug aus Afrika hergebracht hatte, glaubte daher, daß der kleine Kerl innere Verletzungen haben müßte, denn Carlo konnte überhaupt nicht richtig laufen. Später kam heraus, daß er einfach noch zu klein zum Laufen gewesen war, und die Besichtigung seiner Zähnchen ergab, daß er noch nicht ein Jahr alt war – soweit man damals überhaupt bei Gorillas, von denen noch keiner in Menschenobhut geboren worden war, das Alter so nach dem Gebiß bestimmen konnte, wie wir das bei Menschenkindern und bei den anderen Menschenaffen, den Schimpansen und Orang-Utans, tun. Die ersten Monate saß Carlo mit Vorliebe auf Hildes Schoß und spielte stillvergnügt mit ihren Fingern.

Unserer großen Boxerhündin Assi kamen die Gorillakinder mit rührend kindlichem Vertrauen entgegen. Keines hatte Angst vor ihr, sie patschten in ihr faltiges, gutmütiges Gesicht, umarmten sie, versuchten, auf ihren Rücken zu klettern, und Assi spielte

Freundliche Balgerei im Kinderzimmer: Das Geschrei kann man ein paar Häuser weit hören.

mit ihnen, auch wenn die kleinen derben Waldburschen sie grob an den Beinen zogen oder ihr in den Mund faßten. Für das Nasewischen hatten sie zunächst alle drei nichts übrig, sie waren recht ungnädig und versuchten zu beißen. Aber bald lernten sie, ihre breiten und kurzen Nasen hinzuhalten. Thomas liebte von Anfang an derbe Späße. Wenn Hilde auf der Erde hockte, stieß er sie plötzlich um und war begeistert, sobald sie scheinbar hilflos liegen blieb. Er kletterte auf sie hinauf und trommelte mit den Händen auf ihrem Körper.

Natürlich gibt es manchmal auch Zank und Prügeleien zwischen den dreien. Spornstreichs muß Hilde alles stehen- und liegenlassen und in das Tierzimmer rennen. Da gellten uns dann die Ohren, denn auch Kathrin und Uschi, unsere Schimpansen, stimmten in jeden Klamauk begeistert ein. Manchmal bot sich allerdings auch ein unerwartetes Bild. Rafiki, der körperlich Kleinste, aber auch Pfiffigste, saß ängstlich schreiend auf einem Wandbrett, während das plumpe dicke Thomaslein unten hin und her ging, mit dem Arm herumfuchtelte und sich über diese angsteinflößende Wirkung seiner kleinen Person sichtlich freute.

Dabei war Thomas Menschen gegenüber zunächst alles andere als beherzt. Kam ein Fremder, der nicht zu unserer Familie gehörte, so zog er sich gleich in die äußerste Ecke zurück. Und wenn sich die Schimpansen untereinander in die Haare gerieten – was man drei Häuser weit hören konnte –, dann umarmten sich die lütten Gorillas ganz kleinlaut. Auch vor meinem Sohn Michael hatte Thomas die ersten Monate Angst. Er weinte, wenn er mit ihm allein im Zimmer war, versuchte aber gleich frech zu beißen, sobald irgendein vertrauter Schürzenzipfel von Hilde oder unserem guten Hausgeist Else greifbar war. Als wir das letzte Mal in Afrika waren, schwoll Thomas zeitweise der Kamm, er tobte in der ganzen Wohnung herum und wollte nicht zu seinen Brüdern zurück. Dann brauchte Hilde nur laut »Michael!« zu rufen, und schon setzte Thomas sich in Trab. Wenn das auch nicht mehr half, mußte im äußersten Notfall ein Herr aus dem Zoobüro, das ein Stockwerk tiefer liegt, als böser Butzemann herauftelefoniert werden.

Trotz aller gelegentlichen Balgerei liebten die drei sich innig. Als Carlo eines Tages mit dem Auto wegfuhr, um von Dr. Beutin geröntgt zu werden, weinte Thomas anderthalb Stunden lang – und zum Schluß war seine ganze Behausung vollgemacht. Denn auch bei Menschenaffen, ja überhaupt bei vielen höheren

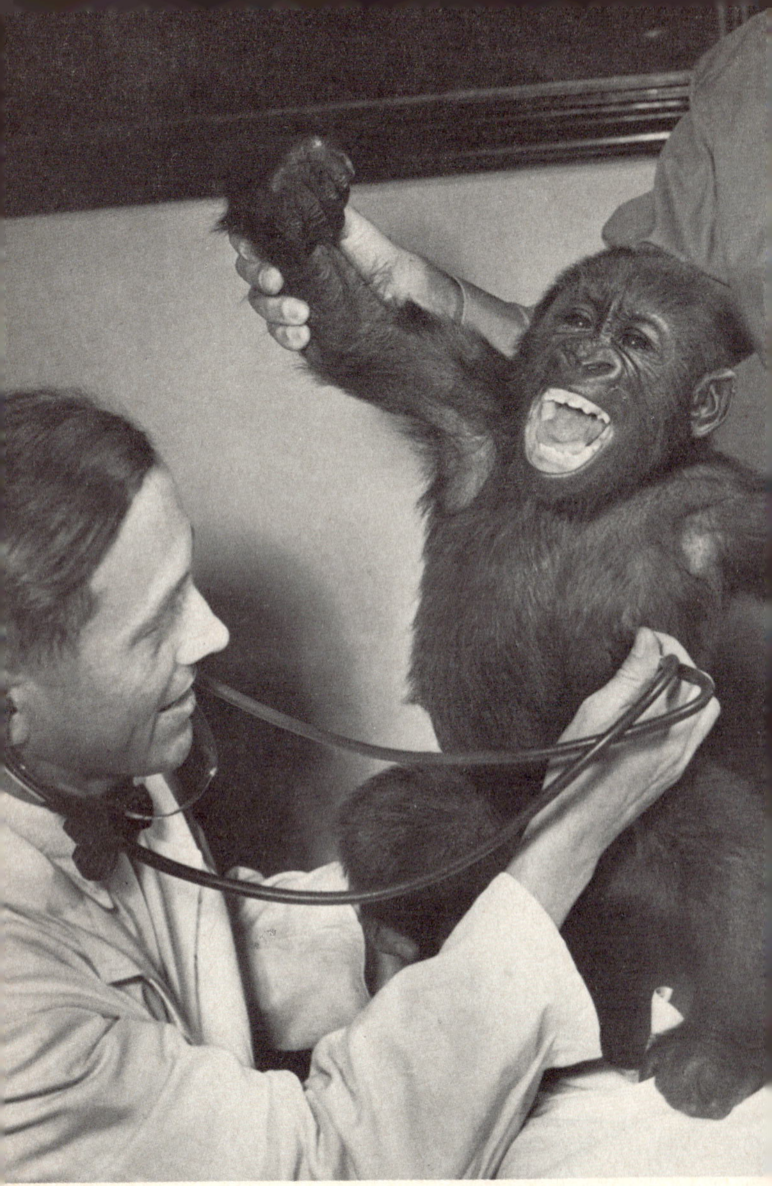

Wie die kleinen Kinder! Der junge Gorilla hält nicht sehr viel vom Tierarzt.

Tieren, steht die »Seele«, genau wie bei uns, in geheimnisvoller Verbindung mit dem Schließmuskel. Bei ganz großen Aufregungen geht es manchmal in die Hosen ...

Die drei Gorillakinder mögen weder Schokolade noch Bonbons oder Plätzchen. Dagegen beißen sie so herzhaft in Zitronen, daß sich unsereinem der Mund vom bloßen Zusehen zusammenzieht. Auch Weidezweige, Knoblauch und Zwiebeln lieben sie sehr. Sie haben längst gelernt, jedes Medikament, mag es auch noch so niederträchtig schmecken, vertrauensvoll vom Löffel zu nehmen. Das ist ja so wichtig, wenn man Menschenaffen auf die Dauer gesund erhalten will, denn sofern sie erst einmal größer geworden sind, kann man sie nicht mehr dazu zwingen.

Sie haben viele herrliche Spiele. Thomas faßt uns an den Händen, hängt sich daran und will herumgeschwenkt werden. Tun wir ihm den Gefallen nicht, dann versucht er, uns in die Hände zu beißen. Mitten beim Spielen schlägt er uns vor lauter Übermut mit beiden Händen plötzlich ins Gesicht, ja, er beißt auch, aber niemals ernstlich, etwas derber eher schon in die Beine. Alle drei stellen sich aus Wonne und Seligkeit auf und trommeln sich mit den Händen auf die Brust, oft auch gegen die Wand und an ein Brett – es muß nur schallen und dröhnen! Der kleine Carlo brachte diese berühmte Gorillageste anfangs noch nicht zustande, und erst nach Monaten probierte er sie, indem er sich rückwärts gegen die Wand lehnte. Doch auch so schaffte er es zunächst nur, sich mit den Händen auf den Bauch zu patschen. Sobald er dabei höher nach dem Brustkorb hinlangte, kippte er gleich nach vorn über. Wir müssen allewege aufpassen, daß niemand den Anschein erweckt, als ob er meiner Frau böse wollte. Denn dann werden sie mutige kleine Kavaliere. Sie stürzen sich auf den Halunken und beißen ihn, wo es nur gerade hintrifft. Die Schimpansen machen es übrigens genauso. Wenn ihnen etwas nicht in den Kram paßt, dann machen sie kurz »äh«! Dieser Laut des Ärgers ist auch allen Menschen angeboren, ganz gleich, welche Sprache sie von ihren Eltern lernen. Es ist eine der vielen Instinktäußerungen, die die drei Menschenaffenarten und der Mensch gemeinsam haben; sie wird auch von allen dreien ohne weiteres verstanden.

Rafiki ist ein sonderbarer Kauz und nicht ganz so schwarz wie die anderen, sondern eher etwas dunkelblond. Manchmal spielt er ganz für sich allein. Dann saust er wohl zehnmal hintereinander auf allen vieren im Kreis herum. Wiegt man ihn wie ein Baby auf dem Arm, dann ist er eitel Glück und macht vor Wollust die

Ein Lieblingsspiel: Hochwerfen. Die Kleinen halten uns dazu die Arme entgegen.

Augen zu. Alle drei lachen, wenn man sie kitzelt, und obwohl sie sich kräftig dagegen wehren, lassen sie sich gern kitzeln. Thomas möchte uns immer gern Eindruck machen. Sitze ich auf der Erde, dann galoppiert er polternd an mir vorbei und haut mit einem lauten Knall einen hölzernen Kegel neben mir auf die Diele. Sie haben ihre eigene Art, uns zum Spielen aufzumuntern. Carlo zum Beispiel kommt von hinten, beißt Hilde in den Po und erreicht damit durchaus, was er will. Sie läuft hinter ihm her. Im vorigen Winter sollten die kleinen Gorillas gestrickte Pullover anziehen. Nicht etwa, weil wir es schön fänden, sie wie Menschen auszustaffieren – wir haben sie nicht einmal so fotografiert. Aber wir wollten sie auch bei rauher und kalter Luft ins Freie bringen. Erst haben sich die Racker hartnäckig gewehrt, sich die Dinger über den Kopf ziehen zu lassen. Nach wenigen Tagen aber hatten sie heraus, daß die Pullover einen Ausflug im Kinderwagen bedeuteten, und so streckten sie uns künftig ihre kohlschwarzen Arme entgegen, um in die Strickjacken hineinzufahren.

Nur aus meinen Notizen entnehme ich noch, daß Thomas sich früher davor graulte, allein in der Wohnung herumzulaufen. Heute kommt uns das selbst schon unglaubwürdig vor. Damals zog er uns immer an der Hand zum Tierzimmer, weil er sich da am sichersten fühlte. Wenn Hilde nicht folgen wollte, dann streckte er von hinten seinen Kopf zwischen ihre Knie, faßte mit den Armen um ihre Beine und schob sie mit seinen Gorillakräften einfach hin.

Ein Schaukelspiel von ihm geht so: er setzt sich in die Schaukel, und ich muß ihn gehörig in Schwung bringen. Jedesmal, wenn er auf mich zukommt, versucht er, mich an den Haaren zu packen, und dann besieht er seine Hände, ob er welche ausgerissen hat – dabei ist mein Haarwuchs wirklich nicht sehr üppig. Der Schubiak schwelgt aber auch schon in Wonne, wenn er mir nur einen Schlag auf den Kopf oder die Schulter versetzen kann. Saust die Schaukel richtig hoch, so schwingt sie beinahe bis an ein Wandbrett, und dann knallt er mit den Händen darauf oder sucht, dort einen seiner Brüder zu packen und mitherunterzureißen.

Die Katze am Schwanz durchs Zimmer zu ziehen oder unseren Hund Assi schnell einmal zu beißen und dann wegzulaufen, haben wir ihnen längst abgewöhnt. Nicht dagegen gelang mir das bisher bei Thomas mit folgendem »Scherz«: bei der abendlichen Wascherei im Badezimmer reißt er sich los, platzt mit Gebums in mein Arbeitszimmer, macht schnell einmal eine Runde durch meine Stube und schleudert dabei mit einem raschen und energischen Griff eine halb Reihe Bücher unten aus dem Regal ins Zimmer. Wenn er gar nicht wieder hinauszubefördern ist, dann gehe ich mit Hilde einfach in den Flur, und wir machen die Tür hinter uns zu. Im selben Augenblick verwandelt sich der tapfere kleine Held in einen Angsthasen, der jammernd hinterhergelaufen kommt und sich schnell noch zwischen die Tür klemmt.

Wir waren natürlich sehr besorgt um unsere kleinen Gorillas, denn sie waren damals die einzigen in Deutschland. Deshalb war meistens meine Frau bei ihnen, auch wenn sie im Zoo spielten.

Sie hängen buchstäblich am Schürzenbändchen, und Thomas hat herausgefunden, daß er mit einem seiner kurzen, dicken Finger in den Saum des Unterrocks hineinbohren und ihn dann ringsherum aufreißen kann. Es ist schwer, solch übermütigen Schürzenkindern Anstand beizubringen, wenn Hunderte von Zuschauern herumstehen, von denen jeder natürlich viel mehr von Kindererziehung versteht und mit seiner Kritik und seiner Belehrung nicht hinter dem Berg hält. Diese Besserwisser sind überhaupt der Kummer aller Zoowärter. Gibt man zarte, freundschaftliche Klapse oder Mahnungen, dann wird das von den stämmigen Wichten nur als Spaß und Spiel aufgefaßt. Es reizt sie, die Sache sofort wieder zu machen, weil sie dadurch die Aufmerksamkeit ihrer Pflegemutter auf sich lenken. Wie fielen daher die Gorilla- und Schimpansenbengel aus allen Himmeln, als meine Frau eines Tages lange Hosen anhatte. Nun konnten sie nicht mehr unter die Röcke kriechen oder ihr die Kleider vom Leibe reißen! Gorillas sind zwar nicht so durchtrieben und boshaft wie Schimpansen, die uns Menschen eben in jeder Hinsicht, auch in schlimmer, sehr viel mehr ähneln. Dafür haben die Gorillabürschlein auch jetzt, nachdem jeder 30 bis 40 Kilogramm wiegt, schon eisenharte Muskeln und unglaubliche Kräfte. Schließen wir nicht richtig ab, dann stellt sich Thomas mit dem Rücken an die Tür, faßt mit den Händen in ihr Gitterwerk und hebt sie einfach mit dem Hinterteil aus den Angeln. Es beruhigt uns, daß er dafür immer gutmütiger und vertrauter mit uns wird, je mehr seine Kräfte wachsen. Nur mit der Eifersucht unserer afrikanischen Ziehkinder müssen wir rechnen. Spielt Hilde mit den anderen beiden, kann es passieren, daß Carlo sie beschimpft und beißt. Thomas schlägt manchmal aus purer Necklust nach Rafiki, dieser gerät außer sich vor Wut, und Thomas lacht deswegen übers ganze Gesicht. Sobald Rafiki sich beruhigt, schlägt ihn

»Familienaufnahme«: Thomas, Rafiki (rechts) und Carlo (oben) auf ihrer Schaukel.

sein Quälgeist von neuem. Thomas hat eine besondere Art von Humor, die überrascht, weil er dabei meistens ein ganz ernstes Gesicht macht. Neulich bat ein Herr, über die Absperrung im Kinderzoo steigen zu dürfen, um ohne störende Gitter durch eine Masche hindurch eine Filmaufnahme machen zu können. Fast wie auf Verabredung kamen Thomas und die beiden Schimpansen plötzlich angelaufen und bewarfen ihn mit Sand, den sie von ihrem Sandkasten unauffällig herbeigetragen hatten.

Die drei sind richtige kleine Muskelprotze, sie erinnern uns an Ringkämpfer, die »Catch as catch can« spielen. Je stärker Thomas wird, um so mehr liebt er es, mit meinem Sohn Michael zu toben. Wenn er dabei zu kräftig beißt, braucht Michael nur »au!« zu schreien und Thomas läßt nach. Er hat stets Angst, unsere Wohnung allein zu verlassen. Aber als Michael neulich wegging, rannte ihm Thomas alle 96 Stufen hinterher, und während mein Sohn in das Auto stieg und abfuhr, stand der kleine Kerl laut schreiend auf der Freitreppe. Thomas setzt sich jetzt auch gern auf den Schoß von Michael und will dann von ihm in die Arme genommen werden. Läßt sein Freund sie herabhängen, dann greift Thomas mit seinen kräftigen Händen hinter sich, holt Michaels Arme vor und legt sie sich über seinen dicken Bauch. Das kann er unermüdlich wiederholen, und er hält die Hände meines Sohnes schließlich so eisern fest, daß dieser sie kaum losreißen kann.

Die große rote Kerze von unserem Adventskranz war das erste Wachslicht im dunklen Zimmer, das der kleine Gorilla in seinem Leben sah. Er setzte sich still davor und sah es viele Minuten ernst an.

Wir können von unserer Wohnung im fünften Stock weit über die Dächer Frankfurts und auf die Straßen sehen. Wenn es abends dunkel ist, gehen unsere Menschenaffenkinder gern ans Fenster und schauen mit großen Augen auf die Lichter und die Scheinwerfer, welche dort unten über den Asphalt gleiten. Dann stellen wir ihnen Stühle ans Fenster, und die kleinen Quecksilber bleiben ruhig darauf sitzen.

Gorillas schlafen anders als Schimpansen. Oft setzen sie sich an die Wand, lehnen sich mit den Schultern dagegen, und dann kommt der Sandmann zu ihnen. Die Augenlider werden schwer, und die Negerköpfchen sinken nach vorn auf die Brust. Jedes Menschenaffenkind bekommt abends sein Bettchen aus Holzwolle mit einer Decke darüber zurechtgemacht, aber nur einige von den Schimpansen decken sich zu. Thomas kann nur einschlafen, wenn er Rafiki umarmt und wenn dieser seinen Kopf auf der Schulter des Brüderchens liegen hat. Sind die afrikanischen Kinder eingeschlafen, dann geht Hilde noch einmal leise hinein, um ihnen ihre Betten aufzuschütteln und um zu sehen, daß jeder am nächsten Morgen Obst und Brot neben sich liegen hat. Sobald sie dabei Rafiki zurechtlegt, wird Thomas im Halbschlaf unruhig und sucht nach seinem Schlafgenossen. Erst wenn er ihn wieder im Arm fühlt, werden die Atemzüge ruhig.

Sie schlafen tief und ruhig, unsere Menschenaffenkinder.

Ehrlich und freundlich
Das Stinktier

»Ein Stinktier hat für 1,2 Millionen Mark Schaden in einer Kleiderfabrik angerichtet«, meldeten die deutschen Zeitungen. In Appomattox, einer Kleinstadt im amerikanischen Staate Virginia, hatte jemand so ein Tier durch das offene Fenster einer bestreikten Fabrik geworfen. Der Skunk, der einen Weg ins Freie suchte, bespritzte in seiner Aufregung fertiggestellte Kleidungsstücke, die dadurch völlig ruiniert waren. – Ich glaube diese Meldung nicht, und ich habe dafür meine guten Gründe. Immerhin sind Skunks schon seit vielen Jahren meine Pfleglinge.

Die ersten bekam ich so: eines Nachts rief eine Fluglinie vom Flughafen bei mir an, ob ich einen Behälter mit Stinktieren in Pflege nehmen könnte. Die Passagierin, die zu diesem seltsamen Gepäckstück gehörte, sei erkrankt und käme erst in ein paar Wochen nach. Die Angestellten wüßten nicht, was sie mit den Stinktieren in ihrem Büro machen sollten.

Ich habe den Koffer etwa mit derselben Vorsicht geöffnet, wie das ein Sprengmeister mit einem Behälter tut, in dem es tickt und der verdächtig ist, eine Bombe mit Zeitzündung zu enthalten.

Stinktiere haben nämlich links und rechts vom After zwei Drüsen, die bei Gefahr hervortreten und dann aus zwei kurzen Düsenöffnungen gleichzeitig je einen Strahl einer öligen Flüssigkeit abgeben. Diese beiden Strahlen vereinigen sich nach einer kurzen Strecke und teilen sich in einen Brauseregen auf, der bis vier Meter weit reicht. Die Flüssigkeit, die da losgespritzt wird, besteht zur Hauptsache aus einem Zeug, das den harmlos klingenden chemischen Namen Butyl-Merkaptan trägt.

Wer davon getroffen wird, mag getrost seine Kleider verbrennen. Er ist für Tage gesellschaftsunfähig. Menschen, die in geschlossenen Räumen von einem Stinktier beschossen wurden, müssen sich meistens erbrechen. Das Zeug riecht nach Knoblauch und Schwefelwasserstoff, also etwa wie faule Eier. Oft wird geraten, die Kleider gründlich auszuräuchern, vielleicht um den üblen Geruch durch den Brandgeruch zu vertreiben. Andere raten, es sei besser, sie gleich zu verbrennen ... Stiefel, die vier Monate in Chlorwasser eingeweicht waren, rochen immer noch. Wasser und Seife helfen ziemlich wenig, dagegen hilft ganz gut Benzin. Die Stelle, an der ein totes Stinktier im Garten vergraben worden war, konnte man noch nach Monaten mit der Nase finden. Stinktierkinder fangen schon im Alter von vier Wochen zu spritzen an.

Unsere Ankömmlinge aus Amerika zeigten sich allerdings gar nicht bösartig, sie kamen uns nicht mit ihren rückwärtigen Kanonen, sondern freundlich mit den schwarz-weißen Gesichtern entgegen. Im Deckel des Koffers fand sich dann eine englische Gebrauchsanweisung und die Erklärung, daß den Tieren die Stinkdrüsen wegoperiert und daß sie völlig zahm seien. Sogar Brustgeschirr und Hundeleinen waren dabei, so daß man mit ihnen spazierengehen konnte.

Später kam die Besitzerin an und erzählte uns die Lebensgeschichte dieser schwarz-weißen hübschen Kerle – es war wohl das weitest gereiste Stinktier-Ehepaar, das je gelebt hat. Sie hatte die beiden Skunks als Babys in Hollywood bekommen, und es war ein vergnügtes, spiellustiges Volk, das die Treppe im Hause herauf und herunter turnte. Nur stubenrein wollten sie nicht werden. Weil sie ihre Geschäfte immer in den Zimmerecken erledigten, stellte ihre Pflegemutter einfach in jede Ecke einen herausnehmbaren Blechwinkel, und das Problem war gelöst. Als die Stinktiere einmal in Hollywood davongelaufen waren, bat die Besitzerin alle Nachbarn, auf die Mohrrüben im Gemüsegarten zu achten. Das war nämlich ihre Lieblingsspeise. Als ein Möhrenbeet über Nacht geräubert war, befanden sich die Ausreißer nicht weit davon. Da die Dame im Dienste der amerikanischen Armee stand, reisten ihre beiden Stinktiere immer mit ihr, in einem komfortabel eingerichteten, außen ganz unschuldig aussehenden Handkoffer. Dort drinnen bekam das Weibchen im D-Zug auf einmal Junge. Leider geriet das Köfferchen, in dem die Neugeborenen schnell untergebracht wurden, auf der Reise nach Alaska unter Zollverschluß, während der Gepäckwagen durch Kanada sauste. So kamen sie traurig um.

In Zoos und in Pelztierzuchten hält man immer »desodorisierte«, also entstänkerte Skunks. Weil die Stinkdrüsen ganz oberflächlich unter der Haut sitzen, schneidet sie der Tierarzt unter örtlicher Betäubung heraus, ehe sie sich bei den Jungtieren richtig entwickelt haben. Trotzdem nimmt so ein Stinktier noch zeitlebens seine Drohstellung ein und wendet dem Feinde warnend das Hinterteil mit hochgehobenem Schwanz entgegen. Das ist eine Instinkthandlung, die ohne Überlegung geübt und durch Erfahrung kaum geändert wird. Bei den menschlichen Instinkthandlungen geht das ja genauso; wir verlieben uns immer wieder, auch wenn wir noch so schlechte Erfahrungen damit gemacht haben ...

Wenn ein unerfahrener Hund an so ein operiertes Stinktier gerät, ist es natürlich darum geschehen. Ein Hund, der schon einmal mit einem Stinktier zu tun bekommen hat, macht allerdings einen weiten Bogen darum. Man hat schon gesehen, wie sich fünf ausgewachsene Bären achtungsvoll von ihrem Futter zurückzogen, weil sich ein Stinktier gemütlich näherte und auch davon essen wollte. Ein Trapper wachte davon auf, daß eine Stinktiermutter mit halbwüchsigen, spielseligen Kindern zum offenen Zelt hereinkam und alles untersuchte. Die Kleinen störten sich nicht daran, daß sie den Menschen beim Haschespielen gelegentlich anrempelten. Vor dem Zelteingang aber saß im klaren Mondlicht ein großer Rotluchs, der ebenfalls den menschlichen Zuwanderer in dieser verlorenen Gegend besichtigte. Die Skunks kümmerten sich gar nicht um diesen Räuber, und wenn einer der Kleinen ihm zu nahe kam, dann zog der Luchs die Lippen hoch. Der Beobachter meinte, vermenschlichend hätte man sagen müssen, die Raubkatze hätte gar nicht besser ihre »unsägliche Verachtung« diesen kleinen Stänkern gegenüber ausdrücken können.

Deswegen sind die Skunks immer so unbesorgt. Wen nicht gerade nagender Hunger treibt, der will mit ihnen beileibe nichts zu tun haben. Dabei ist so ein Skunk gar nicht so sehr schießlustig. Er hat nämlich nur vier bis fünf Ladungen in seiner Kanone, dann ist sie für eine ganze Weile leer. Wer aber so wenig Munition zu verfeuern hat, der läßt den Gegner so nahe herankommen, bis er ihn todsicher trifft. Das tut der schwarz-weiße Stinker. Die Amerikaner behaupten, die Skunks hätten die Gewohnheit zu warten, bis sie »das Weiße im Auge ihrer Gegner sehen« können.

Auch dann machen sie uns höflich auf die Gefahr aufmerksam, anders als menschliche Kanoniere. Schon die grellweiße Streifung ist so auffällig wie ein Verkehrszeichen. Dazu richten sie aber auch noch den buschigen, prächtigen Schwanz steil in die Höhe wie einen Christbaum, machen einen Buckel und klopfen mit beiden Vorderbeinen zugleich auf den Boden auf. Das wirkt sehr niedlich, ähnlich wie bei jungen Hunden, die zum Spielen auffordern wollen. Aber wehe, wer diese Sprache mißversteht! Die kleinen Burschen können wirklich gut zielen, und sie treffen auch ausgezeichnet in die Augen. Das brennt fürchterlich, wenn es auch keinen ernsthaften Schaden hinterläßt. Verlaß dich nur ja

Wirklich ein freundliches, sympathisches und »ehrliches« Tier – das Stinktier.

nicht darauf, daß der Skunk dir nur das Gesicht zeigt: er kann sich blitzschnell zusammenkrümmen, dann steht der Hintern neben dem Kopf, und schon schießt er.

Wer das höfliche Benehmen der Stinktiere kennt und weiß, daß sie vor ihrer gefährlichen Waffe immer warnen, der glaubt auch nicht, daß ein Stinktier durch eine Kleiderfabrik spaziert und leblose Gegenstände in unendlicher Zahl parfümiert, die ihm nichts tun. Die Geschichte ist zu schön, um wirklich wahr zu sein.

Zahme Stinktiere schießen übrigens kaum jemals, auch wenn sie ihre Stinkdrüsen noch haben. Sie begnügen sich damit zu klopfen und zu drohen. So ein Haus-Skunkmännchen verpaarte sich mit einem wilden Weibchen, und sie zogen sogar zusammen Junge auf. Nur die Hauskatze, die selber Kinder hatte, bekam einmal eine Ladung ab, weil sie einen Skunk angriff. Eine große Eule aber überwältigte den Skunkvater und fraß ihn auf.

Wenn Skunks ihrem Broterwerb nachgehen, dann laufen sie aus Bequemlichkeit gern auf Menschenpfaden oder Wildwechseln, die schon ausgetreten sind. Dort finden sie übrigens dann auch die Losung anderer Tiere und führen sich Mistkäfer zu Gemüte, die sich darauf angesammelt haben. Sie essen überhaupt viel Insekten. Man hat ihren Mageninhalt nachgezählt und festgestellt, daß er zu 70 v.H. Schädlinge enthielt, Kartoffelkäfer, Heuschrecken und ähnliches. Deswegen verzeiht man den Skunks ihren Gestank. Manchen lagen allerdings die Überreste von 150 Bienen im Magen, und ein anderer hatte 65 Stacheln im Rachen und in der Speiseröhre eingespießt. Allerdings können die von toten Bienen gestammt haben, bei denen der Mechanismus des Stachels sich noch von allein betätigt. Bei den Bienenzüchtern sind Skunks nicht gerade beliebt, sie scharren nämlich nachts an den Bienenstöcken, bis die alarmierten Immen herauskommen, klamm herunterfallen und dann verspeist werden. Deswegen müssen viele amerikanische Bienenzüchter niedrige Drahtzäune um ihre Stöcke ziehen und oben breite Blechstreifen anbinden, damit die kleinen Bienenliebhaber nicht darüberklettern.

Weil Skunks so unbesorgt sind, kann es passieren, daß Leute, die zelten, früh einen schlafenden Skunk auf ihrem Bauch liegen finden. Die Wirkung ist ähnlich wie die berühmte, ewig wiederholte Geschichte von der Kobra auf der Bettdecke in Abenteuerbüchern.

Gegenüber den verständigen Geschöpfen der Natur hat dieses

sorglose Benehmen der Skunks Erfolg, nicht aber bei den blind wütenden, vernunftlosen Schöpfungen des Menschen, den Autos. Nach dem Bericht eines Straßenbauamtes in Pennsylvanien sind in einem Jahr 17301 Tiere totgefahren worden, vor allem natürlich Hunde und Katzen. Von den Wildtieren kamen die Skunks nach den Opossums mit 1205 Verkehrstoten an zweiter Stelle. Sie tun sich nämlich an den Überresten der überfahrenen Tiere gütlich und werden dabei selbst totgefahren.

Aber auch sonst werden viele umgebracht, jedes Jahr kommen über zwei Millionen Skunksfelle in den USA in den Handel, teils stammen sie von Trappern, teils von Farmern. Wenn es gehörig regnet, merkt man den Skunksmänteln aber manchmal doch noch an, von wem sie stammen. Unlängst stieß ich auf Untersuchungen darüber, wie man den Ratten und Mäusen Säcke und Futtermittel verleiden kann. Von allen ekligen Stoffen, die man darüber spritzte, erwies sich Butyl-Merkaptan am wirksamsten, eben das Zeug, was auch als Munition für die Stinkkanonen der Skunks dient. So lange dieser Geruch da war, blieb das Futter unberührt. (Ich möchte annehmen, von den Haustieren, die es später verzehren sollten, aber auch.) Am längsten haftete der Übelgeruch am Honig, ganze vier Monate lang.

Die Tierkundigen haben sich in den letzten Jahren viel mit diesen stinkenden, aber nützlichen Geschöpfen beschäftigt. Sie haben sie lebend gefangen, in Pappkartons gesteckt und mit Äther oder Chloroform betäubt, ehe sie zum Schießen kamen. So konnten sie die Skunks in aller Ruhe untersuchen. Dabei hat man auch richtige Volkszählungen für die Stinktiere gemacht. Sie sind sehr verträglich; in manchen Erdhöhlen fand man zehn bis fünfzehn gemütlich beisammen, besonders im Winter. Eine Höhle gehört nicht einem bestimmten Skunk allein, sondern allen gemeinsam. Im Durchschnitt leben in den USA etwa vier Stinktiere auf jedem Quadratkilometer, also ebensoviele wie Menschen in Paraguay und viermal so viel wie in Island, wo auf jeden Quadratkilometer nur ein Mensch entfällt. Im ganzen gibt es demnach in den Vereinigten Staaten, wie ich schnell ausgerechnet habe, ebenso viele Stinktiere wie Spanier in Spanien, nämlich 28 Millionen.

Millionen im Meer
Die Robben

Fragt uns jemand, welche großen Tiere wohl am zahlreichsten auf der Erde leben, dann denken wir vielleicht an die Antilopenherden Afrikas. Aber deren Zeiten sind längst dahin. Kaum jemand wird auf Säugetiere kommen, die im Wasser leben. Und doch gibt es viele Millionen von Robben, wenngleich ihre Zahl natürlich ebenfalls weit hinter den Milliarden der Menschen unseres Jahrhunderts zurückbleibt. Die Russen haben mit Flugzeugen planmäßig das Weiße Meer in 800 Meter Höhe abgeflogen, so daß die Tiere nicht erschreckt wurden und flüchteten. Auf den Luftaufnahmen konnten sie in mühseliger Kleinarbeit drei Millionen Sattelrobben zählen. Das ist eine Hundsrobbe, die sich fast nur auf den riesigen Treibeisfeldern aufhält und sogar das feste Küsteneis ängstlich meidet, weil sie es nicht fertigbringt, wie etwa die Ringelrobbe im Festeis Atemlöcher anzulegen.

Das mächtige Walroß schafft das noch notdürftig, indem es sich von unten her mit dem Rücken krumm an das Eis legt und dann plötzlich geradestreckt, so daß es mit dem Hinterkopf die Kruste zerbricht. Natürlich geht das aber nur bis zu einer gewissen Dicke, dann müssen die großen Tiere schleunigst versuchen, auf dem Bauch rutschend das offene Meer zu gewinnen. Man hat schon Walrosse angetroffen, die auf diese Weise fünfzig Kilometer zurückgelegt hatten, völlig ausgehungert waren und die ganze Haut auf dem Bauch durchgescheuert hatten.

Die Ringel- und Bartrobben machen sich nicht die Mühe, die immer wieder zufrierenden Atemlöcher ständig neu aufzubrechen. Sie heben das erste, dünne Eis mit der Nase von unten her an, so daß es eine flache Erhebung bildet, und machen dann an der Spitze ein kleines Loch hindurch. Das Loch steht jetzt oberhalb des Wasserspiegels und friert also nicht mehr zu, auch wenn das Eis allmählich dicker wird. Jede Robbe hat mehrere solche Atemlöcher, und man kann sich gar nicht vorstellen, wie sie es fertigbringt, sie unter dem dicken Eis zu finden. Die Eskimos stehen stundenlang frierend an diesen Löchern mit einem Speer auf der Lauer, um ihn den atemholenden Tieren in den Kopf zu jagen. Wenn das Eis darüber meterhoch zugeschneit ist, erweitert sich die Ringelrobbe ihr Atemloch zu einem Ausstieg, gräbt sich bis zehn Meter lange Gänge und eine Höhle in den Schnee.

Dort bekommt sie mitten in der kältesten Jahreszeit ihr Kind, ohne daß man oben auf der Schneefläche irgend etwas davon entdecken könnte. Ihre Babys haben es molliger als andere Robbensprößlinge, denn eine Schneehöhle wärmt gut.

Den Alten hilft ihr Haarkleid wenig gegen das eiskalte Meerwasser, auch wenn es sich um Pelzrobben oder Seebären handelt, deren Fell Unterwolle hat und die warmen Sealpelze für unsere Damen liefert. Den Robben kommt ihr Haarkleid erst an Land zugute, wenn es trocken geworden ist und dann gegen die eisigen Winde schützt. Während das Federkleid der Schwimmvögel so dicht ist, daß es das Wasser vom Körper abhält und ihn in einen Luftmantel hüllt, werden die Felle der Robben völlig durchnäßt.

Sobald so eine Robbe etwa im Zoo an Land kommt, bleibt sie nicht gleichmäßig schwarz und glänzend, sondern sie wird auf einmal fleckig. Manche Stellen an ihr, besonders an der Bauchseite, trocknen viel schneller als die anderen und leuchten dann bräunlich. Das hat eine besondere Bewandtnis. Die Robben isolieren sich nämlich gegen das kalte Wasser genau wie die Wale durch eine dicke Speckschicht. Schwimmen sie sehr hastig, so erwärmen sie sich und können sich hernach ebenso schwer abkühlen wie der Kaffee in der Thermosflasche. Deswegen haben sie scharf umschriebene Flächen dicht unter der Haut, die nach Belieben sehr stark durchblutet werden und die Wärme ans Wasser abgeben. Die Robbe wirkt dann wie ein Tauchsieder. Auf Inseln der Südhalbkugel findet man mitunter kleine See-Elefanten, die in Schächten von 3 bis 3,5 Meter Tiefe im verharschten Schnee liegen und dort elend verhungern, weil ihre Mütter nicht an sie herankönnen. Es sind kranke Tiere, die fiebern, auf diese Weise den Schnee unter sich wegschmelzen und immer tiefer in ihn einsinken.

Robben haben mancherlei mit uns gemeinsam. Sie können beim Transport auf Schiffen seekrank werden, ähnlich wie auch Affen, Pferde und Elefanten. Das ist zum Wundern, schließlich leben Robben ja stets im hohen Wellengang. Aber ist ein schwimmender Mensch, der ständig von hohen Brechern auf und ab gehoben ward, jemals seekrank geworden? Es scheint doch ein großer Unterschied zu sein, ob man selber im Wasser schwimmt oder auf einem schaukelnden Schiff steht. Auch andere üble Zustände, die uns das Leben zeitweise verbittern, können Robben am Strand bekommen, zum Beispiel Sonnenbrand. Man hat schon Sattelrobben und Walrosse gefunden, die sich kaum ins

Wasser jagen lassen wollten, vor Schmerzen schrien, wenn sie hineinplatschten, und schleunigst wieder herauskamen.

Natürlich können Robben ausgezeichnet tauchen; die Kegelrobbe bis hundert Meter, die Sattelrobbe sogar bis 280 Meter tief, wie man beim Fang mit Netzen oder beim Angeln mit Ködern herausgefunden hat. Andere Robben gingen dagegen bei dreihundert Meter Absinken an der gleichen Druckluftkrankheit zugrunde, der wir Menschen schon in viel geringeren Tiefen ohne Tauchgerät erliegen. Die Robben blasen die Atemluft im Gegensatz zu uns vor dem Untertauchen aus. So vermeiden sie bis zu einem gewissen Grade, daß mehr Stickstoff unter dem hohen Druck im Gewebe gebunden wird. Der verwandelt sich sonst im Blut bei raschem Auftauchen wieder in Gas und verstopft die kleinen Blutgefäße, besonders in der Lunge.

Robben sind für das anhaltende Tauchen gut eingerichtet. Ihr Puls kann von 150 Schlägen in der Minute auf nur zehn zurückgehen. Daß die Nasenlöcher unter Wasser geschlossen sind, versteht sich von selbst: um sie in der Luft zum Atmen zu öffnen, bedarf es besonderer Muskelanstrengung. Auch an Land atmen Robben ganz unregelmäßig und setzen oft minutenlang ganz aus. Im Zoo melden manchmal die Besucher, daß ein Seelöwe ertrunken auf dem Grunde liege, während das Tier in Wirklichkeit nur längere Zeit nicht auftaucht. Jagt man Robben, so bleiben sie bis zu einer halben Stunde unter Wasser, obwohl man diese Zeitspanne oft überschätzt, weil die Tiere heimlich irgendwo doch die Nasenspitze zum Luftholen herausstecken. Sie schlafen auch nicht selten senkrecht im Wasser stehend, wobei die Nase alle ein bis zwei Minuten ganz von allein zum Luftholen auftaucht. An Land sind sie viel mehr gefährdet, dort heben sie daher in kurzen Abständen den Kopf an und blinzeln mit den Augen. Sattelrobben schwimmen, wenn auch nicht für lange Zeit, mit einer Geschwindigkeit von zwanzig Seemeilen in der Stunde (37 km/st) – das ist doppelt so schnell wie ein Fischdampfer und immer noch schneller als ein normaler Passagier- und Frachtdampfer. Mit ihrem Atemsystem könnten sie daher bis elf Kilometer weit unter einer geschlossenen Eisdecke schwimmen; man findet sie aber kaum weiter als 3,5 Kilometer vom Rande.

Beim Tauchen hilft ihnen noch, daß ihre Augen sich unglaublich schnell der Dunkelheit in größerer Wassertiefe anpassen können. Während wir 40 bis 45 Minuten brauchen, bis wir uns auf Sehen in tiefer Dämmerung umgestellt haben, bringt das Hundeauge das in zwanzig Minuten fertig – eine Robbe soll nur eine Sekunde zur gleichen Leistung benötigen. Dafür sieht sie nur im Wasser gut, während die stark gewölbten Augen in der Luft wohl reichlich kurzsichtig sind. So vermag man Robben, die überdies nicht sehr gut riechen können, leicht zu täuschen. Auf der Seehundjagd läuft der Jäger schnell an den Lagerplatz der Robben, während diese vor ihm ins Meer flüchten. Ehe die neugierigen Tiere wieder aufgetaucht sind und näherkommen, muß er flach auf dem Bauch liegen und robbenähnliche Bewegungen machen. So werden alte Seehunde oft bis auf Schußweite, Seehundkinder mitunter so nahe herangelockt, daß der Mensch sie mit den Händen greifen kann.

Viel Blut im Körper hilft mehr als der beste Tauchapparat. Robben haben im Körperinneren Hohlräume, die mehrere Liter Blut als Vorrat aufstauen. Es ist dunkel gefärbt, weswegen Robbenfleisch schwärzlich aussieht, mit Ausnahme der Muskeln von Jungtieren, die noch nicht geschwommen sind. Neu angelernte Robbenschlächter haben schon immer kaum ihren Augen getraut, wenn sie die große Menge von Blut aus diesen Tieren strömen sahen. Beim Seehund macht das Blut 15 v. H. vom Körpergewicht aus, beim Menschen nur 6,6 v. H. Ein See-Elefant soll zweimal so viel Blut enthalten wie ein gleich schwerer Ochse. Wahrscheinlich wird das aber überschätzt, weil Robbenblut fast gar nicht gerinnt und die Tiere daher vollständig ausbluten.

Kaum vorstellbar, daß auf Säugetieren, die fast ihr ganzes Leben lang im Wasser schwimmen, noch Läuse leben! Und doch ist es so: sie sitzen nicht nur am Kopf, der immerhin noch häufig zum Atemholen auftaucht, sondern ebenso dicht zwischen den Hinterflossen und dem Schwanz. Diese Läuse haben ihre Chitinhaare zu Schuppen umgebaut, die sich aufrichten lassen und einen Luftmantel festhalten. Auch viele Wasserkäfer und -spinnen schleppen ja ähnlich einen Luftvorrat mit sich herum. Die Robben im innerrussischen Baikal-See werden von genau der gleichen Läuseart geplagt wie die im offenen Meer, obwohl diese Läusevölker doch sicher seit Jahrhunderttausenden keine Verbindung mehr miteinander haben können. Diese U-Boot-Läuse jucken und quälen ihre Träger genau wie die von Landtieren, und so wie es Vögel gibt, die Nashörnern oder Büffeln das Ungeziefer abpicken, hat sich in der Arktis eine Drosselart auf diesen Liebesdienst umgestellt. Sie laufen auf den Walrossen umher, die sich manchmal wegen der juckenden Läuse brüllend auf dem Eise wälzen. In den Nasenhöhlen wiederum haben sich Milben angesiedelt, die so auf Umwegen auch zu Meeresbewohnern geworden sind. Ihnen kommt zugute, daß es bei vielen Robbenarten Sitte ist, sich zur Begrüßung flüchtig mit den Nasen zu berühren. Das genügt den Milbenkindern, um auf einen anderen »Dampfer« umzusteigen.

Magenwürmer sind wohl die Ursache, daß Seelöwen gern Steine schlucken. Im Pariser Zoo hat man aus dem Magen eines großen Seelöwenbullen 32 kg davon herausgeholt, in einem anderen Fall beinahe an die 10 kg Kiesel. Vielleicht wollen die Seelöwen die Magenwürmer wie zwischen Mühlsteinen zerquetschen. Die Geologen werden aber durch diese Robbenmarotte leicht hinters Licht geführt, weil die Tiere auf diese Weise Steine von einem Weltmeer in das andere verschleppen. Obwohl so viele Millionen Robben in den Weltmeeren schwimmen, gibt es nur etwas mehr als dreißig verschiedene Arten von ihnen, und diese werden von Zoobesuchern immer verwechselt. Für sie sind die Tiere, welche in unseren Wasserbassins herumschwimmen, meistens »Seehunde«. Die leben allerdings an unseren heimatlichen Küsten, während in den Zoos hingegen die Seelöwen von den kalifornischen Küsten besser fortkommen. Seelöwen (oder »Haar-Robben«) und die Seebären (oder »Pelzrobben«) mit ihrem wolligen Unterhaar haben noch kleine Ohrmuscheln, können obendrein ihre Beinflossen am Lande unterstellen und also wie ein Vierfüßer laufen. Von diesen »Ohrenrobben« werden die Seelöwen nur ihres Speckes wegen umgebracht, die Pelzrobben dagegen auch wegen ihrer Felle. Sie leben fast alle auf der südlichen Halbkugel, nur eine, die Nördliche Pelzrobbe zwischen Alaska und Kamtschatka, macht darin eine berühmte Ausnahme.

Zur Zeit Katharinas der Großen zerbrach sich der russische Seefahrer Pribiloff nämlich den Kopf, wohin die unzähligen Robben jedes Jahr zwischen den Aleuten hindurch nach Norden zogen. Er entdeckte schließlich die fünf nebelumhüllten Inseln, welche heute nach ihm benannt sind. Der Anblick dieser unzähligen Robbenscharen muß überwältigend gewesen sein.

Natürlich setzte spornstreichs ein ungeheures Schlachten ein. Die Russen brachten binnen kurzem Ordnung in die Sache: sie ließen jedes Jahr nur eine beschränkte Menge von diesen Nördlichen Pelzrobben jagen. Die Tiere halten sich Sommer und Winter ständig im offenen Meer auf. Sobald die Bullen an Land gehen, sammeln sie Harems von Weibchen um sich. Da ringsum Junggesellen und Jünglinge lauern, kann der Haremsbesitzer sich von seinen fünfzig, in seltenen Fällen sogar hundert Frauen nicht einen Augenblick entfernen. Er hat also nicht die kleinste Spanne Zeit, um zu essen, zu trinken, zu schlafen oder ins Wasser zu gehen; zwei Monate lang muß er demzufolge völlig von seinem Speck leben. Die Kühe gebären schon ein oder zwei Tage nach ihrer Ankunft auf dem Felsen ihre schrumpligen Kinder und paaren sich fast unmittelbar darauf von neuem.

Diese Robbenweibchen humpeln häufig ins Meer, um Fische zu jagen, und sie lassen inzwischen ihre Babys allein. Jede Mutter findet in der großen Schar unbeirrt ihr eigenes Kind wieder; sie nimmt niemals ein fremdes an. Geht eine Robbenmutter zugrunde, so muß ihr Kind verhungern.

Die aufgeregten Bullen kümmern sich um die Kinder nicht. Diese drängen sich dennoch oft an schlafende Riesen heran, um sich an ihnen zu wärmen. Dreht sich der Große auf die Seite, so kann es passieren, daß er sie totwälzt. Die Kinder der meisten Robbenarten werden dichtbehaart geboren und gehen erst nach Abwerfen der Wollhaare einige Wochen später ins Wasser. Bei Gefahr kann es passieren, daß die Mutter sie zwangsweise hineinwirft. Man bringt heute nur noch die dreijährigen männlichen Tiere um, welche sich außerhalb der Harems aufhalten. Die armen »Junggesellen« müssen also die Pelze liefern, welche unsere Ehemänner dann, teuer bezahlt, ihren Frauen schenken. Um ein Haar gäbe es heute diese Pelzlieferanten zwischen Alaska und Rußland nicht mehr. Als die Vereinigten Staaten 1867 Alaska von Rußland kauften, kamen auf den Pribiloff-Inseln jedes Jahr noch drei bis vier Millionen Robben zusammen. Die Pelzjäger fanden hingegen – wie alle wesensverwandten Aasgeier auf der Welt – von heute auf morgen einen Weg, die Schutzbestimmungen für die Robbenversammlungen zu umgehen. Sie ankerten einfach vor den Inseln, ohne sie zu betreten, und töteten die Robbenheere, während sie dort hinzogen – Männchen und Weibchen ohne Unterschied. So war ihre Zahl im Jahre 1911 auf 123 600 zusammengeschrumpft. Geradezu im letzten Augenblick schlossen Rußland, Japan, England und die USA einen sehr vernünftigen »Robbenvertrag«; die anderen Staaten stellten auch die Seegebiete freiwillig unter die Aufsicht der Vereinigten Staaten. Seitdem haben die Nördlichen Pelzrobben sich stetig wieder vermehrt, und heute zählen sie schon wieder drei Millionen Köpfe. Dagegen wäre die Hilfe für die Robben von Guadeloupe beinahe zu spät gekommen: Diese Tierart war schon fast von der Erde verschwunden. In unserem europäischen Nördlichen Eismeer gibt es übrigens gar keine Pelzrobben.

Die Walrosse sehen im Zoo mit ihren Schnauzbärten peinlich menschenähnlich aus, denn bei uns haben sie meistens keine langen Hauzähne; sie wetzen sich diese an den steinernen Becken ab. Walrosse werden sehr zutraulich, ja fast lästig aufdringlich zu ihrem Wärter und geben ihm trotz ihrer federkieldicken Bartborsten gern Küsse. Außerdem lernen sie es ausgezeichnet, den Besuchern ganz überraschend Wasserstrahlen ins Gesicht zu spucken, was alle entzückt, außer die Getroffenen selbst. Die Walrosse, nach den Ohrenrobben die zweite Familie unter den Robben, gelten daher als besonders friedfertig. Sie sollen sich nur von Muscheln und kleinem Seegetier ernähren. Aber – merkwürdig genug – das Walroß ist die einzige Robbe, die sich um keinen Eisbären schert, selbst wenn er dicht an ihm vorbeigeht. Ein dänischer Bekannter von mir, Alwin Pedersen, der lange Jahre in der Arktis verbracht hat, erzählt, wie mucksmäuschenstill er mit seinen Gefährten im Boot saß, als plötzlich riesige Köpfe mit schlohweißen Elfenbeinzähnen über den Rand sahen und eine übermütige Walroßherde mehr als zwei Stunden ringsherum spielte und dem festen Boot immer wieder gehörige Stöße versetzte. Schießt oder reizt man so ein Tier, so greift die ganze Herde an, und sie können auch ein festes Boot zerschlagen und umstürzen. Ihr rührender Familienzusammenhalt wird ihnen oft zum Fluch. Robbenjäger suchen ein Junges zu ergreifen, bringen es zum Schreien, und dann brauchen sie nur die übrige Herde abzuschießen, wenn sie hartnäckig dem Kleinen zu Hilfe kommt.

Sobald irgendwo Walrosse auftauchen, verdrücken sich die kleineren Robbenarten schleunigst. Tatsächlich stimmt es vielleicht gar nicht, daß die Walrosse ihre riesigen Hauer dazu benutzen, um Muscheln loszubrechen und zu zerkleinern. Sie packen schwächere Robbenarten, drücken ihnen zwischen ihren Vorderflossen die Rippen entzwei, zerreißen sie mit den Hauzähnen und verschlingen ihr Fleisch. Im Magen von Walrossen fand man des öfteren Fleisch von anderen Robben.

Es gibt übrigens nur zwei Walroßarten, die eine im nördlichen Atlantik, die andere im nördlichen Pazifik. Auf der südlichen Erdhalbkugel leben diese Schnauzbärte nicht, weswegen es immer ein grober Schnitzer ist, auf einem Polarbild Walrosse oder Eisbären neben Pinguinen darzustellen. Die merkwürdigen bärtigen Seeriesen sind immer seltener geworden. Werden sie eines nahen Tages ganz aus unseren Meeren verschwunden sein?

Als die englische Luftwaffe als Ersatz für das zerstörte Helgoland jedes Jahr ihre Bomben auf Knechtsand vor der deutschen Nordseeküste abwarf, wurden nicht nur etwa 70000 der prächtigen bunten Brandenten zerfetzt, welche von den verschiedensten Küsten Europas, auch Englands, dorthin zur Mauser kommen, sondern auch viele Seehunde. Zur deutschen Tierwelt gehören nämlich auch Robben. Es sind nach einer Schätzung etwa 3200, während im Wattenmeer vor der holländischen Küste weitere 8500 leben.

Diese Seehunde zeigen sich im Gegensatz zu ihren wanderlustigen Verwandten recht heimattreu. Sie gehen nicht weiter als zehn bis fünfzehn Kilometer von dem Platz, den sie sich als Stammsitz auserkoren haben. Was mag daher in den Seehund gefahren sein, der eines Tages die Oder aufwärts bis nach Frankfurt schwamm, und in einen anderen, der 1942 aus freien Stücken sogar Breslau besuchte? Schon 1634 erregte einer in der Elbe bei Dresden Aufsehen.

Wer da im Zirkus Gummibälle und Lampen auf der Nase balanciert, Treppen rauf- und runterklettert und sich gar als Seiltänzer zeigt, kann niemals ein »Seehund« sein, wie viele Leute gern sagen, weil ihnen dieser Name für eine Robbe am geläufigsten ist. Die Hundsrobben (die dritte Robbenfamilie, zu der die Seehunde gehören) rutschen nämlich auf dem Bauch wie die Raupen. Ein fetter Seehund kann mit seinen Seitenflossen gar nicht bis auf die Erde gelangen. Er krümmt sich und stößt sich mit den Hinterflossen ab, so daß er in einer Art Bauchgalopp vorwärtsrutscht – übrigens geht das bei manchen Arten gar nicht einmal so langsam! Wenn er sich sehr anstrengt, schafft er zehn Kilometer in einer Stunde. Bei dieser Glitscherei helfen den Robben ihre starken, nach hinten gerichteten Haare. Deswegen binden sich ja die Skifahrer Robbenfelle unter die Gleitflächen ihrer Skier, um bei vereistem Schnee zu verhindern, daß sie rückwärts den Berg hinunterschlittern – vermutlich eine Erfindung der Eskimos. (Die Eskimos verstehen es übrigens nicht, die Felle richtig zu gerben, sie weichen sie häufig in Urin ein; die Frauen kauen sie dann weich.) Manchmal wirkt sich diese Eigenschaft der Robbenhaare recht unangenehm aus, sie kann uns arm machen. Es war eine Zeitlang recht beliebt, Geldbörsen mit Robbenfellstücken zu verzieren. Bei diesen Dingen kann es passieren, daß sie aus der Hosentasche durch die Bewegung der Beine selbsttätig emporkriechen und herausfallen.

Die Hundsrobben sind nicht schlecht »zu Fuß«, obwohl sie, wie gesagt, ihre Gliedmaßen gar nicht zum Laufen verwenden. In der Antarktis findet man sie manchmal 30 bis 50 Kilometer von der See entfernt und 700 Meter hoch über dem Meeresspiegel. Die Hinterbeine legen sich bei unserem Seehund so zusammen, daß sie mit dem daraufgeklappten Schwanz gemeinsam ein starkes Ruder bilden. Nur unter ganz bestimmten Umständen kann der Seehund auf diesen Ruderflossen noch laufen, wie einmal im Basler Zoo Frau Dr. Erna Mohr beobachtet hat, eine von mir hochgeschätzte Zoologin und Robbengelehrte, auf deren Studien ich mich hier vielfach stütze. Wenn nämlich das Wasser gerade so tief ist, daß der Seehund nur mit dem halben Kopf heraussieht, macht er auf dem Grunde seine beiden Hinterflossen auseinander und watschelt aufrecht im Wasser. So würden ungefähr wir Menschen gehen, wenn man unsere Beine in Knöchelhöhe zusammenschnürte.

Erzählen unsere Märchen von Seegeistern oder von Meerjungfrauen, die den Kirchenglocken lauschen, dann haben die Seehunde mit ihren runden, menschenähnlichen Köpfen sicherlich das Vorbild dazu gegeben. Auch die Braunalgen, welche im flachen Wasser unserer Küste treiben, werden vom Volksmund reichlich unappetitlich »Seehundsqualster« genannt. Schon mancher hat entdeckt, daß man Seehunde wirklich mit Geigenspiel oder anderer Musik anlocken kann. Ob sie aber deswegen wirklich musikalisch sind? Auf jeden Fall sind sie sehr wißbegierig, und jedes Boot reizt sie, heranzukommen und es von allen Seiten zu besehen. Sie haben eben noch immer nicht gelernt, mit der Bosheit der Menschen zu rechnen.

Während die meisten Robben wenigstens zum Gebären ihrer Kinder das feste Land oder Eisflächen aufsuchen und die Babys manchmal sechs, acht Wochen ängstlich das Wasser meiden, kommen Seehunde sozusagen »betriebsfertig« auf die Welt. Im Wattenmeer, das ihre Heimat ist, gibt es – wenigstens an unseren Küsten – keine Klippen, die nicht von der Flut doch überschwemmt werden: Seehundwelpen werfen also frischweg nach der Geburt ihre Jugendhaare ab und können im Nu schwimmen. Verlieren sie im Rinnsalgewirr des Wattenmeeres die Mutter und werden mit ins Meer geschwemmt oder bleibt ein Zwilling übrig, den die Mutter nicht annimmt, dann schwimmen sie als »Heuler« klagend umher und laufen auch vorbeikommenden Menschen nach. Wenn sie nicht von mitleidigen Seelen mit der Flasche großgezogen werden, dann sind sie verloren. Päppelt man so ein Robbenkind auf, so ist zu bedenken, daß die Robbenmilch dreizehnmal so viel Fett enthält wie Kuhmilch, nämlich 43 v.H.!

Robben trinken wohl kaum Meerwasser, aber nehmen auf Transporten und im Zoo Süßwasser an. Meerwasser enthält vier v.H. Salz, die Fische aber, von denen die Robben leben, nur 0,07 v.H. Trotzdem brauchen sie auf die Dauer das Salzwasser wohl doch zum vollen Wohlbefinden. Denn, von gelegentlichen Ausnahmen in einigen europäischen Zoos abgesehen, züchten Seehunde nur in den »Tiergrotten« von Bremerhaven, und dieser kleine Zoo liegt im Brackwasser der Wesermündung. Die Augentrübungen allerdings, die sich mitunter bei Zoo-Robben einstellen, haben nicht das Süßwasser zur Ursache, denn auch wildlebende Robben leiden häufig daran; Augen, die unter Wasser sehen sollen, sind wohl besonders empfindlich.

Wenn Robben sich erst einmal an das Zooleben gewöhnt haben, können sie sehr alt werden. In Stockholm starb 1942 der Kegelrobbenmann »Jakob« im Alter von 43 Jahren. Nach dem Tode stellte man Herzerweiterung, Gefäßschäden und viele typische Erscheinungen auch des menschlichen Alters fest. Sie hätten in Freiheit wohl ein so langes Leben verhindert. Die dicken Speckschichten machen viele Robben zu wahren Hungerkünstlern. Wenn See-Elefanten von der Antarktis über den Äquator nach Europa gebracht werden, fasten sie regelmäßig während der ganzen acht bis zehn Wochen dauernden Reise. Selbst der viel kleinere Seehund kann manchmal bis zu acht Wochen mit dem Essen streiken, und bei manchen Robbenarten ist überhaupt zwischen dem Entwöhnen und dem Selber-Essen eine Hungerzeit von zwei bis vier Wochen üblich.

In bedrückenden Angstträumen könnten wir uns nicht vorstellen, welch ungeheure Mengen von Robben jedes Jahr nur ihrer Pelze, ihres Fettes oder ihres Specks wegen hingemetzelt werden. Allein die Norweger haben im Ost-Eis, also im Weißen Meer, bei Spitzbergen und Nowaja Semlja, nach ihren Statistiken von 1875 bis zum Beginn des letzten Krieges jährlich mit 40 bis 170 Fahrzeugen in steigender Zahl Robben erlegt, mit 8000 beginnend bis 343 000 im Jahre 1925! Es waren fast ausschließlich Sattelrobben. Die Fangzahlen der Russen in den noch weiter östlich liegenden Gebieten sind viel höher, weil sie Eisbrecher und Flugzeuge benutzen und (nach Behauptungen der anderen) keine Schutzvorschriften beachten. Im westlichen Atlantik, vor Kanada und Neufundland, werden jährlich 300 000 bis 500 000 Robben erschlagen oder erschossen. Dazu kommen dann noch die Zahlen aus der Antarktis und dem nördlichen Pazifik. Dieses »Robbenschlagen« – denn es ist wirklich kein Jagen – geht einfach vor sich. Die Pelzrobben treibt man bis zu dem Schlachtplatz vor sich her und achtet nur darauf, daß sie sich nicht überhitzen, weil sonst das Fell darunter leidet. Die Tiere werden fast immer einfach mit Keulen oder Hacken totgeschlagen, ein grausames und rohes Handwerk. Dr. Lilie brachte im Jahre 1949 Farbfilme davon nach England mit, aus denen hervorging, daß viele Jungrobben nur leicht betäubt sind, wenn sie ausgehäutet werden.

Die riesigsten Robben, die See-Elefanten, waren früher überall an den Küsten und auf den Klippen im Südatlantik zu finden. Da eine männliche Elefantenrobbe 80 bis 100 Zentner schwer wird und sich gar nicht um Menschen schert, welche sich ihr nähern oder um sie herumgehen, haben die Robbenschläger sich dieser Riesentiere natürlich besonders ungestüm angenommen. Heute gibt es nur noch in Südgeorgien welche, und zwar etwa 260 000 Stück, ferner 2000 bis 3000 an den Küsten der Falklandinseln. England und Argentinien, die sich um diese Inseln streiten, sorgen seit vier Jahrzehnten dafür, daß diese Robbenherden erhalten bleiben. Jährlich werden 4000 bis 5000 See-Elefanten getötet. Die zweite, nördliche See-Elefantenart, die an der Küste von Kalifornien lebte und etwas kleiner ist, aber einen längeren Rüssel hat, galt in den achtziger Jahren des vorigen Jahrhunderts bereits als ausgerottet. Dann stieß man im Jahre 1892 auf eine kleine Herde an der Insel Guadeloupe. Da die mexikanische Regierung sie unter Schutz stellte, nahm ihre Zahl, die auf unter hundert gesunken war, allmählich immer mehr zu. 1950 waren es bereits wieder über 6000 geworden. – Hier endlich kann man mal etwas Erfreuliches über das Schicksal bedrohter Tierarten berichten.

Diese See-Elefanten schlafen im Vertrauen auf ihre Größe und Stärke unglaublich fest. Man hat bei ihnen seelenruhig die Aftertemperatur, die Zahl der Herzschläge und der Atemzüge feststellen können. Dabei kam dann heraus, daß See-Elefanten fünf Minuten lang ziemlich regelmäßig dreißigmal je Minute atmen und dann für fünf oder gar acht Minuten mit dem Atem ganz aussetzen. Das hängt wohl mit ihren Tauchfähigkeiten zusammen.

Auch kleine Seelöwen, deren Eltern neben den See-Elefanten-Kolossen leben, machen sich die Gemütlichkeit der Riesen zunutze. Man kann manchmal zwei- oder dreijährige kleine Seelöwen sehen, die friedlich auf dem Rücken eines See-Elefanten-Bullen liegen und sich dort wärmen. Dem Bullen machen ledig-

Die »Klappmütze«, eine der größten und schönsten Robben, mit ihrem »Nasensack«.

lich in der Brunftzeit die Nebenbuhler ungewohnt viel Arbeit. Wenn Drohen und Brüllen nichts mehr fruchten, packt er sie am Genick und schüttelt sie, wie ein Hund, der eine Ratte gefaßt hat, was aber wegen der zähen Haut des anderen wenig ausmacht. Der Elefantenrobbenbulle ist etwa dreimal so schwer wie das Weibchen. Der seltsame Rüssel, den er aufblasen kann, dient anscheinend als Musikinstrument. Seine Endöffnung richtet sich in den weit aufgerissenen Mund, die Nüstern zielen geradezu auf den Rachen. So dienen wohl Mund und Rüssel als Resonanzgehäuse für ein Schnarchen, das man fast einen Kilometer weit hört. Ein solcher Elefantenbulle versammelt im Durchschnitt dreizehn Frauen um sich; und er kommt während der Hochzeitswochen nicht dazu, auch nur einen Bissen zu essen.

Warum man See-Elefanten so selten im Zoo sieht? Es ist natürlich nicht ganz leicht, diese Riesentiere über den heißen Äquator hinweg bis nach Europa zu bringen. Unsere Zoos begnügen sich nicht deswegen meistens mit zwei, drei oder vier Robben, weil sie besonders teuer wären. Es ist vielmehr sehr kostspielig, sie im Zoo auf die Dauer zu ernähren. Schon ein Seelöwe verschlingt täglich acht bis zwölf Kilogramm Fische, und das müssen unkonservierte, ungesalzene, frisch gefangene Hochseefische sein, die jeden Tag als Expreßgut mit dem D-Zug eisgekühlt ankommen. Jede Robbe braucht also jahraus, jahrein täglich fünf bis acht Mark Kostgeld!

Fliegende Heinzelmännchen
Das Flughörnchen

Als Student habe ich die Semesterferien und ein geschwänztes Semester dazu benutzt, mich in England und Nordamerika herumzutreiben. Eine große Geflügelzeitung und die Spratt's-Hundekuchenfabrik mußten die bescheidenen Mittel dazu liefern.

Damals war ich bei einem Farmer zu Besuch. Mir sind noch die weiten Plantagen in Erinnerung, ihr welliges Land war ganz rot von herrlichen Äpfeln, die von den Bäumen herabgefallen waren. Es lohnte sich nicht, sie aufzuheben und zu verschicken, weil sie so billig waren. Am Waldrand wollte ich auf einen Baum steigen, um von einem höheren Standpunkt aus diese Apfelpracht zu knipsen. Aus dem Baum ragte oben ein abgestorbener Ast, in den ein Specht zwei Löcher geschlagen hatte. Als ich an dem Ast rüttelte, erschienen winzige Gesichter mit großen Augen in diesen Löchern. Dann krabbelte es, und zwei oder drei kleine graue Gebilde sausten heraus und flohen auf die nächsten Bäume. Ich konnte gar nicht erkennen, was eigentlich los war. Der Farmer sagte mir, das seien Flughörnchen gewesen. Mehr, als in diesem Bruchteil einer Sekunde, habe ich von ihnen nicht gesehen.

Es hat einundzwanzig Jahre gedauert, bis ich das erste Flughörnchen in der Hand hatte. Bei den internationalen Zoodirektoren-Konferenzen habe ich mich mit amerikanischen Direktoren angefreundet, und wir haben einheimische Tiere gegenseitig getauscht. Ein paar Krähen, Eulen und Eichhörnchen reisten im Flugzeug nach den Vereinigten Staaten, und dafür kamen unter anderem die winzigen Flughörnchen in Deutschland an.

Das erste Paar davon habe ich in einem Kasten zu mir ins Schlafzimmer gestellt. Den ganzen Tag über lagen sie zusammengerollt in einem kleinen Häuschen, das in dem Kasten stand. Wenn man sie herausnahm, waren sie ganz schlaftrunken und blieben eine Weile auf der Hand liegen. Die ersten Tage aßen sie ungeheuer viel, mit Vorliebe Walnüsse, bis ich dahinterkam, daß sie alle nur in ihr Kästchen schleppten und da aufspeicherten.

In der Nacht wurden sie um so lebendiger, und es war nur gut, daß wir einen festen Schlaf haben. Sie tobten herum, nagten, rumorten, zankten sich, daß man glaubte, in dieser Ecke des dunklen Zimmers wäre der Teufel los. Es wurde gesägt, gekratzt, gescharrt, und am frühen Morgen konnte man dann an den

Wänden des Kastens die Spuren ihrer eifrigen Tätigkeit finden. Es ist mir zweimal passiert, daß ich spät nachts nach Hause kam, den Kasten aufmachte, um nach den kleinen Geistern zu sehen, und sie mir, hast du nicht gesehen, entwischten. Das gab eine Jagd! Sie sausten wie die Mäuse auf dem Fußboden herum, krochen in unglaublich schmale Spalten, zum Beispiel zwischen den Schränken und der Wand, in die Sprungfedern des Bettes, und wir rutschten zwei Stunden lang in der Nacht auf den Knien und dem Bauch herum, um das flinke Volk wieder einzufangen.

Das erste Mal glückte mir das noch, indem ich eine Jacke dort auf den Fußboden warf, wo sie immer entlang flüchteten. Weil sie Schutz und Dunkelheit suchen, schlüpften sie gleich darunter. Aber man wagt so ein winziges, zerbrechliches Tier nicht fest zu packen, das Fellchen ist so glatt, und es ist auch anscheinend viel zu weit für das Körperchen – kurz, das Kerlchen entwischte mir wieder. Es spricht für die Schlauheit dieser kleinen Burschen, daß sie nicht zu bewegen waren, das zweite Mal unter die Jacke zu laufen. Schließlich waren beide verschwunden.

Wir setzten uns erschöpft hin, hielten Kriegsrat ab und überlegten, wo sie geblieben sein könnten. Dabei fiel mir ein, daß ein Schuhregal, welches unter der Fensterbank eingebaut ist, einen Zwischenraum zwischen der Seitenwand und der Mauer haben mußte. Ich fand auch unten einen Schlitz, durch den sie hineingekommen sein konnten. Also holte ich Handwerkszeug, löste vorsichtig das Regal von der Wand ab und fand die beiden Gnomen tatsächlich hinter Spinnweben dort sitzen. Ich suchte mir den gefütterten Überstiefel meiner Frau, hielt ihn davor und stocherte dann mit einem Besenstiel, in der Erwartung, daß sie hervorkommen und in dem Stiefel Schutz suchen würden.

Das machten sie auch. Aber nun saßen sie in der Fußspitze, ich konnte gerade ihre buschigen Schwänze mit der Fingerspitze fühlen, doch sie krallten sich fest und fanden es darin sehr sicher und gemütlich. Mein Vorschlag, den ganzen Stiefel einfach in den Flughörnchenkäfig zu stellen und es ihnen zu überlassen, bis sie wieder herauskämen, fand keine Gegenliebe bei meiner Frau. Weil sie die Nagekünste der kleinen Kerle kannte, fürchtete sie mit Recht, daß sie sich vielleicht vorn an der Fußspitze einen Ausgang durch das Leder anlegen würden. So mußte ich die beiden doch mit Geduld und Zähigkeit herausangeln.

Leider waren beide Tiere Weibchen, und es gelang mir zunächst nicht, aus Amerika ein Männchen nachkommen zu lassen. Die Sache schien nicht sehr aussichtsreich, denn ich glaube, diese

Dieses fliegende Heinzelmännchen machte uns eine halbe Nacht lang zu schaffen.

waren überhaupt seit Jahren die ersten Flughörnchen, welche lebend nach Europa gekommen waren. Aber wie der Zufall es will, auf einmal fand ich in der Angebotsliste eines Tierhändlers aus Wien ein Flughörnchen verzeichnet. Ich schrieb hin, ob es ein Männchen sei, und, welch ein Wunder, es war wirklich eins. Der betreffende Herr kam sowieso nach Deutschland und brachte den kleinen Kerl in einem Kästchen mit.

Ich wußte nicht, ob sich dieser Flughörnchenmann mit meiner Flughörnchenfrau vertragen würde. Deswegen stellte ich sein kleines Kästchen erst einmal eine Nacht zu der Frau in den Käfig hinein, damit sie sich beriechen und durch das Drahtgitter Bekanntschaft machen konnten. Diese Nacht war sehr unruhig. Es quiekte, schimpfte, klapperte, raspelte, als ob da ein Sägewerk in Gang wäre. Frühmorgens war ein Loch in dem Kästchen des Flughörnchenmannes, und die beiden schliefen todmüde von der nächtlichen Arbeit, selig vereint in ihrem Häuschen. Das Männchen war zwei oder drei Tage in seinem kleinen Transportkasten gewesen und hatte sich nicht einmal bemüht, herauszukommen. Jetzt, neben dem Weibchen, hatte es das in zwei Stunden geschafft. Da kann man sehen, was Liebe tut!

So ein kleines Tier wiegt noch kein Viertelpfund. Das gelbe oder graue Körperchen mit dem weißen Bauch ist nur die Hälfte

Dieses Flughörnchen-Kind wurde in meinem Zimmer geboren.

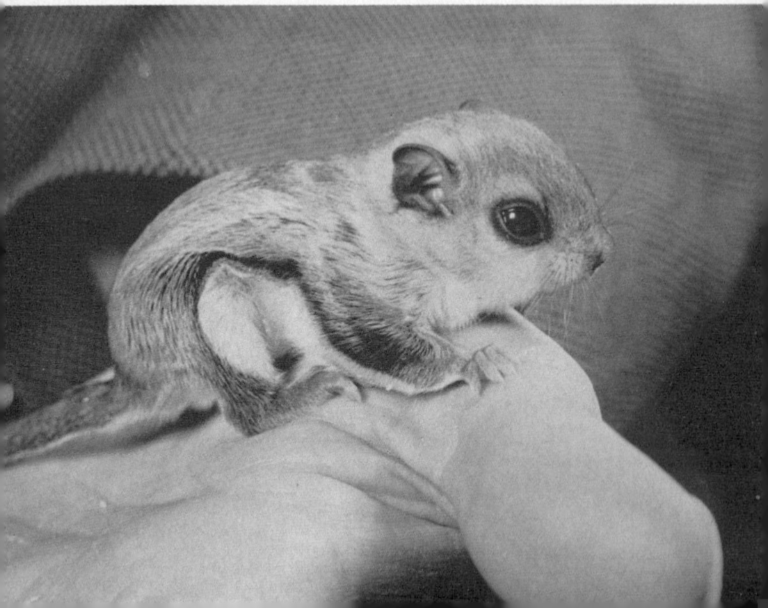

länger als ein Zeigefinger, wozu allerdings noch ein fast ebenso langer Eichhörnchenschwanz kommt, der nur nach den beiden Seiten zu behaart ist und daher ganz wie eine Feder aussieht. An jedem Handgelenk hat dieser putzige Zwerg einen schmalen Knorpel. Wenn er die Arme zum Gleitflug ausbreitet, spreizt er den Knorpel ab und spannt so die Flughaut zu den Hinterbeinen hin. Sitzt das winzige Geschöpf nach Eichhörnchenart, etwa um eine Nuß aufzuknacken, dann sieht es aus, als ob es sehr fett wäre oder als ob es Kleider trüge, die ihm viel zu weit sind. Ganz wie die Heinzelmännchen von Köln, leben diese possierlichen Flughörnchen so nächtlich und verborgen, daß die Leute gar nichts von ihnen merken. Dabei hausen diese freundlichen Heinzelmännchen oft im Garten in einem Vogelnistkasten oder oben im Hausboden. Nur manchmal kann man eines an einer Vogelfutterstelle entdecken.

Sie sind nicht nur noch niedlicher und zierlicher als unsere Eichhörnchen, sie können nicht nur wie sie alle Sorten Nüsse knacken, an jeder rauhen Fläche elegant herumklettern, sondern sie bringen es auch fertig, von jedem hohen Punkt in wundervollen, bis zu 45 Meter weiten Gleitflügen durch die Luft zu schweben. Das Heben oder Senken der Arme wirkt dabei als Höhensteuer. Wenn sie an einem Baumstamm landen wollen, benutzen sie offensichtlich ihren Schwanz als Bremse. Sie richten ihn auf und gleiten dadurch in der Luft steil nach oben. Gleichzeitig strecken sie ihre langen Arme und Beine vor, um den Zusammenprall abzufedern und sich festzuhaken. Sobald sie wieder Holz unter den Füßen haben, sausen sie schnell auf die andere Seite des Baumes, wahrscheinlich aus angeborener Vorsicht, um Raubvögeln zu entgehen, die ihnen nachgeflogen sein könnten.

Bei Herrn Ernest Walker vom Zoo Washington waren die Flughörnchen viel zahmer als bei mir. Er hat auch die Fotos von den fliegenden Flughörnchen gemacht. Herr Walker bekam nämlich ein zahmes Pärchen, das als Babys von wenigen Tagen aus dem Nest genommen worden war. Sie hatten überhaupt keine Angst vor den Menschen und waren neugierig und unbefangen wie zutrauliche Hunde. Tagsüber schliefen sie im Schlafkästchen ihres Käfigs, aber nachts begannen sie aufzuwachen. Sie liebten kein Tageslicht und auch kein elektrisches Licht, sondern flüchteten immer schnell in den Schatten, weswegen man eine schwache blaue Beleuchtung für sie einrichtete.

Sobald der Käfig aufgemacht wurde, liefen sie zu ihren menschlichen Freunden, turnten auf ihnen herum und untersuchten die Innenseite der Jacke, das Hemd und die Hosenbeine. Mit Vorliebe krochen sie in die Taschen und wollten auch gern darin schlafen. Sie behandelten die Menschen ganz wie Baumstämme.

Zu gern segelten sie auf die befreundeten Menschen von irgendeinem erhöhten Möbelstück aus zu. Ihr Besitzer konnte sie dazu leicht veranlassen, indem er mit der Hand auf seine Brust klopfte. Fast unmittelbar darauf landeten sie auf seiner Hand oder auf der Stelle, die er eben beklopft hatte. So konnte er ihnen die verschiedensten Stellen als Landepunkt anzeigen, und immer trafen sie auch genau dort ein – ein Zeichen dafür, wie sicher und zielbewußt sie zu segeln verstehen. Sie flogen mit wahrer Begeisterung dutzendemale immer wieder hintereinander. Wenn sie einen ungewöhnlichen Flug machen wollen, dann lehnen sie sich im Sitzen erst weit nach einer Seite, dann nach der anderen und machen sich auf den aufgestützten Händen ganz groß, wobei sie genau die Stelle ansehen, an der sie landen wollen. Wahrscheinlich schätzen sie auf diese Weise die räumliche Entfernung ab.

Weil sie schön auf Befehl nach bestimmten Punkten folgen, war es auch nicht gar so schwer, Flugbilder von ihnen zu machen. Allerdings mußte man dazu starkes Blitzlicht verwenden, um ganz kurz belichten zu können, $^1/_{500}$ bis $^1/_{1000}$ einer Sekunde. Es sind die ersten Bilder von Flughörnchen in der Luft, die auf diese Weise gemacht werden konnten.

Die Flughörnchen essen alle Sorten von Nüssen, Eicheln, Kastanien, Erdnüssen, hin und wieder auch Beeren, aber gar kein Grünzeug. Dafür sind sie, wie so viele Nagetiere, ausgesprochene Liebhaber von Mehlwürmern, Käfern, Heuschrecken und anderen Insekten. Niemals haben diese putzigen Zwerge ihren Freund Walker gebissen, dafür zeigten sie ihm auf manche Weise ihre Zuneigung. Manchmal standen sie auf seiner Schulter und knabberten zärtlich an seinem Ohr oder steckten das kleine Näschen hinein und schnauften. Sie putzten und durchsuchten mit Händen, Zähnen und Zunge Haare und Kleider. Wenn sie noch halbtrunken vom Tagesschlaf waren, ließen sie sich gern in die Hand nehmen, kraulen und krabbeln. Sie hielten dann eigens das Köpfchen hin, um diese Liebkosung zu erleichtern. Immer, wenn irgendeine Gefahr drohte – und Rascheln mit Papier konnte sie in höchsten Schrecken versetzen –, flohen sie so hoch, wie sie nur eben konnten, oder suchten bei den Menschen Zuflucht.

Die Flughörnchen sind übrigens nicht die einzigen höheren

So segelt das niedliche Flughörnchen durch die Luft.

Tiere, die den Gleitflug erfunden haben. Auf Borneo machte es der Flattermaki, ein entfernter Verwandter der Maulwürfe und Spitzmäuse, ähnlich. Glitzernde Eidechsen besitzen einen Fallschirm aus Rippen, die aus dem Körper herausgewachsen und von der Haut überzogen sind. Sogar Schlangen verbreitern auf ähnliche Weise ihren Körper und schweben wie Pfeile durch die Luft. Auf Java hat ein Flugfrosch seine Schwimmhäute zu riesigen Segeln ausgespannt und gleitet mit ihnen von Baum zu Baum.

Tierische Auswanderer

Was würden Sie sagen, wenn Sie auf einem Spaziergang plötzlich große Känguruhs statt Hasen über die Felder hüpfen sähen? An sich wäre das in Deutschland gut möglich, denn diese australischen Tiere können bei uns leben. Vor Jahrzehnten hat man sie einmal im Rheinland und in Schlesien ausgesetzt, und sie lebten da und vermehrten sich mehrere Jahre hindurch, bis sie schließlich von Wilderern ausgerottet wurden.

In Nordschleswig kann man die zierlichen japanischen Sika-Hirsche, die in der Größe etwa zwischen unseren Rehen und Rothirschen stehen, in einer Gegend der Landschaft Angeln frei herumlaufen sehen. Sie sind vor über zwanzig Jahren aus einem Gatter an der Mündung der Schlei ausgebrochen. Förster fanden an einer sumpfigen Uferstelle der Amper, einem Nebenfluß der Isar, junge griechische Landschildkröten, die dort offensichtlich erst kurz vorher aus dem Ei gekrochen waren. Die entlaufenen Elterntiere müssen sich in diesem lockeren Boden besonders tief eingegraben und so unseren Frost überstanden haben.

Flamingos sind in den letzten Jahrhunderten immer wieder in der Schweiz, am Rhein, in Pommern und in England gelegentlich von Jägern geschossen worden. 1935 hat sich eine ganze Menge junger Flamingos im November nach verschiedenen Stellen Schlesiens verirrt. Augenblicklich findet man in Deutschland hier und da eine neue Tierart, welche zunächst großes Rätselraten macht. Es sind die südamerikanischen Nutrias oder Sumpfbiber, die aus Pelztierfarmen ausgebrochen sind und bei uns erstaunlich gut fortkommen. Diese hasengroßen Nagetiere sind reine Pflanzenesser und tun niemandem Schaden an.

Die Pommern werden sich wundern, daß in ihrer Heimat, in der Gegend von Stettin, heute Silberfüchse zahlreich neben den Rotfüchsen leben. Auch sie sind in den Tagen der Kapitulation aus Pelztierfarmen ausgebrochen oder losgelassen worden; unlängst berichtete die polnische Jagdverwaltung über diese neue Wildtierart an der Ostsee. Pelztierfarmen haben in dieser Hinsicht überhaupt mancherlei auf dem Gewissen. 1942 entkamen in Nordschweden ein paar nordamerikanische Nerze. 1943 wurden von den Jägern einige erlegt, 1944 bereits zweihundert, und in jedem der kommenden Jahre schon viele Tausende.

Aber das sind alles noch Harmlosigkeiten. Aufregend war es, als man 1930 an der Küste von Brasilien die Anopheles-Mücke, die Überträgerin der Malaria, entdeckte. Ausgerechnet übertrug sie auch noch die bösartigste Form dieser Krankheit. Als man sich näher um diesen neuen Gast kümmerte, mußte man mit Entsetzen feststellen, daß er schon 300 Kilometer weiter ins Landesinnere und 350 Kilometer an der Küste entlanggewandert war. Bald zählte man über 20000 Menschen, die an Malaria starben. Die brasilianische Regierung hat hundert Tonnen Arsenikpräparate, sechs Millionen Tabletten Atebrin und Chinin angewandt und jahrelang 3700 Menschen mit dem Krieg gegen die eingewanderte Mücke beschäftigt. Es kostete über zehn Millionen Mark, bis man sie endlich ausgerottet hatte.

Manche Einwanderungen gehen ganz friedlich vor sich. Unser deutscher Siebenschläfer wurde 1886 von Lord Rothschild nach England gebracht. Heute hat er schon weite Teile der Insel besiedelt und ist überall beliebt. Er heißt übrigens nicht Siebenschläfer, weil er einen sieben Monate langen Winterschlaf hält, sondern weil die niedlichen Tierchen gern gemeinsam im selben Nest Winterschlaf abhalten.

Die grauen nordamerikanischen Eichhörnchen, von denen 1876 dreißig Stück bei London freigelassen wurden, haben heute das rote europäische Eichhörnchen in den meisten Gegenden Englands verdrängt. Stare gibt es in London erst seit dem Ersten Weltkrieg. Nunmehr sind sie auf manchen Gebäuden so zahlreich, daß sie mit ihrem Krach die Bewohner belästigen. Außerdem setzen sie sich gern in Reihen auf die Zeiger von Turmuhren, deren Gang durch das zusätzliche Gewicht ungenau wird. Überall, wo man in England Seefrösche ausgesetzt hat, nehmen die einheimischen Grasfrösche und Kröten sehr ab, was niemanden stören würde, wenn nicht die Neulinge mit ihrem Gequake viel mehr Lärm machten.

Als der deutsche Konsul Tietjen 1888 nach Rosaria in Argentinien kam, trauerte er den schönen Treibjagden in Hannover nach. Mit Nandu-Straußen und Guanakos ließ sich so etwas nicht machen. Deswegen bestellte er sich aus Deutschland vierunddreißig Feldhasen, die auch glücklich die Seereise überstanden. Damit sie nicht gleich wegliefen, sperrte er sie zuerst in ein Gatter mit einem Drahtzaun. Die Hasen waren aber schreckhaft, sprangen gegen den Zaun, brachen sich die Beine und das Genick, so daß sie alle umkamen. Als ein neuer Schub nachkam, ließ Herr Tietjen sie daher gleich frei; sie blieben, wie man inzwi-

Indische Hirschziegen-Antilopen haben sich in Südamerika gut eingelebt.

schen auch aus Versuchen mit einheimischen Hasen weiß, alle in der Gegend des Befreiungsortes. Schon nach ein paar Jahren konnte man die erste Treibjagd machen. Allmählich wurden es Hunderttausende. Es schoß sie nämlich niemand, weil sie niemand essen wollte. Das Fleisch galt als schlechtschmeckend und nur arme Leute wollten es kaufen. So konnten sich die großen Farmen nicht gegen die neue Landplage wehren. Am meisten halfen ihnen noch Windhunde, die bald überall gehalten wurden und kaum Futter bekamen, sondern sich von Hasen ernähren mußten. Durch unsere Meister Lampes, die allmählich halb Südamerika besiedelten, werden die einheimischen Maras immer weniger. Es sind kurzohrige hasengroße Nager, die bisher dort die Rolle unserer Hasen spielten. Sie hoppeln nicht wie die Hasen, sondern bewegen im Schritt die Beine ähnlich wie kleine Antilopen. Wahrscheinlich haben unsere Feldhasen auch mancherlei Krankheiten eingeschleppt, denen die Maras nicht gewachsen sind. Erst in den letzten zwei Jahrzehnten lernte man übrigens den Hasen auch in Argentinien schätzen, weil die Hutindustrie sein Fell braucht.

Um 1900 sind aus den Donauauen vier Dutzend Rothirsche nach Argentinien gekommen, die heute die Kopfzahl von zehntausend überschritten haben. Auch die indischen Hirschziegen-Antilopen haben sich in Südamerika zu riesigen Herden vermehrt. In weiten Teilen Nordamerikas leben heute thüringische Wildschweine, deren Vorfahren dort vor Jahrzehnten einmal aus einem Gatter ausgebrochen sind. Seit einigen Jahren vermehren sich auf einer Insel im großen Michigan-See Auerhühner und Birkhühner, welche die amerikanische Forstverwaltung aus Schweden hinübergebracht hat.

Können Sie sich vorstellen, daß es in den Vereinigten Staaten im vorigen Jahrhundert wilde Kamelherden gegeben hat? 1856 führte die Armee Kamele und Dromedare für ihre Truppen ein, damit sie sich besser gegen die Überfälle der Indianer auf ihren kleinen und flinken Pferden wehren konnte. Diese Kamele bewährten sich in den Kämpfen gut, deshalb ließ man auch öfter welche nachkommen. Viele liefen davon und verwilderten. Das letzte dieser wilden Kamele soll 1899 von Indianern erlegt und aufgegessen worden sein.

Die Rentiere, welche man vor Jahrzehnten aus Skandinavien nach Alaska holte, haben das einheimische, rentierähnliche Karibu dort fast ganz verschwinden lassen. Heute gibt es Hunderttausende von europäischen Rentieren im nördlichsten Kanada, und man ist recht zufrieden mit ihnen.

Auf Kreta sind Pfauen aus Indien verwildert und heimisch geworden. Alle Schweine Südamerikas stammen von acht Schweinen ab, die Christoph Kolumbus auf seiner zweiten Reise von einer Insel bei Teneriffa mitgenommen hatte.

Vor einigen Jahren hat nach langen Kämpfen endlich das Landwirtschaftsministerium von Schottland genehmigt, daß 25 Rentiere aus Norwegen dorthin gebracht werden. In vielen Gegenden der Welt ist man nämlich jetzt mit der Einbürgerung neuer Tiere sehr vorsichtig geworden. Man kann recht böse Erfahrungen damit machen. Vor der Küste Mexikos liegt die Insel Guadeloupe, früher ein waldreiches kleines Paradies, an dessen Küste große Herden von Pelzrobben lebten. Russische Seefahrer kamen um 1750 regelmäßig, um von dort aus die Robben und auch Wale zu jagen. Da damals auf Seereisen Frischfleisch selten war und die Schiffer häufig an Skorbut litten, war es ein durchaus vernünftiger Gedanke, einige Ziegen auf Guadeloupe auszusetzen, damit die Walfänger künftig welche jagen konnten. Aus diesen Ziegen wurden nach wenigen

Jahren 40000 Stück. Sie weideten nicht nur den Pflanzenwuchs am Boden ab, sondern zerknabberten auch die Rinde der Bäume, so daß diese abstarben, und sie ließen vor allem keinerlei Schößlinge mehr groß werden. So ist die Gegend heute völlig kahl und öde – ein Werk der Ziegen. Weil es an Pflanzenwuchs fehlt, sind auch die meisten einheimischen Tierarten schon lange ausgestorben, wahrscheinlich viele, ehe man sie überhaupt zoologisch entdecken und beschreiben konnte.

Ziegen sind schreckliche Landschaftsverwüster. Als die Römer die Gebirge des Balkans und Italiens abholzten, um ihre Mittelmeerflotte zu bauen und die großen öffentlichen Bäder zu heizen, sorgten die zahlreichen Ziegen dafür, daß die Berghänge nicht neu bewuchsen. So wurde der Mutterboden abgeschwemmt, und weite Teile des Balkans und Italiens sind heute traurige Felslandschaften.

Besonders bekanntgeworden ist das Beispiel der Kaninchen in Australien. Die ersten kamen 1837 nach dem neuen Erdteil. Aber erst als ein Farmer über 20 Jahre später auf seiner Besitzung bei Geelong 24 dieser munteren kleinen Kerle aussetzte, kam die Sache in Schwung. Er selber tötete schon in den nächsten sechs Jahren auf seiner eigenen Farm 20000 Wildkaninchen. Trotzdem wurden sie immer mehr. Schon im vorigen Jahrhundert gab die Regierung von Neusüdwales jährlich drei Millionen Mark zur Kaninchenbekämpfung aus. Das war damals noch eine gehörige Menge Geld. Die kleinen Nager fraßen die Rinden ab, so daß die Bäume abstarben. Vor allem legten sie Wert darauf, nur die besten Weidepflanzen zu verzehren, so daß zum Schluß lediglich das Unkraut wucherte, welches auch die Schafe nicht verwerten können. In den letzten Jahrzehnten gab es in Australien dreimal so viel Kaninchen wie Schafe, und das will etwas heißen in dem Schaferdteil Australien, wo hundert Millionen von diesen Wollträgern leben. Hätte man nicht die Karnickel nach diesem neuen Erdteil gebracht, dann könnten dort dreimal so viele Schafe leben, und der Tierbestand des britischen Commonwealth wäre heute sicher um 20 v. H. höher.

Man hat zweimal große Drahtzäune über Tausende von Kilometern quer über den Kontinent gezogen, um den Vormarsch der Langohren aufzuhalten. Beide Male saßen sie bald auf der anderen Seite des Zaunes. Natürlich verwertet man jetzt auch ihr Fleisch und ihre Felle. Man treibt sie, besonders an Wasserlöchern, in reusenartige Drahttrichter; es gibt wahre Künstler, die in Sekundenschnelle Kaninchen töten und abhäuten. Jedes Jahr werden Geschwindigkeitsrekorde dafür aufgestellt. In den letzten fünf Jahren des Höchstbestandes hat man für hundert Millionen Mark Kaninchenfleisch und Felle aus Australien ausgeführt, aber was ist das gegen 400 Millionen Mark Schaden, den sie jedes Jahr verursachen?

Die verzweifelten Farmer überlegten, warum denn die Kaninchen nicht auch in Europa alles kurz und klein fressen. Sie kamen auf den vernünftigen Gedanken, daß es den kleinen Kerlen in Australien deswegen so gut ginge, weil ihnen die natürlichen Feinde fehlten. Deswegen holte man Füchse und Katzen herbei. Das war aber ein Versuch, den Teufel mit dem Beelzebub auszutreiben. Die Füchse und Katzen haben inzwischen viele der einheimischen Beuteltiere völlig ausgerottet. Die etwas »rückständige« Beuteltierfauna Australiens ist den Räubern aus der modernen Säugetierwelt nicht gewachsen. Wenn man heute in Sydney oder Melbourne Vögel singen hört, dann sind es fast immer europäische Spatzen, Stare, Drosseln, Stieglitze. Sie beleben die Umgebung neben indischen Turteltauben und Bülbüls. Die herrlichen Paradiessittiche sind den verwilderten Katzen zum Opfer gefallen, Wanderratten haben die Beutelratte verdrängt, und sogar die australischen Regenwürmer sollen vor der Übermacht der europäischen Regenwürmer immer mehr verschwinden. Man bemüht sich, wenigstens auf einigen Inseln die ursprüngliche australische Tierwelt am Leben zu erhalten. Was hat man nicht alles gegen die gefräßigen Kaninchen angestellt! Man vergiftete Wassertümpel mit Arsen und fand bald Zehntausende von ihnen verendet umherliegen. Die Zweige, die sie benagten, bestrich man mit Strychninteig, streute vergiftete Getreidekörner aus und – rottete damit die letzten einheimischen Tiere aus, denen die Kaninchen ohnedies das Futter wegaßen.

Der große französische Bakterienforscher Pasteur empfahl das Überimpfen von bösartigen Krankheitserregern, die in Frankreich ständig viele Kaninchen vernichteten. Aber die australischen Wildkaninchen erwiesen sich als kerngesund und widerstandsfähig.

Im Jahre 1928 riet der Bakteriologe Aragao, ein filtrierbares Virus in Australien anzuwenden, das in Südamerika unter den Wildkaninchen die Myxomatose verursacht, eine greuliche Krankheit, bei der den Kaninchen alle Körperöffnungen, Augen, Mund, After, sogar die Zitzenöffnungen des Gesäuges dick anschwellen. Die niedlichen kleinen Tiere erhalten durch die Myxomatose so dickgeschwollene Köpfe, daß sie wie kleine Löwen aussehen. Schon ein Jahr später fing White in Neusüdwales damit zu experimentieren an. Er kam bald dahinter, daß die scheußliche Krankheit nur dann ansteckend ist, wenn die Kaninchen in den kleinen Versuchsställen des Laboratoriums dicht an dicht gehalten werden. Laufen sie in eingezäuntem Gelände frei herum, dann breitet sich die Myxomatose nur sehr langsam aus.

Aber weil man in Australien nicht so leicht die Hoffnung aufgibt, welche Erfolg gegen den öffentlichen Feind Nr. 1 verspricht, stellte man immer weitere Versuche an. 1938 kam man dahinter, daß die Krankheit sich schnell mit Hilfe von Mücken ausbreitet, aber eben nur in feuchten Gegenden, wo es viele Moskitos gibt. Gerade dort, wo die besten Weidegründe sind, bekamen die Schädlingsbekämpfer nicht die Erlaubnis, die Kaninchen zu verseuchen.

Im letzten Krieg mußten die Australier mehr gegen die Japaner als gegen die Kaninchen kämpfen, was zur Folge hatte, daß die Kaninchen in der Zwischenzeit den Kontinent weiter eroberten. Nach Kriegsende kam endlich die Erlaubnis, die südamerikanische Kaninchenpest in regenreiche Gebiete zu verpflanzen. Zwischen Mai und November 1950 setzten die Kaninchenbekämpfer an fünf Stellen im Tal des Murrayflusses unglückliche, künstlich angesteckte Kaninchen aus, die noch längstens vierzehn Tage zu leben hatten. Es gab nur kleine Seuchenausbrüche. Im Dezember endlich kam die Nachricht, daß es bei einer dieser künstlichen Ansteckungsstellen einen großen Ausbruch gegeben hatte, und dann liefen ähnliche Meldungen immer häufiger und aus immer größerem Umkreis ein.

Nach diesem großen Erfolg, der in den vergangenen Jahrzehnten noch nie erreicht worden war, wandte man die Myxomatose in verschiedenen Staaten Australiens an. Millionen Kaninchen starben, in einigen Bezirken wurden sie praktisch ausgerottet. In anderen Bezirken blieben nur wenige Kaninchen übrig. Als man von ihnen einige einfing, hatten 20 bis 30 v. H. bereits natürliche Widerstandskräfte gegen den Erreger der Myxomatose im Blut, wodurch sie für die Seuche unempfindlich waren. Ob es daher endgültig möglich sein wird, der Kaninchenplage in Australien mit Hilfe der künstlich eingeführten Pest Herr zu werden, bleibt noch offen.

Im Januar 1952 erinnerte sich ein Landarzt in Rambouillet, südöstlich von Paris, an diese Erfolge australischer Bakteriologen. Dieser Arzt ärgerte sich täglich darüber, daß Wildkaninchen immer wieder den Salat von den Beeten seines großen Gartens fraßen. Er ließ sich deshalb von einem Schweizer Wissenschaftler den Krankheitsstoff der Myxomatose kommen, spritzte ihn zwei eingefangenen Tieren ein, und setzte sie dann in seinem Park aus.

Die Wirkung hatte nicht »besser« sein können: der Salat gedieh von nun an prächtig, weil den Wildkaninchen Augen und Nasen so zuschwollen, daß sie nicht einmal mehr in ihre schützenden Baue fanden und jammervoll sterben mußten. Weil aber Mücken über herrschaftliche Parkmauern hinwegsummen, übersprang die Seuche auch sofort die Grenzen, welche ihr der Arzt zugedacht hatte. Im Oktober 1952 bekam das zuständige Pariser Veterinärinstitut Pasteur als Ergebnis die ersten toten Wildkaninchen eingeschickt. Die tierärztlichen Wissenschaftler fanden bald heraus, daß es sich um den »Kaninchentod« handelte, der bis dahin noch niemals in Frankreich in Erscheinung getreten war. Sie machten Experimente und stellten fest, daß die Krankheit sich auf verschiedene Weise leicht übertragen läßt: durch Einspritzungen unter die Haut, in die Gefäße, in die verschiedensten Organe; indem man gesunden Kaninchen Futter zu essen gibt, das mit Ausscheidungen kranker beschmutzt ist, oder indem man einen kranken Rammler mit einer gesunden Häsin verpaart. Im Institut war man ganz aufgeregt, denn die Myxomatose war inzwischen von Australien aus berühmt geworden; das hier aber waren die ersten Fälle in Europa.

Die Krankheit war zum Glück doch nicht so ansteckend, wie man es anfangs angenommen hatte. Kaninchen, die in verschiedenen Käfigen lebten, hatten sich nach sechs Monaten noch nicht angesteckt. Ohne Mücken, welche die Seuche übertrugen, ging die Sache nicht recht voran. Auch Läuse, Flöhe und Wanzen konnten sie übertragen, aber richtig in Fahrt kam die Pest durch sie nicht. Damit hatten die französischen Bakteriologen dieselbe Erkenntnis gewonnen wie ihre australischen Kollegen, die jahrelang nach einem Weg gesucht hatten, das Umsichgreifen der Kaninchenplage in ihrem Land einzudämmen.

Die Mücken, besonders im wärmeren Süden Frankreichs, taten 1953 ihr Werk. In einer einzigen Jagd im Departement Oise sammelte man von den rund 50000 Wildkaninchen etwa 20000 als Leichen auf. Viele andere sind wohl nicht gefunden worden. In dieser Jagd, die dem französischen Präsidenten zusteht, gibt es heute kein einziges Kaninchen mehr. Die Seuche hat ganz Frankreich überzogen, und dort ist das Wildkaninchen das häufigste und wichtigste Wild. 92 v.H. aller hergestellten Patronen wurden gegen Kaninchen verknallt. Die größte französische Patronenfabrik mußte 700 Arbeiter entlassen. Viele andere Berufe, die von Kaninchen leben, mußten sich umstellen.

Frankreich exportierte jährlich bis zu 8000 Tonnen Kaninchenfelle für etwa zwei Milliarden Francs, und 50 Millionen Kaninchenbälge wurden im Land selbst verarbeitet. Allein die Hutfabriken hatten 4000 bis 5000 Tonnen Kaninchenbälge verwendet, und die großen Kürschnereibetriebe, Huthersteller und die anderen Nutznießer der französischen Kaninchen gaben mehreren 10000 Arbeitern Brot. So hatte die unbedachte Tat des Arztes ungeheuren Schaden verursacht, weswegen er auch vor Gericht verurteilt wurde. Die Myxomatose ist jedoch inzwischen in die meisten Länder Europas und auch nach Deutschland eingedrungen.

Manchmal bewähren sich künstlich angesiedelte Tiere aber wirklich als Bundesgenossen. Zum Beispiel breitete sich in Kalifornien seit etwa 1900 auf allen Weiden immer mehr ein bestimmtes Unkraut aus, das für Kühe und Schafe ungenießbar ist und die eigentlichen Futterpflanzen erstickt. In Australien hatten die Biologen schon früher herausgefunden, daß eine Blattkäferart sich ausschließlich von diesen Pflanzen ernährt, die nur versehentlich von Australien nach Nordamerika gekommen waren. Deswegen brachte man die Käfer nach, und schon nach einem Jahr hatten sie einige Hektar von dem Unkraut gesäubert. Sie kamen ja in ein wahres Paradies, wo nur ihr Lieblingsessen wuchs. So hatte man bald genügend von den fleißigen, gefräßigen Käferchen, um überall in Kalifornien nach einem wohlbedachten Schlachtplan neue Kolonien der kleinen Australier zu gründen. In einigen Jahren wird, so behaupten die Biologen, das unerwünschte australische Unkraut in Kalifornien vernichtet sein. Werden dann auch die Käfer freiwillig verhungern? *Sie* sind zufällig unsere Helfer – und der Koloradokäfer, der sich ebenso fleißig auf eine andere Pflanze spezialisiert hat, nämlich unsere Kartoffel, ist dafür einer der meistgefürchteten Feinde der Menschheit.

Raubtier mit Visitenkarte
Der Fuchs

Es gibt eine Unmenge Tiergeschichten, die davon nicht wahrer werden, daß sie immer wieder erzählt und von neuem niedergeschrieben werden. Dazu gehören die Erzählungen von Elefanten, die sich Friedhöfe in Afrika anlegen; von Storchgerichten, bei denen alle gemeinsam eine ehebrecherische Störchin tothakken; vom Elefanten, der nach zwanzig Jahren den Bösewicht niederschlägt, welcher ihn einstmals mit der Nadel in den Rüssel gestochen hatte; von Kaninchen, die sich mit Ratten paaren; von Menschenkindern, die von Wölfen aufgezogen wurden; von Affenmännern, die sich an Negerfrauen vergehen. Meistens stellt man mit Staunen fest, daß schon Herodot, Aristoteles oder Plinius sie im Altertum niedergeschrieben haben und daß sie seitdem das ganze Mittelalter hindurch in jedem Tierbuch getreulich wiedergegeben wurden.

In einer Jägerzeitung berichtete unlängst ein Waidmann, wie er einen Fuchs bei einem seltsamen Bade belauscht habe. Der Rotrock riß ein Büschel Moos aus, behielt es im Mund und ging dann ganz langsam rückwärts in einen Teich, so daß nur die Spitze der Nase heraussah. Dann warf er das Moosbüschel mit allen Flöhen, die sich darauf angesammelt hatten, weg, sprang vergnügt umher und trollte sich davon. Mir kam die Geschichte gleich verdächtig vor, denn im Fell eines Fuchses bleibt auch unter Wasser eine ganze Menge Luft zurück, ebenso halten sich Luftblasen am Körper von Flöhen, und ich kann mir nicht vorstellen, daß diese sofort alle das Weite suchen. Sonst wäre es furchtbar einfach, ein Tier zu entflöhen. Tatsächlich meldete sich dann ein paar Nummern später ein anderer Jäger. Er hatte diese ganze Geschichte ziemlich wortgetreu als Kinderfabel in einem alten Schullesebuch von 1843 gefunden.

In der Übersetzung eines hübsch bebilderten, handgeschriebenen lateinischen Buches über Tiere, das aus dem 12. Jahrhundert stammt und in der Universitätsbibliothek von Cambridge steht, fand ich unlängst beschrieben, wie der Fuchs sich totstellt und dann plötzlich die Krähen fängt, die begierig sein Aas anpicken wollen. Nun ist der Fuchs zwar ein gerissenes Tier, aber sicher nicht etwa schlauer als der Wolf. Und wer, wie ich, alle drei aufgezogen und zahm gehalten hat, für den besteht kein Zweifel, daß von unseren einheimischen Tieren sicher am intelligentesten das Wildschwein ist. Immerhin war ich doch recht überrascht, als mir die Inhaberin einer Silberfuchsfarm in der Nähe von Frankfurt ganz ahnungslos erzählte, einzelne ihrer Füchse hätten schon mehrfach Krähen auf die gleiche Weise erbeutet. Professor O. Koehler, wohl unser kritischster Tierbeobachter, erlebte ein anderes Schauspiel, das sich lange Zeit fast täglich wiederholte. Wenn der große Schäferhund seinen Futternapf hingestellt bekam (worauf die Krähen auf den umstehenden Bäumen schon warteten), dann rückten sie im Halbkreis immer näher an seine Hinterseite heran. Schließlich biß ihn eine in den Schwanz, und während der wütende Hund den niedrig fliegenden Vogel verfolgte, stürzten sich die anderen gemeinsam auf seine Mahlzeit.

Jedes Jahr werden in Deutschland 350000 Füchse totgeschossen und für sieben Millionen Mark Fuchsfelle verkauft. Trotzdem wissen wir herzlich wenig über dieses größte Raubtier, das unsere so armselig gewordene Heimatnatur noch aufzuweisen hat. Mein Mitarbeiter Doktor Alfred Seitz, der jetzt schon seit vielen Jahren erfolgreich den Nürnberger Tiergarten leitet, hat sich bei uns als erster bemüht, mit den Umgangsformen vertraut zu werden, die unter Füchsen üblich sind. Dazu zog er, wie wir Tierseelenforscher das gern machen, solche kleine Reinekes gewissermaßen aus dem Ei in seinem Zimmer auf. Das liebste unter seinen Ziehkindern war die Rotfüchsin Pussi. Wenn er nach Hause kam, machte sie ihr »Begrüßungsgesicht«; es bedeutet etwa dasselbe, wie wenn wir jemand die Hand schütteln und dabei freundlich lächeln. Ein Fuchs legt dazu die Ohren ganz zurück und macht die Augen zu.

Als Pussi 51 Tage alt war, brachte Dr. Seitz sie zum ersten Mal mit einem Kaninchen zusammen. Pussi verfolgte es kunstgerecht und versuchte, es seitwärts an der Kehle zu packen – ein Zeichen, daß ein junger Fuchs das Jagen nicht erst von seiner Mutter zu lernen braucht. Allerdings drehte sich die Häsin dann um und trommelte ihm mit den Vorderläufen auf den Kopf: damit hatte das Füchslein für mehrere Wochen den Geschmack an Kaninchen verloren.

Es hat viele Löwen- und Tigerdompteure gegeben, aber bisher nur einen, der sich darauf verlegt hat, Füchse zu dressieren. Er hieß Josef Golemann, war sehr dick, schwitzte immer und verlor 1905 beim Erdbeben in San Franzisko sein ganzes Vermögen. Nachher wurde er Militärmusiker in Wien und bekam eines Tages von seinem Hauptmann einen Hund geschenkt, der ein

Bein gebrochen hatte. Golemann machte ihn gesund, und seitdem brachte man ihm alle möglichen kranken Hunde ins Haus. Als eines Tages auch ein verletzter Fuchs darunter war, zähmte Golemann ihn und stellte später eine ganze Dressurnummer von Füchsen zusammen, durch die er berühmt wurde und sich ein neues Vermögen ansammelte. Diese Füchse »boxten« auch miteinander. Der Mann, von dem ich die Geschichte weiß, sagte dazu: »Das war eine nicht unlustige, aber artfremde Dressur, da den Füchsen das Boxen nicht wie dem Känguruh angeboren und in gewissem Sinne eigen ist!« Am hübschesten und am wenigsten unangenehm wirken ja immer Tierdressuren, bei denen natürliche Fähigkeiten nur besser ausgebildet sind, wie etwa das Aufrechtstehen und »Tanzen« der Bären, das Balancieren der Seelöwen oder das Springen der Tiger und Katzen.

Dr. Seitz bekam zu seinem Erstaunen heraus, daß das »Boxen« unseren Füchsen gar nicht so fremd ist. Wenn nämlich zwei Füchse miteinander spielen, dann setzen sie sich oft gegenüber, nehmen die Pfoten wie beim Männchenmachen empor, stemmen sie gegeneinander oder gegen die Schulter des anderen und keckern sich dann an. Dabei richten sie sich wie Ringkämpfer oder Boxer auf, so daß sie auf den Hinterbeinen stehen – ein recht lustiges Bild.

Man kann bei Füchsen, die zahm wie die Hunde im Hause leben, wirklich sehr erstaunliche Dinge erleben. Besonders wenn sie noch jung sind, wollen sie ihren menschlichen Freund immer fühlen. Dürfen sie nicht auf seinen Schoß klettern, dann legen sie sich wenigstens auf seine Füße. Und wenn man auf der Couch aufwacht, hat sich der Fuchs sicher in dem Winkel zwischen Kopf und Schulter zusammengerollt. Werden Füchse im Hause gehalten, also nicht in einem Zwinger, dann riechen sie auch nicht, wenn sie erst einmal stubenrein geworden sind. Es sind Kot und Urin in engen Käfigen, die dem Fuchs den Ruf eines Stänkers verschafft haben. Ein Fuchs hält sich ebenso sauber wie eine Katze, und sein Körpergeruch ist weit angenehmer als der eines Hundes. Der große Tierfreund Bastian Schmid, der leider schon seit langem verstorben ist, gab seinem zahmen Fuchs Caro eines Tages ein Stück Kuchen. Caro war satt und wollte es daher nach Fuchs- und Hundeart vergraben. Natürlich ging das auf dem Fußboden des Zimmers nicht. Zum Erstaunen seines Besitzers holte er daraufhin ein Blatt Papier vom Schreibtisch und deckte es über seinen Schatz. Durch einen Zufall entdeckte Pro-

Zwergverwandte unserer Füchse: Der Fennek, ein kleiner Wüstenfuchs aus Afrika.

fessor Schmid auch, daß sein Fuchs in einem gewissen Sinne »musikalisch« war:

»Caro pflegte schon vor Jahren nach der Mittagszeit ein Schläfchen auf mir zu machen. Er legte sich, wenn ich mich im Klubsessel zurücklehnte, auf meine Brust und tat nach der Art von Hunden, Katzen oder auch von kleinen Kindern vor dem Einschlafen einen tiefen Atemzug. Auf diesen folgte, was ich namentlich bei Hunden beobachtete, ein knurrender Seufzer. Eines Tages wiederholte ich dieses Knurren Caros, worauf er sich ebenso plötzlich wie erstaunt meinem Gesicht zuwandte. Nun brachte ich dasselbe Knurren des Fuchses noch einmal hervor, und zwar mit dem Erfolge, daß auch er eine Wiederholung in gleicher Tonhöhe vornahm. Nach diesem wirklich netten Wechselspiel probierte ich eine andere Tonlage. Und so ging es weiter, bald fing ich an, bald er. Schon innerhalb einer Stunde ahmte er die Oktave des ursprünglichen Grundtones nach. Nicht daß er diese gleich richtig getroffen hätte, bald summte er (Summen ist meines Erachtens der einzig richtige Ausdruck für die Tongebung des Fuchses) einen halben Ton darüber, bald darunter. Auch übte er einige Zeit allein für sich, bis es stimmte. Am anderen Tage setzte er diese Versuche fort. Es ging von Anfang an alles gut, nur hatte er jetzt die Neigung, bis zu einer Quart über die Oktave hinauszugehen, und das weitere Bestreben, mir nicht den Grundton, sondern die Oktave nachzusummen, beziehungsweise wenn ich die Oktave summte, mit dem Grundton zu antworten. Einmal summte ich ihm die ganze Skala im Stakkato vor, und auch darauf ging er merkwürdigerweise ein. Diese offenkundige Musikalität Caros, über deren biologische Bedeutung ich mir nicht klar bin, machte auf mich großen Eindruck. Ich begrüßte es, daß ein bekannter Wissenschaftler, Psychologe an der Universität München, sich von dieser eigenartigen Tatsache überzeugen konnte.« In vielen Tieren stecken eben Fähigkeiten, von denen wir nichts ahnen und die nur durch solch einen Zufall zutage kommen.

Füchse, die mit Hunden aufwachsen, freunden sich sehr mit ihnen an. Und doch sind sie viel weniger mit ihnen verwandt als etwa die Wölfe, die ja die Stammeltern unserer Hunde sind. Man kann Wölfe und Hunde ohne große Schwierigkeiten miteinander kreuzen, und ich bekomme immer wieder Anfragen von Hundezüchtern, die das tun wollen. Das Ergebnis ist ganz anders, als sie es sich vorstellen: Die Nachkommen werden nicht mutiger und angriffslustiger, sondern scheu und furchtsam. Ein Fuchsrüde, der mit Hunden aufwächst, interessiert sich später durchaus für Hündinnen und umgekehrt, aber noch nie hat es gemeinsame Nachkommen von beiden gegeben. Alle Meldungen über gelungene Fuchs-Hund-Bastarde haben sich als unwahr herausgestellt, wenn man sie nachprüfte. Trotzdem scheinen sie sich doch ein wenig für verwandt zu halten. Ein Trapper gab seinen Hunden versuchsweise Fuchsfleisch – keiner rührte es an, auch wenn sie eine Weile gehungert hatten. Es genügte, nur einen Brocken Fuchsfleisch unter das Futter zu mischen, um die ganze Mahlzeit für sie ungenießbar zu machen. Die Rotröcke drücken auch ihre Demut und Unterwerfung genauso aus wie die Hunde, sie kriechen fast auf dem Bauch, halten den Kopf gesenkt, die Ohren zurückgelegt und drücken den Schwanz nach unten. Bis zu einem gewissen Grade müssen also Hunde und Füchse wohl ihre gegenseitige »Sprache« verstehen. Wir Menschen nennen übrigens so ein Benehmen »hündisch« und »kriecherisch«, wenn ein Mensch sich ähnlich verhält. Aber es ist ein Unterschied zwischen Hunden und Menschen: Wenn ein Hund so deutlich seine Unterordnung zeigt, dann meint er es ehrlich, und wir brauchen niemals damit zu rechnen, daß er uns im geeigneten Augenblick hintenherum beißt ...

Seitzens Pussi hat sich später mit unserem Platinfuchs verheiratet und entzückende, kremefarbige, gelbweiße Kinder bekommen. Dieser Platinfuchs lebte als älterer Herr lange bei uns, er ist kurz nach dem Kriege aus der damaligen französischen Besatzungszone in einem kleinen Kistchen unter der Sitzbank eines überfüllten Eisenbahnabteiles an den Kontrollsoldaten vorbeigeschmuggelt worden. Alle Tiere, die wir nach Kriegsende in den völlig zerstörten Frankfurter Zoo brachten, haben solche abenteuerlichen Geschichten hinter sich. Der allererste Platinfuchs ist in den dreißiger Jahren auf einer norwegischen Silberfuchsfarm durch Zufall auf die Welt gekommen. Der Züchter wollte ihn eigentlich als »Fehlfarbe« ausmerzen, aber schon seine Nachkommen brachten je Kopf 15000 Kronen, später stieg der Preis auf 30000. Die Norweger wollten das Monopol der Platinfüchse für sich behalten und verboten daher strengstens jede Ausfuhr. Wie immer in solchen Fällen, wurde auch hier der Zoll überlistet. Man ließ Silberfüchsinnen von Platinfüchsen begatten, und als sie dann gesetzlich ausgeführt wurden, konnte ihnen niemand ansehen, daß unter ihrem schwarzen Fell schon künftige Platinfüchse heranwuchsen.

Durch die Fuchsfarmen ist in Norwegen die jährliche Ausbeute an Fellen von 2000 auf 1350000 gestiegen. Die Züchter haben es ihren Pfleglingen sogar beigebracht, in einem Wurf zehn bis zwölf Kinder zu bekommen. Die Farmen der Vereinigten Staaten liefern jährlich über eine Million Silberfuchsfelle. So manche Wildtierart, wie zum Beispiel die Zobel, die Nerze, die Nutrias, sind dadurch vor der Ausrottung bewahrt worden, daß man anfing, sie in Farmen zu züchten. Je seltener ein Pelzträger wird, um so höher steigt der Preis für sein Fell im Rauchwarenhandel. Das treibt wieder die Trapper, bis in die entlegensten Gegenden zu laufen und den letzten armen Vierbeinern so lange aufzulauern, bis sie sie umgebracht haben. Sobald aber die Felle haufenweise von den Farmern auf den Markt gebracht werden, sinkt ihr Preis, und die viele Mühe um die paar Wildtiere zahlt sich nicht mehr aus. So nimmt ihre Zahl allmählich wieder zu.

Unser Reineke gilt als so schlau und durchtrieben, weil er ganz ausgezeichnet hören und beobachten kann. Ein zahmer Fuchs hört auf, seinem Besitzer aus der Hand zu essen, wenn im Fenster eines zwanzig Meter entfernt stehenden Hauses das Gesicht eines Zuschauers erscheint. Drückt man die Zähne aufeinander und zieht durch die geschlossenen Lippen Luft ein, so hört ein Fuchs dieses »Mäuseln« auf 100 bis 150 Meter. Er dreht um, schleicht langsam auf den Jäger zu und wird dann totgeschossen. Kein Menschenohr könnte diesen leisen Laut auf so weite Entfernung erhorchen. Der Waidmann darf dabei nicht etwa den Fehler machen, immer wieder hintereinander zu mäuseln. Mäuse sind die Hauptbeutetiere der Füchse, auch wenn sie gelegentlich Hühner, kleine Hasen, Rebhühner und sogar einmal eine Gans erbeuten. Man hat im Magen von totgeschossenen Füchsen schon bis zu 1,5 kg Mäuse gefunden. Deswegen versteht sich so ein schlauer Fuchs sehr gut auf den Mäusegesang, er kann wahrscheinlich auch die Töne der verschiedenen Mäusearten auseinanderhalten und danach seine Jagdweise einrichten. Hört er das nachgemachte Fiepen zu oft, so merkt er bald, daß etwas faul ist.

Schlichen keine Jäger durch die Felder, hätten die Füchse bei uns das Paradies auf Erden. Denn wir haben alle ihre natürlichen Feinde ausgerottet, vor allem die Stein- und die Seeadler. In einem Adlerhorst hat man schon einmal 15 Fuchsschädel gefunden. Daß Füchse nicht gerade gewerbsmäßige Gänsediebe sind, kann man daran sehen, wie so ein Rotfuchs sich abquälen muß, um eine Gans wegzuschleppen. Manchmal hält er den Kopf seitwärts und zerrt sie neben sich her, andere wieder schleifen sie zwischen den Vorderbeinen, treten dabei stets auf die Flügel oder

Reineke Fuchs – er ist, aus der Nähe besehen, wirklich ein interessanter Geselle.

den Körper und fallen dann hin. Wenn die Blaubeeren im Walde reif werden, wird Reineke weitgehend zum Vegetarier, sein Kot ist dann immer ganz schwarz. Auch sonst hält er, wie so viele Raubtiere, in seinem Hause selbst Burgfrieden. In den Bauen, die manchmal bis zu 70 Jahre lang von ganzen Geschlechterfolgen bewohnt werden, hausen nicht selten Wildkatzen, verwilderte Hauskatzen, recht häufig Dachse, aber auch Kaninchen einträchtig mit der Fuchsfamilie. Reineke bleibt seinem Haus und seiner Heimat treu. Als man einmal Jungfüchse mit Nummern kennzeichnete, wurde die Hälfte von ihnen später nicht weiter als fünf Kilometer entfernt geschossen, ein weiteres Drittel im Umkreis von 20 Kilometern, und die größte Entfernung war 70 Kilometer.

Viele Füchse hassen Katzen ebenso wie ihre Verwandten, die Hunde. Es gibt welche, die ihr Revier regelrecht »katzenrein« halten, sie nehmen jede herumstreifende Mieze an. Ihre Kampftaktik besteht meistens darin, über die buckelmachende Katze hinwegzuspringen und sie von oben ins Genick zu beißen. Wie so viele Wildtiere, sind die Rotröcke nicht sehr davon begeistert, querfeldein zu laufen. Sie legen sich lieber feste Wege an, besonders im Getreide, durch Gebüsch oder im Sumpf. Darauf läßt sich bequemer laufen, und man hat sie regelrecht im Kopf, wenn es einmal heißt, Fersengeld zu geben. Bei Schnee werden am Waldrand oft regelrechte Trampelpfade daraus; die Jäger wissen, daß man auf einem Fuchspfad, der über Neueis oder durch einen Sumpf führt, ohne weiteres selbst gehen kann: »Trägt's den Fuchs, so trägt's den Jäger.« Auf ein und demselben beliebten Fuchsweg hat man in sechs Jahren 23 Füchse totgeschossen! Als Ausweis und Visitenkarte dient ein merkwürdiges Gebilde, das auch viele Jäger nicht kennen. Es sitzt auf der Oberseite des Schwanzes, etwa drei Finger breit von der Schwanzwurzel entfernt, in der Haut und ist äußerlich durch eine dreieckige Welle schwärzlicher Haare gekennzeichnet. Das ist die Viole, das Veilchen. Schon in einem Buche, das 1603 erschienen ist, wird nämlich behauptet, diese Drüse rieche wie »Märzveilgen«. Alte Fuchsfarmer behaupten, daß sie »herausriechen« könnten, ob in einem Gehege Silberfüchse oder Rotfüchse hausen. Früher erzählte man auch, ein verwundeter Fuchs beiße in seine Viole, um dadurch seinen Schmerz zu stillen.

Ein gefangengehaltener Fuchs ist schon einmal zehn Meter tief von einem Balkon gesprungen, ohne ernstlich Schaden zu nehmen. Im Baseler Zoo nahm ein anderer eine 2,8 Meter hohe Mauer, kehrte aber dann freiwillig wieder in seine Behausung zurück. Auch auf zehn Meter hohen, recht steil stehenden Bäumen hat man schon Füchse gefunden. Wir bekommen, wie wohl jeder Zoo, im Frühjahr immer Jungfüchse gebracht, mit denen die Leute nichts anzufangen wissen. Man hat seine Mühe, sie unterzubringen, und deswegen verfiel man in Basel auf den Gedanken, sie in einem großen Gehege mit einer Affenherde zusammen zu halten. Das ging ausgezeichnet. Die Tiere vertrugen sich miteinander, spielten, und die Füchse wurden regelrecht in die Rangordnung des Affenrudels eingegliedert. Eines Tages bekamen aber Affen Lähmungen, und als man sie später sezierte, hatten sich Finnen am Rückenmark angesiedelt, die von Bandwürmern der Füchse stammten. Deswegen trennte man die beiden Tierarten schleunigst wieder voneinander.

Sosehr Füchse von uns Menschen auch verfolgt werden – ein Dackel hält den Rekord, 410 von ihnen umgebracht zu haben! –, sieht manchmal doch auch ein wildlebender Rotrock ein, daß es mitunter Zweibeiner gibt, die ihm nicht übelwollen. Herr Hans Bub entdeckte eines Tages auf einem Spaziergang einen Fuchs draußen im Watt, während die Flut gerade zurückkam. In die Schlickwiesen waren Pfahlreihen eingeschlagen, die bei Ebbe den Schlamm festhalten. Als das Wasser stieg, schwamm der Fuchs auf diese Pfähle zu, Herr Bub schnitt ihm den Weg ab und watete bis an die Hüften neben ihm her. Er konnte ihm dabei den Rücken streicheln, ohne daß sich der Rotrock daran störte. Nur als er ihn an der Schwanzspitze ein wenig zurückzog, drehte sich das Tier um und bellte mehrere Male. Sobald der Fuchs die Pfahlreihe und die daran aufgeschütteten Steine erreichte, setzte er sich ruhig hin und ruhte sich aus, sein menschlicher Begleiter dicht neben ihm. Beide waren sehr erschöpft, vor allem der Fuchs. Da es Ende November war, wurde es für Herrn Bub allmählich kalt, er wollte daher die Rast abbrechen und klopfte dem Fuchs leicht auf das Hinterteil. Der ging aber dann nur ausgesprochen widerwillig ins Wasser und schwamm gemächlich dem festen Lande zu. Solche Erlebnisse haben unter uns nur Sonntagskinder, und selbst die höchstens, wenn sie häufig allein über das weite Land gehen ...

Denken und Zählen der Tiere
Tauben und Dohlen

Vor Jahren kam einmal einer meiner Söhne aus der Schule und erzählte, der Naturkundelehrer hätte gesagt, Tiere könnten nicht denken, weil sie keine Sprache haben. Die Jungens hatten daraufhin den Lehrer ganz richtig gefragt, ob er denn glaube, daß ein Taubstummer auch nicht zu denken vermöge, und der Lehrer konnte ihnen keine Antwort darauf geben. Ich möchte weiterfragen, ob unsere Mütter der Ansicht sind, ihre Kinder, die noch nicht sprechen gelernt haben, könnten auch noch nicht denken. *Unsere* Söhne jedenfalls wußten als Babys schon sehr genau, wann das Brüllen Erfolg verspricht und wann nicht.

Ich gehe gedankenlos über die Straße, da quietschen plötzlich Bremsen, es gibt ein furchtbares Durcheinander, aber ich vermag mich mit ein paar Sätzen zu retten, und erst hinterher kommt der richtige lähmende Schrecken. Der ganze Vorfall hat sich vielleicht im dritten Teil einer Sekunde abgespielt, doch ich brauche zehn Minuten, um ihn nachher in Worten zu beschreiben. Natürlich habe ich während dieses aufregenden Augenblicks gedacht, sogar recht angestrengt aber in *Worte* fasse ich meine Gedanken erst später. Einem Hund kann auf unseren autoüberfüllten Straßen genau derselbe Vorfall passieren, er kann genauso handeln wie ich, nur wird er nie hinterher seine Gedanken in Worten ausdrücken können. Das ist der große Unterschied zwischen Tier und Mensch. Die Sprache gehört nicht unbedingt zum Denken, auch wir Menschen denken das meiste wortlos; denken können auch die Tiere, aber sprechen nur wir Menschen.

Natürlich gibt es auch eine Tier-»Sprache«. Der Eichelhäher warnt vor dem Jäger, wilde Gänse teilen durch zwei verschiedene Rufe ihren Jungen mit, ob ein fliegender oder ein laufender Feind ankommt, der eine Ruf des Hahnes ist das Zeichen zum Kampf, der andere ein Liebeswerben. Aber das sind *angeborene* Verständigungsmittel, jedes Hühnerküken versteht sie, auch wenn es allein im Brutapparat ausgebrütet wurde. Sie drücken nur Stimmungen aus, keine Gedankenreihen. Diese instinktiven, angeborenen Mitteilungen sind manchmal erstaunlich genau. Kommt eine Biene, die irgendwo nektartragende Blüten gefunden hat, in ihren Stock heim, so beginnt sie auf der senkrecht hängenden Wabe zu tanzen, und die anderen Arbeitsbienen laufen hinter ihr her. Die kleine Tänzerin krabbelt schwänzelnd in 8er-Figuren umher, und je nachdem, ob die 8 schräg oder gerade angelegt ist, fliegen die Mittänzerinnen anschließend in einer Richtung davon, die zur Sonne im gleichen Winkel steht wie die 8 zur Senkrechten im Stock. Hat die heimkehrende Biene achtmal in der Minute ihre Figuren getanzt, so fliegen die Mittänzerinnen hinterher im Freien drei Kilometer geradeaus. Waren es 36 Figuren in der Minute, so fliegen die anderen nur 100 Meter weit. Je näher die Tracht liegt, um so schneller tanzt also die heimkehrende Biene. Was für Blüten sie gefunden hat, das erraten die anderen an dem Duft, den sie mitbringt. Allein die »Sprache« der Bienen kann uns mit Staunen und Ehrfurcht erfüllen – trotzdem sind es rein instinktive, angeborene Gesten. Der Menschensprache vergleichbar sind diese Mitteilungen der Bienen nicht.

Wenn man einem Säugling immer »Ma-ma« vorsagt, sobald er die Mutter sieht, so wird er das nach einiger Zeit allein tun. Auch einem Papagei kann man beibringen, bestimmte Lautfolgen, zum Beispiel »Guten Tag«, bei der richtigen Gelegenheit zu sagen, also wenn jemand hereinkommt. Das Kleinkind lernt »da-da« zu sagen, wenn jemand weggeht. Der erste Blitz des menschlichen Geistes aber ist es, wenn das Kind »Ma-ma da-da« sagt und damit ausdrückt, daß die Mutter abwesend ist. Auf diese Weise aus zwei Begriffen auch nur in einfachster Form einen neuen Satz und einen neuen Gedanken zu bilden, das vermag nach meiner Beobachtung kein Papagei, das ist dem Menschen allein vorbehalten.

Begriffe haben Tiere ebenfalls, auch wenn man das abstreiten will. Wir können für eine Maus ein Labyrinth, einen Irrgarten, bauen, in dem sie sich immer wieder in Blindgängen verläuft. Wenn sie erst viele Male hindurchgelaufen ist, lernt sie, alle Sackgassen zu vermeiden und auf dem kürzesten Wege nach dem Ziel zu rennen, wo das Futter oder der sichere, warme Unterschlupf lockt. Es ist ihr nicht etwa nur die Zahl der richtigen Schritte bis zur nächsten Ecke »in die Beine übergegangen«, sie richtet sich nicht nach dem Licht oder nach dem Schall, denn sie läuft auch dann richtig, wenn wir das Labyrinth plötzlich dreimal so groß machen, in der Himmelsrichtung drehen oder statt der geraden Winkel an den Ecken immer schiefe bauen. Die Maus muß ein Bild, einen Begriff von dem richtigen Weg im Kopf haben. Sie läuft selbst dann noch richtig, wenn sie blind geworden ist, und ebenso kann uns ein blinder Mensch den richtigen Weg durch die Stadt auf einem Blatt Papier aufmalen, obwohl er ihn nie gesehen, sondern nur abgelaufen hat. Maus und Mensch können es ohne Augen, aber beide können es nicht mehr, wenn ihnen das Sehzentrum im Gehirn zerstört wird. An dieser Stelle im Gehirn muß sich die Vorstellung von dem richtigen Wege bilden. Auch solche Begriffe dienen dem Denken ohne Sprache.

Vor langen Jahren schrieb mir einmal ein Tierfreund von einem Pferd, das sich immer umgedreht und zugesehen hat, wie sein Wagen mit Kohlensäcken beladen wurde. Waren es mehr als zwanzig, dann weigerte sich das Tier, den Wagen zu ziehen. Also können Pferde zählen, schloß der Schreiber. Das ist eine voreilige Folgerung, denn es genügt, anzunehmen, daß das Pferd am Gewicht des Wagens spürte, wann die Last zu groß war. Zum richtigen Zählen gehören Zahlwörter, eins, zwei, drei, vier und so weiter. Irgendwo in Brehms ›Tierleben‹ steht zu lesen, daß die Jäger Krähen überlisten, indem vier von ihnen in eine Hütte gehen und drei wieder heraus. Die Krähen, die nicht zählen können, glauben, alle ihre Feinde wären wieder weg, und fliegen dicht vor die Fenster.

Die Frage, ob Tiere zählen können, ist aber nicht leicht zu beantworten. Professor Otto Koehler und seine Schüler haben 27 Jahre daran gearbeitet und viele Kilometer Film von ihren Versuchstieren verbraucht, bis sie endlich eine Antwort darauf geben konnten. Diese Antwort enträtselt gleichzeitig ein Stück von der Entstehung der Menschensprache.

Die Sache fing einfach an. Ein junger Mann, der seine Doktorarbeit machen wollte, setzte einer Taube zwei Schachteln mit daraufgelegten Kartonkarten vor. Auf der einen Karte war ein Punkt, auf der anderen zwei. Wollte die Taube das Blatt mit dem einen Punkt wegpicken, um aus der Schachtel darunter zu essen, so wurde sie mittels eines Preßluftstrahles weggejagt. Nach Hunderten von guten und schlechten Erfahrungen lernte die Versuchstaube, daß man nur da essen kann, wo zwei Punkte sind, und nicht, wo einer oder drei aufgemalt sind. Sie konnte sich nur nach der Zahl richten und nicht nach der bösen Miene oder dem Aufatmen des angehenden Herrn Doktors, denn der saß hinter einer Wand und durfte nur durch ein winziges Guckloch sehen. Jede Möglichkeit der Zeichengebung durch Laute, durch Gesten, durch starkes oder schwaches Scheuchen war ausgeschlossen; man wollte nicht denselben Fehlern erliegen wie bei dem berühmten Pferd, dem »Klugen Hans«, oder dem Hund, der in der Bellsprache scheinbar politische Fragen diskutierte. So lernte die Taube zwei Punkte von dreien zu unterscheiden, aber auch drei von vier, und in späteren Lektionen vier Punkte von fünf. Weiter ging es nicht. Wellensittiche und Dohlen brachten es in Versuchen, die immer Wochen und Monate dauerten, bis zur Grenze von 5 und 6, Kolkraben, Elstern und Eichhörnchen auf 6 zu 7. Bitte, sagen Sie nicht, daß das ein sehr bescheidenes Ergebnis sei, gemessen an unseren Rechenkünsten, mit denen wir die Entfernung der Sonne von der Erde und die Bahn der Gestirne ermitteln. Wenn wir Menschen eine Gruppe von Punkten nicht abzählen, also eins, zwei, drei, vier ..., sondern wenn wir nur bei zwei Punktgruppen sagen sollen, welche die kleinere und welche die größere ist, dann geht es bei uns auch nur bis zur Grenze von 6 zu 7. Koehler hat seinen Studenten solche Punktbilder für nur eine Sekunde an die Wand geworfen, so daß sie die Punkte nur schätzen konnten, aber keine Zeit hatten, beide Bilder nachzuzählen. Nur einige Menschen konnten es noch in der Mehrzahl richtig machen, wenn 6 gegen 7 Punkte gezeigt wurden, andere brachten es nur bis 5 zu 6, verschiedene nur bis 4 zu 5. Wenn wir höhere Zahlen miteinander vergleichen, müssen wir mit Zahlwörtern, wenn auch innerlich, ohne die Lippen zu gebrauchen, abzählen. Tiere haben keine Sprache und keine Zahlwörter, sie können nur »mehr« oder »weniger« schätzen, und hier geht die Grenze beim Raben genauso weit wie beim Menschen, wenn dieser nicht zählt. Was sie ohne Sprache vermögen, ist bei Dohle, Eichhorn und Mensch genau gleich. Auch diese Zahlen, für welche die Tiere keine Zahlwörter haben, sind richtige Begriffe wie beim Menschen. Eine Dohle lernte folgende Aufgabe: Unter mehreren Kästchen mit verschieden vielen Punkten auf den Deckeln durfte sie nur den mit vier öffnen. Als sie das beherrschte, legten ihr die Zoologen arglistig gar keine Deckel mit Punkten mehr hin, sondern einfach fünf Mehlwürmer. Die Dohle kam heraus, war durch die neue Sachlage sichtlich verwirrt, besah sich die leckeren Mehlwürmer, pickte vorsichtig zu, aß vier, ließ den fünften liegen und ging weg. Einem ahnungslosen Laien mag das lächerlich einfach vorkommen – wer länger mit Tieren gearbeitet hat, will es noch kaum glauben, wenn ihm dieses Verhalten fotografisch getreu im Film vorgeführt wird. Kolkraben, bekanntlich besonders kluge Vögel, lernten noch mehr. Ihnen ließ Koehler fünf Kästchen mit verschiedener Anzahl von Punkten hinstellen. Sobald der schwarze Prüfling aus seinem winzigen Wartezimmerchen herauskam, fand er gleich am Wege zu den Kästen hin eine Scheibe mit verschieden vielen Reißzwecken. Weil er im Vorbeigehen von der Scheibe ein Stückchen Eigelb wegpickte, das er sehr liebte, konnte er sich die Zahl der Reißzwecken gut einprägen. Und tatsächlich: er lernte es, das Kästchen mit zwei Punkten auf dem Deckel aufzumachen, wenn vorn zwei Reißzwecken lagen, aber auch den Kasten mit sieben Punkten, wenn er an sieben Reißzwecken vorbeizugehen hatte, und so weiter. Er beherrschte es also, nach einem stets wechselnden Muster, immer verschiedene Punktzahlen zu wählen, und es machte ihm nichts aus, ob die Punkte klein oder groß, zackig, rund oder eckig waren.

Man mag bei der verblüffenden Leistung dieses kleinen Schwarzrockes vielleicht an Gedankenübertragung denken. Leute, denen sorgfältige Untersuchungen zu langweilig sind, haben immer schnell solche übersinnlichen und okkulten Erklärungen bei der Hand. Aber Koehler sagt richtig, er hätte so oft, wenn er mit einem Linsensystem durch das Guckloch sah, fieberhaft gewünscht, der Rabe möchte doch jetzt im Augenblick an den richtigen Kasten picken – und er machte es doch immer wieder verkehrt. Wenn der Professor seine Studenten im Staatsexamen prüfte, und sie wollten nicht auf die richtige Antwort kommen, dann habe er ebenfalls fast immer stark und eindringlich daran gedacht, die Lösung habe ihm immer auf der Zunge gelegen – aber noch nie habe er sie einem Prüfling durch Gedanken übertragen können, wenn dieser sie nicht von allein gewußt hätte. Bei den Kolkrabenversuchen hat Koehler oft die Kästen mit den Punkten aufgestellt und ist dann in sein Institut gegangen, ohne noch an den Raben zu denken. Wenn er nach zwei Stunden wiederkam, war der richtige Deckel aufgemacht, die anderen waren unberührt, und Koehler hatte in dieser Zeit überhaupt nicht an den Vogel gedacht, konnte ihm also auch keine Gedanken übermitteln. Die Tiere müssen selber gedacht haben.

Wir zählen eins, zwei, drei, vier. Weil die Wellensittiche keine Zahlwörter haben, können sie höchstens gewissermaßen innerlich hm, hm, hm, hm, hintereinander machen, sobald sie die erlaubten vier Körner essen. Andere Forscher wandten ein, die Tiere hätten sich vielleicht nur den Rhythmus des Pickens gemerkt, so wie wir den Takt eines Musikstückes, und keine Zahl. Deswegen ließ Koehler für seine Tauben Erbsen aus einem Röhrchen einzeln herunterrollen, so daß sie unten in einem Schälchen noch wild im Kreise herumliefen. Die Versuchstauben mußten mitunter bis zu zehnmal hintereinander nach einer Erbse picken, bis sie sie endlich erwischt hatten. Und außerdem kamen erst zwei Erbsen kurz hintereinander, dann wieder eine Minute lang gar keine und hinterher einige in anderen Abständen. Da die Taube trotzdem nur die richtige Zahl aufnahm, konnte es nicht daran liegen, daß sie sich nur den Takt des Pickens eingeprägt hatte. Das Tollste leistete eine Dohle, mit welcher der Koehler-Schüler Schiemann arbeitete. Sie hatte gelernt, daß sie fünf Bissen essen durfte. Diese fünf Bissen aber lagen in fünf Kästen verteilt, und zwar im ersten einer, im zweiten zwei, im dritten einer, im vierten gar keiner und im letzten wieder einer. Die Dohle kehrte schon nach dem dritten Schälchen um, sie hatte also nur vier Köder genommen. Schiemann wollte gerade in seine Liste eintragen »Falsch, eine zu wenig«, als die Dohle aus ihrem Wartekasten zurückkam, was sie noch nie zuvor getan hatte. Sie ging nochmals an der Reihe der Kästchen entlang, von denen die ersten drei nun aufgedeckt und leer waren. Beim Vorbeigehen nickte sie dem ersten einmal, dem zweiten zweimal, dem dritten wieder einmal zu (so viele Köder hatte sie vorher diesen Kästchen entnommen), dann ging sie weiter entlang zu den noch unberührten Kästchen, deckte das vierte leere und das fünfte auf, entnahm ihm den letzten (fünften) Köder, ließ den Rest der Kästchenreihe unbeachtet und ging endgültig ab. Mit Recht verbesserte Schiemann seine Protokollnotiz in ein glattes »Richtig«. Der Dohle, die schon abgegangen war, ist also nachträglich klargeworden, daß die Sache noch nicht zu Ende war. »Wie ein Kind, das beim Aufsagen eines Gedichtes steckenbleibt, den Anfang nochmals herunterrasselt und die Klippe sozusagen im Anlauf nimmt, so wiederholte die Dohle vor den schon geleerten Schälchen das, was sie beim ersten Gang bereits getan hatte, nochmals in unvollendeten Bewegungen. Sie muß es also behalten haben und rekonstruierte es jetzt. An den weiteren, noch geschlossenen Kästchen aber führte sie die Aufgabe in vollen Bewegungen ›ins reine‹ zu ihrem richtigen Abschluß.«

So hat Otto Koehler, früher in Königsberg, jetzt in Freiburg, in Hunderttausenden von Einzelversuchen nachgewiesen, daß Tiere »zählen« können, aber nur so weit, wie auch wir das können, wenn wir keine Sprache und Zahlwörter benutzen. Tiere denken also, aber ohne Sprache. Hätte der Mensch nicht erst ebenso wie die Tiere das vorsprachliche Denken entwickelt, dann hätte er nie sprechen gelernt. Und das gilt noch heute für jedes Kleinkind, das der Mutter zum erstenmal aus der Wiege entgegenlächelt.

Er stirbt, weil er sportlich bleibt
Der Stier

Wir kamen am späten Nachmittag mit unserem Volkswägelchen in eine spanische Mittelstadt. Ich hielt neben einem jungen Mann an und fragte ihn in meinem spärlichen Spanisch nach »Fondas«, Gasthöfen. Er hatte es aber eilig und nahm sich gar nicht recht Zeit, mir zu antworten; mir fiel nur das Wort »Corridas de Toros« auf, das »Stierkämpfe« bedeutet, wörtlich eigentlich »Rennen mit Stieren«. Ich hatte mir vorgenommen, in Spanien unbedingt Stierkämpfe anzusehen, an denen sich moderne Literaten so oft begeistern; als Tierfachmann wollte ich mir mein Urteil selber bilden. Von zwei anderen jungen Leuten bekam ich heraus, wo ungefähr die Stierkampfarena liegen müßte, und bald konnten wir den Weg nicht mehr verfehlen, denn alles strömte in eine Richtung. Zwei Tage vorher hatten wir in Südfrankreich, in Nîmes, ein riesiges, 2000 Jahre altes römisches Theater bestaunt. Das Stierkampftheater hier war fast genauso gebaut: mehrstökkig, steile Außenwände und nach innen trichterförmige Zuschauerränge, die bis zur Arena herunterstiegen. Aber wie hineinkommen? Die Straßen waren mit Menschen vollgestopft, die sich nach den Kassen drängten. Unser Volkswagen, sein schwarzrotgoldenes Fähnchen und vor allem der große Berg von Gepäck auf dem Dach aber erregten Interesse. Alles rückte freundlich zur Seite, und so fuhr ich langsam mitten durch die Menschenmenge bis an die hohe, düstere Außenwand des Stierkampftheaters. Ein schweres Bogentor aus Bohlen, das ganz wie ein altes Burgtor aussah, tat sich wie selbstverständlich vor uns auf, und wir fuhren in den leeren Innenhof, mitten zwischen die Toreros.

Die sahen ganz so aus, wie wir das alle von Bildern und Filmen kennen. Seidene, silber- und goldbestickte Uniformen, breite schwarze Hüte, zum Teil mit Zöpfen daran, Kniehosen, weiße Strümpfe, Lackschuhe – und ich hatte keinen Farbfilm in der Kamera! In die riesige, unüberdachte Arena strömten die Menschenmassen.

Es war sechs Uhr, die Sonne stand ganz schräg am Himmel, und ein Teil der Arena lag schon im Schatten. Natürlich ging niemand nach der Seite, auf die noch Strahlen glühten. Während auf der

Schattenseite schon alle Reihen bis hoch hinauf besetzt waren, blieb drüben alles leer. Wenn man fotografieren will, muß man die Sonne gerade am späten Abend im Rücken haben, und dann knipst man gegen die leere, angestrahlte Zuschauerseite. Das sieht dann aus, als ob bei den Stierkämpfen überhaupt niemand dagewesen wäre. In Wirklichkeit aber fragte ich mich, ob denn nicht die ganze Stadt menschenleer sein müsse und ob dort nicht jeder Dieb in diesen Stunden ungestört in Läden und Wohnungen herumspazieren könnte – so drängten sich hier die Menschen, um friedliche Rinder sterben zu sehen. Vor den teuersten Plätzen um die große Arena läuft noch einmal ein Gang, der von dem weiten Sandplatz durch eine schulterhohe Bohlenwand abgegrenzt ist. Tritte darin machen es den Toreros leicht, sich darüber hinweg in Sicherheit zu bringen, und außerdem gibt es noch Schlupfpforten, die durch eine Schutzwand davor so gesichert sind, daß der Stier nicht nachfolgen kann. Die Sache ist nicht gerade fair, etwa so, als ob der eine von zwei Boxern durch die Seile flitzen dürfte, wenn die Sache mulmig wird, und er dem anderen, der nicht nachfolgen darf, dann von außen etwas verpaßt. Aus diesem Gang wurde ich höflich, aber bestimmt – mit dem Hinweis auf eine Polizeimarke unter dem Rockaufschlag – hinausgenötigt. Es blieb mir nichts anderes übrig, als durch die hohen Wandelgänge unter den Sitzen um das Ganze rundherumzulaufen und mich bei Beginn des Schauspiels von der anderen Seite bis ganz nach vorn zu drängen.

Ich gebe hier gewiß keine packende Schilderung des Kampfes, wie das der Sportreporter im Radio am Sonntagnachmittag zwei Stunden lang von einem Fußballspiel tut.

Wenn sich auf der einen Seite ein Holztor in die Höhe hebt, verstummt einen Augenblick das Summen der Menge. Nur die vielen Fächer der Damen gehen unaufhörlich weiter hin und her. Die Mütter heben ihre Kinder auf die Brüstung, damit sie besser sehen können. Dann kommt plötzlich nach ein paar Sekunden oder Minuten der Stier heraus. Er stürzt in ein paar Sätzen auf das weite gelbe Feld, bleibt stehen und sieht sich um. Der Stier ist viel kleiner, als wir es erwarten, denn wir sind an die schweren, massigen Riesenbullen unserer großen Hausrinderrassen gewöhnt. Der Kampfstier ist zwar nicht so riesig, dafür aber viel wendiger.

Er ist kein Löwe und kein Tiger, sondern ein Weidetier. Er kommt von irgendeiner Koppel auf dem Lande und hat bisher Gras gerupft, das nicht gerade üppige Gras des abgeholzten

Spanien. Er ist ein Rinderjüngling, und er hat sich tüchtig auf der Weide herumgebalgt, denn er möchte, wie jedes männliche Jungtier unter den Herdentieren, eine Rolle spielen. Jeder Jungstier will herrschen, will in der Rangordnung seiner Herde aufsteigen, will einmal Herdenchef werden. Deswegen wird geboxt, wird gekämpft, aber nach sportlichen Regeln. Genau wie in einer Pferdeherde, wie unter Schafen oder in einer Schar Ziegen, die an Felswänden klettern, machen die männlichen Tiere ständig durch Kämpfe aus, wer der Stärkere ist. Aber sie sind keine Mörder, sie bringen einander nicht um. Wer unterlegen ist und das zu erkennen gibt, wird nicht erstochen. Der Stier hat schwertlange Hörner, doch nicht zum Erdolchen eines anderen Stieres. Gegen Wölfe und Bären gebraucht er die Hörner, um die Herde zu verteidigen, nicht um Bären und Wölfe zu *erlegen.* O du junger Stier von den graugrünen, sonnigen Weiden Spaniens, o du lustiges junges Blut, dem sportliche Kampfregeln angeboren sind, du ahnst nicht, was dir bevorsteht! Auf diesem weiten gelben Feld, das keine Halme trägt, tritt dir ein unfairer Feind entgegen, der nicht mit deinen Waffen kämpft. Es gibt keine Chance für dich auf diesem Feld. Es gibt keine Gnade.

Ein bunter Mann kommt dem Stier entgegen mit einem roten Tuch. Stiere hassen nicht die rote Farbe, das ist ein Märchen. Der junge Stier interessiert sich für den einsamen Mann so wenig wie für einen Hirten auf der Koppel; man hat ihn zwar im Stall gereizt, man hat ihn wütend gemacht, aber jetzt sieht er sich um nach der summenden, kreisrunden Wand, die aus gierigen Menschenköpfen besteht. Löwen brüllen, Tiger fauchen. Der Stier steht da, klein und verloren, und muht. Macht »muh« wie die Milchkuh im Stall und im Bilderbuch. Der bunte Mann schwenkt ihm ein Tuch vor die Nase, der Stier rennt darauf zu, nicht gerade bösartig, der Mann springt beiseite, und der Stier läuft unter dem Tuch durch. Der Mann hat nämlich gute Augen, und Pferde und Rinder können zwar auf einmal eine ganze Weidefläche überblicken, aber längst nicht so scharf sehen wie wir Menschen.

Nach den sportlichen Regeln von Stieren und Widdern gilt es als feige, im letzten Augenblick beiseite zu springen, der ganze Sinn ihres Kampfspieles besteht darin, mit der Stirn den Ansturm des Gegners aufzufangen und den furchtbaren Stoß durchzustehen. Nun aber kämpft er gegen Meerkatzen, gegen Paviane, die ihn reizen, die Scheinangriffe machen, die im letzten Augenblick beiseite springen und dann von hinten beißen.

Der Stier will nicht töten: Wenn der Torero am Boden liegt, gibt er meistens auf.

So ein kostümierter »Pavian« geht langsam auf den Stier zu. In der hocherhobenen Hand hat er zwei buntbebänderte Stangen mit Widerhaken an den Enden. Der Stier glaubt, der Gegner wolle seine Kräfte mit ihm messen, er stößt auf ihn zu, aber der springt beiseite und stößt ihm die Stangen mit den Widerhaken tief in den Rücken, gegen die empfindliche Knochenhaut der Dornfortsätze zwischen den Schulterblättern. Der Stier ist längst wütend, und in der Wut spürt man so etwas nicht so sehr, wenigstens nicht im ersten Augenblick. Aber der bunte »Pavian«, der die fairen Kampfregeln des ritterlichen Stieres mißbraucht, wird begeistert beklatscht.

Der Stier wird wütend über die bunten, stechenden, behenden »Meerkatzen«, die ihn umtanzen, die ihn verwunden, beißen, zwacken. Das warme Blut läuft ihm über das schwarze Fell, die Schmerzen bohren. Endlich verliert einer der Kämpfer die niedrigen Lackschuhe, der Stier faßt seinen roten Umhang mit dem Horn, und so muß der Torero in Sprüngen über das Feld rennen, um sich hinter die Barriere zu retten. Den zweiten packt der Toro mit der Stirn, hebt ihn hoch und wirft ihn beiseite. Der Mann kommt nicht zurück – also hat er sich nach Rinderkampfregel als geschlagen bekannt, der Stier verfolgt ihn nicht weiter, er ist ja der Sieger.

Ein Torero stürzt, mir stockt der Atem, denn nun endlich kann ihn der Stier mit seinen schönen langen Hörnern durchbohren. Ich bin Partei, ich muß zugeben, ich würde es begrüßen. Doch der Stier stochert nur ein bißchen an dem Mann herum, der regungslos auf dem Bauche liegenbleibt, dann läßt er ab. Der Stier ist ja kein Töter, er macht nur aus, wer stärker ist. Wenn er doch ahnte, was für Regeln hier gelten!

Immer wieder wird er gereizt, verwundet. Neue geschmückte Stangen mit Widerhaken bohren sich in sein Fleisch und schwanken bei jedem Schritt. Ihre Spitzen kratzen und schaben auf der empfindlichen Knochenhaut. Das Blut rinnt, der Kämpfer wird schwach. Drei, vier »Helden« umtanzen ihn. Hat er einen beinahe gepackt, dann springen drei andere vor und halten ihm ihre rotseidenen Umhänge vor die Stirn. Der Stier ist matt geworden, er steht da und ruft sein »Muh«. Das klingt so friedlich. Als Kinder haben wir »Blinde Kuh« gespielt und dazu »muh« gerufen.

Einer der Toreros zieht den blanken Degen. Er verbirgt ihn unter dem roten Tuch und geht auf den erschöpften Stier zu. Als dieser langsam und widerwillig die Stirn zur Abwehr senkt, stößt ihm der bunte »Held« den Stahl von oben durch den Hals bis tief in die Brust. Der Stier greift nicht mehr an. Das Blut strömt ihm aus der Nase, und er sieht die zehntausend gierigen Augen ringsum nicht mehr. Vielleicht sind sie für ihn zehntausend friedliche Margeriten und Ackersporne auf seinen heimatlichen Weiden. Die Natur ist gnädiger als wir, die wir uns die Krone der Schöpfung nennen. Sterben, wenn das Blut verströmt, kann schmerzlos sein. Das wußten schon die alten Römer, die sich im warmen Bad die Adern öffneten, was mir auch eine Frau versicherte, die einmal fast verblutet wäre. Der Stier tut, was er als Kalb getan hat, wenn er sich am Euter der Mutter vollgetrunken hatte, und was alle Rinder tun, wenn die Dorfglocken den Angelus läuten und die Sonne hinter den Haufenwolken am Horizont versinkt. Er knickt erst die Vorderbeine ein, geht mit der Brust zur Erde und legt dann auch das Hinterteil nieder. Er wendet den Kopf zur Seite. So friedlich stirbt ein mutiger Stier. Ob auch der Torero so gelassen zu sterben verstünde, wenn der Stier von seinen Waffen wirklich Gebrauch gemacht hätte? Da kommt ein Mann, nicht in perlenbestickter Seide, sondern in einer Fleischerjacke. Er tritt seitwärts an den sterbenden Stier heran und stößt ihm geschickt einen kurzen Dolch hinter dem Kopf in den Wirbelkanal. Wenn dieser nüchterne Tod in der Fleischerjacke sein Handwerk versteht, zuckt der Stier auf, streckt sich, dehnt sich und ist tot. Drei große, geschmückte Pferde kommen in die Arena, blaubejackte Gehilfen schlingen einen Strick um die Hörner des Stieres, und dann wird er hinausgeschleift. Die Musik spielt.

Wenn der Torero nach Ansicht seiner Zuschauer gut gekämpft hat, läuft er mit einem abgeschnittenen Ohr seines friedlichen Gegners vor den Logen entlang und bekommt Oleanderblüten, Bonbons und Weinflaschen zugeworfen. Er verneigt sich wie ein Artist im Zirkus, der um Beifall heischt. Hat er schlecht gekämpft, ist er vor dem Stier davongelaufen, hat er drei-, viermal den Degen in ihn gestoßen, ohne ihn zu töten, dann muß er den Schwanz des Stieres herumtragen und sich mit leeren Flaschen und anderen schimpflichen Gegenständen bewerfen lassen.

Dann wieder Musik, und ein neuer ahnungsloser Stier von den grünen Weiden stürmt auf den gelben Sand. Bis die Tausende es endlich überhaben. Dann trägt man Nähmaschinen, Tische mit Weinflaschen, Schinken, Würste, Fahrräder mitten auf den Sand, und sonntäglich herausgeputzte kleine Mädchen stehen an, um Lose aus der großen Trommel zu ziehen. Wer die richtige Nummer auf seiner Eintrittskarte hat, der hat nicht nur Stiere dafür sterben sehen, sondern kann auch mit einer Nähmaschine nach Hause gehen.

Sind solche Stierkämpfe nun Tierquälerei? Sind sie eine Kulturschande, deren sich die Spanier, die Südfranzosen und die Südamerikaner schämen müssen? Ich habe mir angewöhnt, solche Fragen nüchtern und vorsichtig zu beantworten. Soldaten, die im Sturmangriff verwundet werden, haben oft nicht bemerkt, daß ihnen eben ein Arm abgeschossen wurde. Sie spürten nur einen dumpfen Schlag, rannten weiter, und erst als die Spannung vorbei war, quälten die Wundschmerzen. Wer sich wutentbrannt herumprügelt, kann allerlei einstecken und ist über einen Kinnhaken mehr ergrimmt als schmerzzerrissen.

Fische können die bunte Welt in Farben sehen wie wir. Die Tierpsychologen haben ermittelt, daß Fische im Wasser Töne hören und feinste Tongrade unterscheiden. Sicher spüren sie Schmerzen wie wir. Angeln soll ein behaglicher, nervenberuhigender Sport sein. Aber ich glaube, nur *über* Wasser. Schmerzen, Qualen werden nicht größer und nicht kleiner, ob man nun ein paar Gramm, ein paar Pfund wie ein Fisch oder ein paar Zentner wie ein Stier wiegt. Ich nehme an, daß ein wütender kämpfender Stier zunächst weniger empfindet als ein ängstlich zappelnder Fisch, dem sich ein stählerner, mit einem lebenden Wurm umwickelter Haken durch den Rachen bohrt. Natürlich frißt der Fisch wieder Mückenlarven, und der Hecht zerreißt den Friedfisch. Aber er tut es, um zu leben.

Aber ein Stierkampf dauert lange. Die Mehrzahl der jungen Stiere will bald nicht mehr kämpfen. Man merkt ihnen an, wie die Schmerzen in ihrem Nacken rasen und nagen und wühlen. Immer größere Mühe haben die bejubelten Toreros, die schwächer werdenden, qualenzerrissenen Tiere zur Abwehr zu zwingen. Kann man sich daran freuen? Doch Menschen haben auch vor Begeisterung gerast, wenn unterlegene Gladiatoren in den Arenen des alten Rom abgestochen wurden, wenn Christen verbrannt oder von Löwen zerrissen wurden. Menschen sind anders als Tiere.

Ich halte Stierkämpfe für ziemlich ungefährlich für die beteiligten Menschen. Sicherlich sind statistisch die schweren Verletzungen, Hirnschäden und Todesfälle bei den Boxkämpfen und beim Freistilringen weit höher als bei Stierkämpfen. Das spanische Volk ist sonst ritterlich und sympatisch. Ich kann mich für Stierkämpfe nicht deswegen so wenig begeistern, weil die Stiere dabei getötet werden – wem von uns, der Beefsteak und Sauerbraten ißt, steht das zu? Aber es ist des Menschen nicht würdig, sich am Leiden der Mitgeschöpfe zu vergnügen. Allerdings – wir Liebhaber von Boxkämpfen, vom Freistilringen, von lebensgefährlichen Auto- und Motorradrennen, die jedes Jahr ihre feste Todesrate fordern –, haben wir eigentlich ein Recht, Stierkampfarenabesucher zu kritisieren?

Von schnellen und schnellsten Tieren
Wanderfalken, Delphine und Geparden

Bis vor hundert Jahren mußte der Mensch sehr bescheiden sein auf dieser Erde. Die Enten konnten besser schwimmen, der Seehund tiefer tauchen, der Vogel rascher fliegen, der Adler schärfer sehen, fast jedes Tier schneller laufen, das Känguruh weiter springen, der Dachs besser graben als er. Im Laufe von hundert Jahren hat die Technik das alles überflügelt. Flugzeuge sausen heute mit Überschallgeschwindigkeit, also mehr als 320 Meter in der Sekunde, durch die Luft, und während früher im Herbst nur unsere Sehnsucht die Kraniche auf dem Zuge nach Süden begleitete, lassen wir sie heute weit hinter uns zurück und schaffen ihren monatelangen Flug in Stunden.

Weil uns alle Tiere spielend davonliefen oder davonflogen und wir ihnen immer nur wie ungeschickte Kinder hoffnungslos ein Stück hinterherlaufen konnten, haben wir die Schnelligkeit der Tiere stets bewundert, beneidet und – überschätzt. Erst vor ein paar Jahrzehnten hat man begonnen, sie richtig zu messen.

Als Thienemann auf der Kurischen Nehrung in Ostpreußen die berühmte Vogelwarte Rossitten gründete, ging er auch der Fluggeschwindigkeit mit der Stoppuhr zu Leibe. Das ließ sich dort besonders gut machen. Die Zugvögel kommen von Finnland her an der Küste entlanggeflogen und benutzen die schmale lange Landzunge der Nehrung wie eine Straße. Ein Vogelforscher stellte sich also mit der Stoppuhr auf, und wenn eine Krähe vorbeikam, dann gab er gleichzeitig dem zweiten Beobachter in 500 Meter Abstand mit dem Feldtelefon ein Signal, so daß die Flugzeit für einen halben Kilometer auf die Sekunde genau gestoppt werden konnte. So kam der Sperber auf 41 km/st, die Möwe auf 50, Krähen und Finken nicht viel mehr, Wanderfalken und Dohlen um 60, Stare auf 75 km/st, Gänse schon auf 70 bis 90, Wildenten auf 72 bis 97 und Schwalben auf 100 bis 120 km/st.

Auch in kriegerischen Soldatenröcken stecken mitunter Menschen, die im Zivilberuf recht verträglich sind und mancherlei Steckenpferde reiten – so zum Beispiel im letzten Krieg Vogelgelehrte an den Flugabwehrgeschützen. Sie konnten es natürlich nicht lassen, mit den kostspieligen Meßgeräten der Flak die Geschwindigkeit von Wildgänsen zu messen, und was sie sonst mit ihren Überoptiken an Vögeln nur entdecken konnten. Dabei kamen etwa dieselben Zahlen heraus, wie sie Thienemann Jahrzehnte vorher gemessen hatte. Übrigens fanden diese Ornithologen bei der Flak allmählich heraus, daß die Flakbeobachter nicht selten Zugvogelschwärme als »einfliegende Feindflugzeuge« weitermeldeten. Gegen sie wurden dann ganze Vermögen in Form von Flakgranaten in die Luft geballert – hoffentlich, ohne gar zu viele »Abschüsse« zu erzielen.

Besonders schnell fliegen die Krickenten mit etwa 120 km/st und die Mauersegler mit sogar 150 km/st. Das sind 40 bis 50 Meter in der Sekunde, während es ein Schnellzug nur auf unter 40 m/sec bringt. Für kurze Strecken können Vögel auch noch schneller sein. Der Kormoran, der sich vom Flugzeug verfolgt glaubte, brachte es 15 km lang auf eine Stundengeschwindigkeit von 105 Kilometern, während seine normale Fluggeschwindigkeit nur 70 km/st beträgt. Wenn der Mauersegler jagt, kann er bis 200 km/st schnell durch die Luft schießen; ein Wanderfalke, der im Sturzflug auf eine Taube stößt, bringt es dabei sogar auf 250 km/st. Man sagt dem Falken nach, daß er nicht zum zweitenmal nach der Beute stößt, wenn er sie verfehlt hat, weil er sich schäme. In Wirklichkeit hat ihn diese kurze Höchstgeschwindigkeit stark angestrengt, er hechelt mit halb offenem Schnabel nach Luft. Nur für ganz kurze Zeit ist er also zu so einer Spitzengeschwindigkeit imstande, und er braucht einen gewissen Zeitraum, um sich zu erholen. Das ist der große Unterschied zur Technik.

Wenn der Buchfink auch eine Stundengeschwindigkeit von 52,5 Kilometer hat, so fliegt er doch nicht etwa in den acht bis zehn Stunden eines Tages 500 bis 600 Kilometer, sondern in Wirklichkeit nur 10 bis 25 Kilometer. Der Storch nimmt sich für seine Reise bis nach Südafrika 80 bis 100 Tage Zeit, er segelt also am Tage nur 100 bis 120 Kilometer weit, was er gut in zwei Stunden schaffen kann. Die Vögel bummeln gewissermaßen nach dem Süden, sie suchen unterwegs nach Nahrung und haben es bei weitem nicht so eilig wie wir Menschen bei unseren Reisen.

Anstrengen müssen sich nur die Nichtschwimmer unter den Zugvögeln, wenn es über das Wasser geht. Von Dänemark bis England, also eine Entfernung von 450 bis 600 Kilometern, heißt es dann acht bis zwölf Stunden lang unaufhörlich die Flügel rühren. Bei Gegenwind oder schlechtem Wetter fallen die kleinen Reisenden erschöpft auf Schiffen ein und suchen sich wieder zu erholen. Viel Kopfzerbrechen machen die Transozeanflüge mancher Nichtschwimmer. So sausen eine Brachvogelart und der Steinwälzer von Alaska über den Pazifischen Ozean und überqueren dabei rund 4000 Kilometer offene See. Bienenfresser und Falken überfliegen im Nonstopflug 3000 Kilometer weit den Indischen Ozean zwischen Afrika und Vorderindien. Selbst bei einer Stundengeschwindigkeit von 100 Kilometern müssen sie dabei 30 Stunden lang unermüdlich mit den Flügeln schlagen.

Daß Wale, Seelöwen, Delphine, Haifische und andere Fische unsere Dampfer begleiten, also mit ihnen Schritt halten, sie mühelos überholen und manchmal im Spiel umkreisen, haben Seeleute und Fahrgäste schon oft beobachtet. Ein harpunierter Finnwal schleppte das Fangschiff mit 20 km/st hinter sich her. Dabei muß man bedenken, daß Schiffe viel langsamer fahren, als man gewöhnlich annimmt. Bei Geschwindigkeitsvergleichen vergesse man nicht, daß die Geschwindigkeit eines Schiffes nicht in Stundenkilometern, sondern altertümlich in »Knoten« angegeben wird. Darunter können sich aber zumindest die meisten Landratten nicht viel vorstellen. Die Knotenzahl gibt an, wie viele Seemeilen in der Stunde zurückgelegt werden; eine Seemeile wieder zählt 1852 Meter. Ich habe einmal die Knoten in Stundenkilometer umgerechnet. Ein Fischdampfer bringt es danach auf noch nicht 20 km/st, ein Segelschiff ist etwas schneller und läßt sich von Fracht- und Tankschiffen (22 km/st) nicht überrunden. Selbst große Fahrgast- und Frachtschiffe bringen es nur auf 30 Kilometer in der Stunde, und das Blaue Band, also die höchste Geschwindigkeit eines Fahrgastschiffes über den Atlantik wurde von dem Schiff »United States« mit einer Höchstgeschwindigkeit von 34,5 Knoten oder 65,3 km/st gehalten. Ein Mensch könnte also neben gewöhnlichen Frachtschiffen ohne weiteres mitlaufen.

Wir Menschen balancieren unseren Körper wie einen Turm auf zwei stelzigen Beinen und sind daher alles andere als Schnellläufer, verglichen mit den anderen Lebewesen. 1960 stellte Armin Hary mit 10,0 Sekunden beim Hundertmeterlauf einen neuen Weltrekord auf, umgerechnet also 36 Kilometer in der Stunde. Das halten wir aber nur für kurze Zeit aus. Die Höchstgeschwindigkeit für den 5000-Meter-Lauf hat 1957 Wladimir Kuz mit 13 Minuten 35 Sekunden erreicht, was einer Stundengeschwindigkeit von 22,471 Kilometern entspricht, während der Rekord von Pjotr Bolotnikow (1960) für den 10000-Meter-Lauf 28 Minuten 18,8 Sekunden ausmachte, also noch etwas geringere Stundengeschwindigkeit. Hohe Geschwindigkeiten halten wir nur ganz kurze Strecken aus; hier gilt für den Menschen das gleiche wie für alle Lebewesen, im Gegensatz zur Maschine.

Wir können heute die Geschwindigkeiten von Lauftieren recht genau nachmessen, wenn wir sie mit dem Auto verfolgen und dabei auf den Tachometer sehen. So gelang es zum Beispiel erst bei 60 bis 70 km/st den Emu, den großen, flugunfähigen Strauß Australiens, einzuholen. Dem Geparden werden oft Geschwindigkeiten bis 130 km/st nachgesagt. Windhunde, die in den zwanziger Jahren auf einer englischen Rennbahn mit afrikanischen Geparden um die Wette liefen, konnten diese nicht einholen. Sie liefen 100 Meter in sechs Sekunden, was 60 km/st entspricht, die Geparden dagegen 100 Meter in fünf Sekunden oder 72 km/st. So kann diese Großkatze die schnell rennenden Perlhühner und andere Vögel, die auffliegen wollen, spielend erjagen. Geparden werden oft recht zahm. Im Frankfurter Zoo verblüffte schon vor Jahrzehnten einer durch seine überraschende Schnelligkeit meinen Vorgänger. Wildkaninchen, die noch schnell in ihr vier bis fünf Meter entferntes Loch flitzen wollten, hatte er aus 40 Meter Abstand noch vorher erwischt. Unsere Rennautos brauchen eine gewisse Anlaufstrecke, sie kommen erst langsam auf Touren. Erstaunlich ist die hohe Anfangsge-

Windhund-Rennen sind beliebt. Die Tiere bringen es auf 70 Stundenkilometer.

Die schnellen Geparden sind von allen Großkatzen am leichtesten zu zähmen.

schwindigkeit des Geparden, die ihm den Erfolg einbringt. Er schnellt wie eine bolzengespannte Feder blitzartig ab.

So halten die Katzen den Schnelligkeitsrekord, während wir ihn gefühlsmäßig den Hunden zubilligen möchten. Allerdings müßten wir, um mit schnellen Autos einen Windhund einzuholen, schon die glatte Rennstrecke der Autobahn vor uns haben, und auch dann würde er uns die erste Strecke davonlaufen, weil wir mit dem Auto nicht gleich in voller Stundengeschwindigkeit absausen können. Fast ebenso schnell kann der afrikanische Springbock, eine Antilope, laufen, die Kuhantilope bringt es auf 60 Kilometer, der Hase auf 50 Kilometer, Gnus und Zebras auf 60 bis 65 Kilometer, ein Rennpferd auf etwa ebensoviel, das Reitdromedar auf 50 Kilometer, das Kaninchen auf 38, der Elefant auf 25 bis 32 Kilometer. Wilde Perlhühner liefen freiwillig lange Strecken im 40-Kilometer-Tempo neben dem Auto her.

Kearton beschreibt, wie einmal zwei wutentbrannte Nashörner einen Reiter verfolgten. So ein Rhinozeros kann etwa ebenso schnell laufen wie ein galoppierendes Pferd, es hat aber nicht dieselbe Ausdauer. So gaben die beiden Dickhäuter die Verfolgung, die für den Zuschauer komisch wirkte, bald auf. Selbst einem Bären, der doch ziemlich schwerfällig wirkt, könnte ein Mensch zu Fuß nicht entkommen. Ein jagender Grislybär läuft 50 km/st, und im Yellowstonepark lief ein munter galoppierender Schwarzbär eine ganze Weile zum Vergnügen auf einem gefrorenen Schneefeld neben einem Auto her, das im 60-Kilometer-Tempo dahinfuhr.

Antilopen, Zebras, Giraffen können nur für kurze Zeit sehr schnell laufen, um dem Angriff von Leoparden und Löwen zu entgehen, die sich aus kurzer Entfernung mit unglaublicher Geschwindigkeit auf die Beute stürzen. Andere Raubtiere, wie etwa Wölfe oder die buntgefleckten, großohrigen Hyänenhunde Afrikas, sind längst nicht so schnell, dafür aber ausdauernder. Sie hetzen in Meuten so lange, bis der Gejagte erschöpft ist und verlangsamen muß. Deswegen sind sie wahrscheinlich noch erfolgreicher. Gegen sie nützt keine Wachsamkeit. Auf weiten Strecken ist also immer *der* überlegen, der zwar langsamer, aber länger laufen kann. Deshalb siegte in einem Wettrennen zwischen einem Pferd und einem Reitdromedar, das 1942 auf Grund einer Wette in der Türkei ausgetragen wurde, das einhöckrige Kamel, obwohl es von Hause aus langsamer ist. Beide mußten drei Tage lang jedesmal 150 Kilometer zurücklegen.

Bei unseren Rennpferden sind nicht die schnellen Beine die

besondere Züchterleistung, sondern die starken Herzen. Ein Vollblüter ist nicht viel schneller als ein Wildpferd, etwa ein Zebra oder ein Wildpferdesel, aber er hält länger durch, selbst mit dem Reiter auf dem Rücken. Deswegen können wir Menschen Giraffen, Elefanten, Zebras und Antilopen zu Pferde gut jagen und dann mit Lasso fangen. So werden schon seit über hundert Jahren wilde Steppentiere für die Zoologischen Gärten gejagt. Durch geländegängige und leichte Lastwagen ist das noch viel einfacher geworden. Auf ihnen kann man die gefangenen Tiere gleich ins Lager befördern. Die Hauptgefahr bei diesen Hetzjagden sind Herzschläge bei den Wildtieren, weswegen man ihnen heute ganz allgemein als erstes nach dem Fang herzstärkende Mittel einspritzt.

Wir Menschen können uns trösten, daß noch langsamere Geschöpfe als wir von der Sonne beschienen werden, und zwar nicht nur Schnecken und Regenwürmer. Das Faultier schafft nur 0,3 km/st, und es ist dann nicht einmal faul, sondern strengt sich gehörig an!

Kaspar Hausers – geflügelt und vierbeinig Dorngrasmücken und ein Pferd

Ein junger Mann in einem Frack mit abgeschnittenen Schößen, mit einem roten Schlips und großen Schaftstiefeln ging unsicher, fast schwankend am Pfingstmontag des Jahres 1828 über den Unschlittplatz in Nürnberg. Ein Schuster stützte den Fremdling, dessen Füße bluteten und der kaum laufen konnte, und er half ihm, zu dem Rittmeister Wessenig zu finden, für den der Jüngling einen versiegelten Brief bei sich trug. Dieser Brief trug keine Unterschrift, und der Inhalt war ungewöhnlich: »Ich schicke Ihnen hier einen Burschen, Herr Rittmeister, der möchte seinem König getreu dienen und möchte unter die Soldaten. Der Junge ist mir gelegt worden im Jahre 1815, in einer Winternacht, da lag er an meiner Tür. Habe selber Kinder, bin arm, kann mich selber kaum durchbringen, er ist ein Flüchtling, und seine Mutter habe ich nicht erfragen können. Habe ihn nie einen Schritt aus dem Haus gelassen, kein Mensch weiß von ihm, er weiß nicht, wie mein Haus heißt, und den Ort weiß er auch nicht. Sie dürfen ihn schon fragen, er kann es aber nicht sagen, denn mit der Sprache ist es noch schlecht bei ihm bestellt ... Mitten in der Nacht habe ich ihn fortgeführt, und er hat kein Geld bei sich, und wenn Sie ihn nicht behalten wollen, müssen Sie ihn erschlagen und in den Rauchfang hängen.«

Der Jüngling mit den zerrissenen Stiefeln konnte wirklich nicht reden, er lallte nur seinen Namen Kaspar Hauser. Da niemand recht wußte, was man mit ihm anfangen sollte, brachte man ihn auf die Burg, und dort lag er den ganzen Tag im Vesterner Turm auf seinem Stroh, nahm nur Wasser und Brot zu sich, wies alle anderen Speisen mit Ekel von sich, scheute das Tageslicht und wußte auf die vielen Fragen über seine Herkunft nichts zu antworten. Die Neuigkeit von dem seltsamen Ankömmling sprach sich herum, und allmählich wanderten viele Nürnberger nach der Burg, um ihn dort wie ein Wundertier zu besichtigen.

Endlich erbarmte sich der Gymnasialprofessor Daumer des jungen Menschen, er nahm ihn in sein Haus auf und begann ihn mit viel Liebe zu erziehen und zu unterrichten. Kaspar Hauser erwies sich als recht gelehrig; allmählich konnte Daumer Näheres über sein Vorleben aus ihm herausziehen, was er dann in Berichten an den Regierungspräsidenten Feuerbach in Ansbach zusammenfaßte. Der junge Mensch hatte danach schon von sehr früher Kindheit an ständig in einem dunklen Raum gelebt, wo er jeden Morgen frisches Wasser und Brot vorfand. Vermutlich hatte man ihm gelegentlich ein Betäubungsmittel ins Wasser gegeben: er fand sich dann mit geschnittenen Haaren und Nägeln, gewaschen und in sauberer Wäsche nach dem Erwachen wieder. Ein hölzernes Pferdchen auf Rädern war in dieser ganzen Zeit sein einziges Spielzeug. Auf einmal sei dann ein Mensch, der dem armen Gefangenen riesig groß und laut vorkam, in der hellen Türöffnung erschienen. Dieser Mann hatte ihn ein wenig Stehen und Gehen gelehrt, ihm seinen Namen beigebracht und ihn dann auf den Unschlittplatz nach Nürnberg geführt.

Was konnte Menschen, und wenn sie noch so grausam waren, veranlassen, ein Kind so zu behandeln? Das seltsame Schicksal des blassen Jünglings erregte alle Gemüter. Jedermann suchte nach Gründen, warum dieser Mensch so ängstlich versteckt worden war. War er ein illegitimer Abkömmling Napoleons? In einem Geheimbericht an den bayerischen König legte der Regierungspräsident den Verdacht dar, daß Kaspar ein beiseite geschaffter Erbprinz von Baden sei. Dort waren drei Töchter gesund am Leben geblieben, während gerade der Thronerbe und einzige Sohn im Oktober 1812 gestorben sein sollte. Damit war die Thronnachfolge für einen Sprößling aus der morganatischen Nebenehe des Herrschers freigeworden. Diese Gerüchte und Mutmaßungen gingen bald in Deutschland herum, und sie wollten nie wieder verstummen. Ein halbes Jahrhundert später ließ daher Kaiser Wilhelm I. die amtlichen Urkunden aus dem badischen Hausarchiv über den Tod des Erbprinzen veröffentlichen.

Noch wilder wurde das Gerede, als Kaspar Hauser am 17. Oktober 1829 blutüberströmt und bewußtlos im Keller des Daumerschen Hauses aufgefunden wurde. Nachdem er wieder reden konnte, erzählte er, ein ganz in Braun gekleideter Fremder, der ein Seidentuch vor dem Gesicht trug, habe ihn im Garten mit tiefer Stimme angesprochen: »Kaspar, du mußt sterben.« Dann hätte ihm jemand etwas Metallenes über den Kopf geschlagen, er, Kaspar, hätte sich im Hause retten wollen und sei halb benommen die Treppe heruntergetaumelt.

Eines Tages tauchte ein reicher Engländer, Lord Stanhope, in Nürnberg auf, freundete sich mit Kaspar Hauser an und hinterlegte bei seiner Abreise sogar eine Geldsumme für die Erziehung Kaspars. Der junge Mann siedelte nach Ansbach über, wo er in der Familie des Lehrers Meyer aufgenommen und beim Appellationsgericht mit einfachen Schreibarbeiten beschäftigt wurde. Seine geistige Entwicklung blieb ziemlich eng begrenzt. Im Hofgarten zu Ansbach ist Kaspar Hauser am 14. Dezember 1833 nach seiner Aussage von drei Fremdlingen angesprochen und verwundet worden. Der Stich in die Brust wurde zunächst gar nicht als Verwundung erkannt, da kein Blut herausfloß. Sein Erzieher Meyer hielt daher die ganze Erzählung von dem Überfall für bloße Flunkerei und behandelte Kaspar recht grob. Nach dreitägigem Krankenlager ist der Jüngling dann aber an der inneren Verblutung gestorben, die durch den Stich eines Stilettes verursacht war. Niemals hat man herausgefunden, wer Kaspar Hauser wirklich war. Es wird wohl für immer ein Rätsel bleiben. Im Münchener Hauptstaatsarchiv finden sich 49 große Foliobände mit Akten über ihn. In den 120 Jahren seit seinem Tode sind Dutzende von Büchern, Romanen, Dramen, Dichtungen und Tausende von Aufsätzen über ihn erschienen. In meinem Lexikon steht zu lesen: »Vermutlich war er ein arbeitsscheuer Betrüger.«

Was aber könnten wir alles von einem Menschen lernen, der jemals so aufwächst wie Kaspar Hauser! Er könnte mit einem Schlage eine Unmenge Fragen über das Wesen von uns Menschen beantworten. Gäbe es je so einen Kaspar Hauser, der von klein an keine Eltern und überhaupt keinen Menschen gesehen hätte, der also nichts von ihnen gelernt, abgesehen oder nachgeahmt haben könnte, dann wüßten wir, was uns Menschen als Instinkt angeboren ist. Würde dieser Kaspar Hauser lachen, wenn er lustig ist, oder Falten über der Nasenwurzel bilden, wenn der Zorn ihn erfaßt? Könnte er überhaupt aufrecht stehen und auf zwei Beinen gehen? Würde er für bestimmte Gegenstände besondere Laute und Töne erfinden, sich hinter den Ohren kratzen, wenn er verlegen ist, als Jüngling ein junges Mädchen küssen, humpeln, wenn er in Kot getreten ist, mit der Hand schlenkern, sofern er etwas Ekelhaftes angefaßt hat? Alles, was er an typisch menschlichem Verhalten zeigt, muß ihm dann angeboren sein wie seine Haarfarbe oder die Farbe seiner Augen.

In den letzten Jahrzehnten haben Wissenschaftler einige Male künstlich solche Kaspar Hausers aufgezogen, nur hatten sie statt der Arme Flügel. Auch wenn ein Hühnerküken elektrisch in einer Maschine erbrütet und ohne Mutter großgezogen wurde, fing es eines Tages zu krähen an, obwohl das Tier noch nie in seinem Leben einen Hahn gehört oder gesehen hatte. Wenn wir ein weich gekochtes Hühnerei zum Frühstück essen, dann können wir nach sorgfältigem Suchen auf der Oberfläche der Dotterkugel ein nadelspitzgroßes weißes Scheibchen finden. Aus dieser Keimscheibe entwickeln sich bei der Bebrütung Augen, Beine, Därme, Nieren, Federn und Schnabel. In der Keimzelle stecken aber auch schon die Kenntnis des Hühnerartrufes drin und andere Kenntnisse und Fähigkeiten, die angeboren sind und nicht abgesehen zu werden brauchen. Wir nennen dies Instinkt. Bei jeder Tierart ist das Wissen, welches ihr von den Vorfahren fertig mitgegeben wird, verschieden. Singdrossel und Amsel singen, sobald sie geschlechtsreif geworden sind, ihren richtigen Artgesang, ohne ihn jemals gehört zu haben. Ebenso ist der Ringeltaube ihr Ruf, dem Ziegenmelker sein Brunftklingen angeboren. Buchfinken, Trauerfliegenschnapper und Nachtigallen können dagegen so lange nicht artgemäß singen, wie sie es nicht von ihren Artgenossen gehört haben. Sie brauchen Vorbilder.

Professor Otto Koehler in Freiburg wollte ganz sichergehen, daß seine gefiederten Kaspar Hausers auch wirklich niemals etwas zu hören bekamen. Manche Tiere verständigen sich ja durch Töne, welche unsere menschlichen Ohren nicht mehr wahrnehmen. Deswegen ließ er im Keller seines Institutes schalldichte Kammern bauen, deren Wände aus Dämmplatten, Glaswolle, Mauerwerk, Kork und Zement in mancherlei Schichten bestehen. Vor dem Beobachtungsfenster sitzen sechs Scheiben aus Normalglas und Plexiglas mit Luftzwischenräumen. Dort wachsen Vögel vom ersten Tage an auf. Sie haben eine kleine künstliche Wiese, belaubte Zweige, die ausgewechselt werden, und eine Badegelegenheit; das elektrische Licht erlischt abends ganz allmählich in Stufen, so daß eine künstliche Dämmerung entsteht. Wenn die ultraviolette Lampe brennt, setzen sich die Vögel, welche noch nie die Tagessonne gesehen haben, mit gespreizten Flügeln darunter. Zweimal täglich wird vom Dachboden des Institutes aus mit Schläuchen die Luft in den Kammern abgesaugt und ausgewechselt. Man sorgt also besser für diese kleinen Kaspar Hausers als für den menschlichen vor über hundert Jahren.

Ein besonderes Tierpfleger-Kunststück besteht darin, angebrütete Vogeleier künstlich fertigzubrüten und dann die heiklen Jungen von der ersten Stunde an durch Menschenhand zu ernähren und trotzdem zu vollwertigen, gesunden, ausgewachsenen Vögeln heranwachsen zu lassen. Wenn man die Vogelkinder den Eltern im Alter von fünf bis sechs Tagen nimmt, ist die Aufzucht viel leichter. Aber solche Babys können ja blind und nackt in ihren ersten Lebenstagen, ja sogar schon in den Tagen vor dem Schlüpfen im verschlossenen Ei Töne gehört haben, die sich ihnen eingeprägt haben. Ähnliche Dinge sind uns von anderen Tieren bekannt. Wer will beweisen, daß es bei unseren Kaspars nicht auch so ist? Dem berühmten Berliner Vogelforscher-Ehepaar Heinroth ist es trotz aller Mühe nur einmal, und zwar erst 1926, gelungen, einen Nesthocker, eine Singdrossel, aus dem Ei großzuziehen. Und dabei waren die Heinroths Leute, die bald ebensoviel Vogelverstand hatten wie die Vögel selber! Die Mitarbeiter von Koehler haben in den letzten zwei Jahren eine ganze Anzahl Amseln, Teichrohrsänger und Neuntöter vom Ei an in den Schallkammern großgezogen. Einer von ihnen, Franz Sauer, hat unlängst bekanntgegeben, wie sich seine Dorngrasmücken darin benahmen. Die Freiburger Forscher beobachteten immer gleichzeitig die wild lebenden Vögel. Saßen Amseln in ihren künstlichen geräuschlosen Welten, so sahen die Beobachter den freien Amseln draußen am Wald zu und vermerkten, was sie gerade taten. Obwohl die Kaspars im Kasten keinen Sommer und keine richtige Sonne kannten, taten sie in den einzelnen Tagesstunden und zu den Jahreszeiten dasselbe wie die wilden Vögel, die sie nie kennengelernt hatten. Um ihnen das richtige Futter zu geben, fingen die Koehlerleute alle paar Tage im Spiegelnetz wilde Dorngrasmückenmütter, die gerade ihren Kindern Futter brachten, nahmen es den empörten Vögeln aus den Schnäbeln, untersuchten es genau und gaben ihren Kaspars dann dieselben Mischungen aus Ameisenlarven, Walderdbeeren, Speichel, etwas Erde, grünen Zikaden, Himbeeren, Löwenzahnblättern, Erbsenwicklerraupen und ähnliche Schnäbelleckerbissen. Genau wie die Wildlebenden verließen auch die Kaspars zwischen dem zehnten und dreizehnten Lebenstage ihr keimfreies Kunstnetz, setzten sich auf die Zweige, sagten bettelnd »idat« und streckten dem Menschen bzw. der Pinzette die geöffneten Schnäbelchen entgegen. Je älter sie wurden, um so mehr sahen sie die Kammer als ihren Besitz an, sie stießen Drohlaute aus, wenn Menschen sich im Guckfenster blicken ließen, und griffen sie heftig an. Andere Kaspars sahen in dem Menschen Weibchen und machten ihm glühende Balzanträge.

Junge Dorngrasmücken, die müde sind, geben einen leisen Laut von sich, der die Bedeutung des Weinens hat, und zwar so lange, bis ein Brüderchen oder Schwesterchen dadurch in die gleiche Stimmung gekommen ist und beide zusammenrücken. Fing ein Kaspar in seinem lautlosen Heim zu »weinen« an, so brauchte man nur die Hand neben ihn zu halten und mit den Fingern zu schnippen. Damit wird das Geräusch eines Vogels nachgeahmt, der sein Federkleid ordnet. Das weinende Vögelchen rückt sogleich heran, tastet mit zuckenden Flügeln die Finger ab, kauert sich daran angeschmiegt nieder und ist sofort ruhig. »So vorsichtig ich aber auch die Hand wegzog, um den nächsten Vogel zur Ruhe zu bringen, gleich wachte der Verlassene wieder auf und ›weinte‹ kläglich weiter.« Ihren Jugendgesang gaben die kleinen Kerle genau wie ihre Brüder draußen in der freien Welt mit geschlossenen Schnäbeln von sich. Geradezu belustigend wirkt es, wenn so ein Vögelchen während des Singens vom Schlaf übermannt wird. »Im Einschlafen wird der Gesang immer leiser, bruchstückhafter, kürzer, die Pausen werden immer länger, bis dem Vogel der letzte Ton halb gesungen im Schnabel stecken bleibt. Schläft er dann nicht länger als zehn Minuten, so kann er beim Erwachen noch im Halbschlaf mit einem schwachen, hauchartigen Ton wieder einsetzen und sich langsam bis zum ungestört dahineilenden Vortrag einsingen.«

Wie junge Vögel draußen zwischen den Büschen Haschen spielen, so fingen die Kaspars im richtigen Alter ein Jagdspiel mit der Menschenhand an, oder sie bekämpften Grasbüschel oder trieben eingebildete, gar nicht vorhandene Feinde vor sich her bis oben in die Ecke ihres Kastens. Die Menschenhand war abwechselnd ein wütend bekämpfter Feind, dann wieder das Weibchen, welches begattet wurde.

Die gefiederten Kaspar Hausers im Keller des Freiburger Institutes benahmen sich und sangen genau wie ihre Artgenossen, obwohl sie nie im Leben einen gehört oder gesehen hatten. In eleganter Weise war bewiesen, daß das Ei im Keim die Kenntnisse und das Benehmen des Tieres enthält, welches sich aus ihm herausentwickelt.

Kaum zu glauben, wie viel solchen ererbten Wissens manche Tierarten haben! Jungvögel fliegen allein über Spanien nach Afrika ins Winterquartier, wochenlang, nachdem die erfahrenen Alten abgereist sind. Fast mathematisch vollendete Netze, die von Brückenbauern berechnet sein könnten, sind das Werk von kleinen Spinnen, die aus dem Ei schlüpfen und aufwachsen, ohne die Mutter zu kennen. Oh, wenn wir doch auch unser Menschenwissen vererben könnten und es nicht mühsam in Schulen und aus Büchern erlernen müßten! Wenn wir im richtigen Alter als Chirurgen Därme operieren oder als Techniker Flugzeuge konstruieren könnten, nur weil das unsere Väter und Großväter schon konnten. Daß aber auch wir einen gewissen, einfachen Schatz ererbten Wissens haben, darf man vermuten. Ist es uns angeboren und nicht anerzogen, ein Bauwerk als drohend, das andere als heiter, ein Mädchen als schön, ein anderes, ebenso gesundes, als unschön zu empfinden?

Vögel sind Tiere, die uns Menschen ziemlich fernstehen, Säugetiere sind uns viel ähnlicher. Vögel aber sind klein, billig zu ernähren und leicht unterzubringen. Deswegen hat es bei Säugetieren erst viel später experimentelle Kaspar Hausers gegeben.

Ich wollte das schon immer nachholen. Im letzten Krieg bot sich mir gute Gelegenheit dazu, oben in Litauen. Wir hatten viele Pferde in unserer Einheit, darunter auch hochschwangere Stuten. So bekamen wir einmal eine Geburt zu sehen. Sobald das Junge ans Tageslicht gekommen war, wickelten wir es in Decken und trugen es weit weg in einen Raum aus vier geschlossenen Bretterwänden, den ich schon vorher unter einem Schuppen dafür hatte bauen lassen. Dieser braunfellige Kaspar Hauser sollte nie ein Pferd zu sehen bekommen. Mitten in der Nacht, um drei Uhr, molken wir die Mutterstute. So etwas soll, wie ich hörte, in Ungarn und in Südeuropa gemacht werden, hier hatte man gar keine Erfahrung damit. Die Stute gab im ganzen nur einen halben Liter Milch. Das Kind, das eigentlich am Euter der Mutter saugen sollte, trank ohne Schwierigkeiten aus der Schüssel, aber es stieß mit der Nase sehr derb hinein, so daß es den Behälter beinahe umwarf. Wir molken die Stute tagsüber jede Stunde, und auch mehrfach in der Nacht, aber sie gab immer nur einen Viertelliter. Massierten wir ihr das Euter, so trat sie beiseite. Zum Glück war es ein friedliches, freundliches Pferd, es versuchte nicht, uns zu schlagen. Schließlich hieß ich den Melker, die Hand mit einem Handtuch zu umwickeln und derb ins Euter zu stoßen. Das wirkte ähnlich wie das Stoßen des Fohlens beim Saugen: die Mutterstute gab die Milch nun viel besser her.

Ganz allein wächst der kleine Kaspar in seiner Zelle auf. Vom dritten Tag an wiehert er ganz leise, wenn ein Mensch zu ihm kommt, obwohl er noch nie ein Pferd wiehern gehört hatte – diese Begrüßung muß ihm also angeboren sein. Ebenso zuckt er mit der Haut, um Fliegen abzuwehren, stellt sich beim Harnlassen hin wie ein alter Gaul, wedelt mit dem Schwanz und schlägt aus, wenn man ihn kitzelt. Weil die Stute zuwenig Milch gibt, mische ich ihrer Milch allmählich immer mehr Kuhmilch bei.

Nach acht Tagen öffne ich die Tür seiner Box in die sonnige Außenwelt. Kaspar ist nicht zum Hinausgehen zu bewegen, er steht wie angewurzelt. Wir müssen ihn hinausschieben. In der fremden Umgebung ist er unfähig, sich zu bewegen. Auch kleine Hunde, die bei der Mutter schon laufen gelernt haben, kriechen ja wieder auf dem Bauch, wenn wir sie auf eine Tischplatte legen. Wie ich aber später von Kaspar weglaufe, folgt er mir in Galoppsätzen nach.

Nachdem Kaspar vierzehn Tage alt geworden ist, bringe ich ein Pferdebild in seinen Sonnenauslauf, das mit Ölfarbe in Lebensgröße auf Sperrholz gemalt ist. Eine ausgewachsene Stute und ein Hengst, die ich vorher mit diesem Bild zusammengebracht hatte, hatten sich dem Gemälde gegenüber so benommen, wie sie sich einem fremden Pferd gegenüber zu verhalten pflegen: sie hatten es also als pferdeähnlich erkannt. Kaspar aber interessiert sich gar nicht dafür. Dagegen freundet er sich mit einem Schäferhund an, den ich zu ihm bringe. Die beiden springen gemeinsam umher.

Die Russen kommen näher, wir müssen wandern. Ich stecke Kaspar in einen verschlossenen Kasten und richte ihm an dem neuen Unterkunftsort ein prächtiges Gehege in einer leergebrannten Scheune her. Hier kann er sich gehörig austoben. Er hält sich immer in der Nähe von Menschen auf, die zu ihm hineinkommen, er beleckt die Hände, er nimmt eine Hautfalte zwischen die Zähne, beißt aber nicht zu. Auf diese Weise liebkosen sich alte Pferde spielerisch. Hat er die Schüssel leergetrunken, so scharrt er mit den Vorderhufen. Auch das ist eine Ungeduldsgebärde bei Pferden. So kann ich einen ganzen Katalog von Instinktbewegungen aufstellen, die ihm angeboren sind und die er von der Mutter nicht zu lernen braucht, denn wir Menschen, die wir Mutterstelle an ihm vertreten, pflegen ja nicht zu »flehmen«, also die Lippe nach oben zu stülpen, wenn wir zum Beispiel Zigarettenrauch in die Nase kriegen – Kaspar aber tut es.

Nicht alle Pferdeeigenschaften, die Kaspar fertig auf die Welt mitgebracht hat, sind harmlos. Ich quartiere einen jungen Löwen bei ihm ein, den mir der Zoodirektor von Riga geschenkt hat. Kaspar beschnuppert ihn harmlos und springt erschreckt zurück, als ihn das Katzenvieh plötzlich »anspuckt«. Zwar geht das Fohlen in meiner Begleitung wieder an den Löwen heran, plötzlich aber haut es mit dem Hinterfuß nach ihm aus, daß der Schlag dicht an meinem Ohr vorbeisaust. Auch das braucht ihm also nicht gezeigt zu werden. Vor einer Kuh, die ich zu ihm hereinbringe, läuft Kaspar weg. Ein kleines Schwein interessiert ihn. Große Tiere scheinen ihm dagegen offensichtlich gefährlich.

An seinem 64. Lebenstage muß ich meinen braunen Kaspar endgültig verlassen. Der Feind drängt schon wieder nach, und ich kann das Fohlen nicht mehr im Kasten weiterbefördern. Deswegen mache ich ihn zum erstenmal in seinem Leben mit einem Pferd bekannt. Wir alle sind gespannt, wie er sich benehmen wird. Kaspar hat vor seinen eigenen Artgenossen genauso Furcht wie vor der Kuh. Er will davor weglaufen.

Unser Fohlen hat bisher nur die vier Wände der ausgebrannten Scheune und darüber den blauen Sommerhimmel Litauens gesehen. Nun öffne ich ihm weit das Tor. Kaspar wagt nicht, die Schwelle zu überschreiten. Wie ich ihn alleinlassen will, folgt er mir, und schließlich trottet er getreulich hinter mir her. Auf einer schönen grünen Parkwiese fängt der befreite Häftling an, um mich herumzuspringen, und schließlich umkreist er mich in weiten, übermütigen Galoppsprüngen, so wie es Fohlen auf der Weide mit ihrer Mutter tun. Im übrigen aber folgt der befreite Kaspar jedem Menschen, der vorbeikommt, auch wildfremden, ohne mich im geringsten zu bevorzugen. Ich gehe mit ihm durch eine große Kuhherde, und er hat sichtlich Angst; er hält sich in meiner Nähe und wagt sich nicht von mir weg. Wie ich aber mit meinem Adoptivkind zwischen weidenden Pferden hindurchschreite, benimmt er sich nicht anders.

Etwa zehn Minuten, nachdem wir von der Pferdeherde weggegangen waren, wieherte Kaspar zum erstenmal in seinem Leben laut und hell. Dann mußte ich ihn in seiner Heimat zurücklassen. Die ersten Wochen seines jungen Pferdelebens hatte er es nicht so schön gehabt wie andere Fohlen bei ihrer Mutter auf der grünen Weide. Aber er hatte uns vieles verraten, was wir bis dahin über Pferde noch nicht gewußt hatten. So ließ ich Kaspar zurück, der Menschen vertraute und Pferde fürchtete.

Wie er golden wurde …
Der Goldfisch

Im letzten Kriegsjahr fand eine Londoner Hausfrau beim Saubermachen ihres Kamins auf dem Rost etwas, das sie für einen rußbedeckten Klumpen Fett hielt. Als sie es näher ansah, stellte sich heraus, daß es sich um einen lebenden, ganz verschmutzten Goldfisch handelte. Ein Vogel mochte ihn in irgendeinem Tümpel gefangen und über dem Schornstein verloren haben. Im Wasser erholte sich der kleine Fisch bald wieder. Tatsächlich kann man diese ziemlich widerstandsfähigen Tiere mitunter mehr als einen halben Tag lang in feuchtem Moos transportieren. Unsere gewöhnlichen Karpfen, die zur selben Familie wie der Goldfisch gehören, wurden früher, und werden hoffentlich nicht etwa auch heute noch, in Holland gemästet, indem man sie in Netzen mit feuchtem Moos aufhing und in dieser Stellung löffelweise mit milchgetränktem Brot fütterte.

Der Goldfisch ist gewiß der berühmteste und beliebteste unter den 20000 verschiedenen Arten von Fischen, die es auf der Erde gibt. Während unsere Zuneigung zu den Fischen aber sonst überwiegend von ihrem Wohlgeschmack bestimmt wird, sind nur wenige Leute auf den Gedanken gekommen, auch Goldfische zu essen – wenigstens im Abendland. In China und Japan bereitet man sie seit Jahrhunderten als Leckerbissen zu, sie sollen ähnlich wie Karpfen schmecken und eben wie diese auch manchmal modrig. Manche »Artisten« haben ihren Lebensunterhalt damit verdient, daß sie kleine Aquarien samt Goldfischen austranken und sie auch nach Wunsch lebend wieder ausspien – eine Vorstellung, die sicher auf manchen Zuschauer ansteckend wirken dürfte.

Fragt man Chinesen nach dem Ursprung dieser glänzenden Tiere, dann erzählen sie gern eine Legende. Im zweiten Jahr der Regierungszeit des Kaisers P'ing aus der Chungdynastie (769 v. Chr.) fiel hundert Tage lang kein Regen. Die verzweifelten Bauern brachten in allen Tempeln Opfer dar, um die Götter zu beschwichtigen, und plötzlich brach eine murmelnde Quelle auf, in der ein Goldfisch glitzerte. Gleichzeitig prasselte der Regen herunter. In Wirklichkeit haben die Chinesen das erste Auftreten eines wildlebenden Goldfisches in einem Nebenfluß des Cho etwa um das Jahr 350 n. Chr. genau verzeichnet, denn ihre Geschichtsschreiber hielten alle Merkwürdigkeiten ebenso gewissenhaft fest wie Kriege und große Ereignisse. Die wildlebenden Goldfische sind grünlichgrau und unscheinbar, sie werden auf chinesischen Märkten als Futterfische verkauft.

Als Haustier ist der Goldfisch in China erst seit dem Jahre 960 bekannt, und 200 Jahre später wurde es im Reich der Mitte große Mode, in den Gärten Goldfischteiche anzulegen. Immer prächtigere Gewänder legten die kleinen Fische an, als wären sie sich ihrer Starrolle bewußt.

Um 1300 gab es schon goldene, silberne, rote, schwarze und gesprenkelte. Aber nach Japan kamen die metallischen Fischlein erst um 1500, und zwei Jahrhunderte später fing man dort an, sie in großen Tonbottichen gewerbsmäßig zu züchten.

Goldfische bekommen nämlich gern und viele Kinder. Wenn so ein Weibchen neun Monate alt geworden ist, zieht die Liebe in ihr kaltes kleines Fischherz ein. Wir müssen sehr zeitig aufstehen, um bei ihrer Hochzeit Zeuge zu sein. Früh um vier, und nicht später als um neun Uhr, werden die sonst so friedlichen Männchen kleine Wüteriche. Sie verfolgen die Weibchen kreuz und quer durch den kleinen Gartenteich. In dieser Zeit werden sie in Freiheit eine leichte Beute von Vögeln und anderen Feinden, denn die Verliebten vergessen alle Gefahren. Unaufhörlich stößt der Fischmann das Weiblein gegen den Leib, um es zum Eierlegen zu ermuntern. Schließlich sinkt die Begehrte erschöpft auf den Boden, aber ihr Liebhaber hebt sie mit der Schnauze in die Höhe, bis sie oben an den Wasserpflanzen fast außerhalb des Wassers ist. Jetzt endlich gibt sie die Eier her, und zwar 500 bis 3000; sie werden von dem Männchen gleich befruchtet.

Die Züchter fischen dann Vater und Mutter schleunigst aus dem Aquarium heraus, denn sie sind alles andere als gut zu ihrem Nachwuchs. Wir schimpfen schlechte Eltern gern »Rabeneltern« – sehr zu Unrecht, denn Rabenmütter bemuttern ihre Kinder recht fürsorglich. Titulierten wir böse Väter und Mütter als »Goldfischeltern«, dann träfen wir den Nagel auf den Kopf. Goldfische fressen nämlich gern den frisch abgesetzten Laich, also ihre künftigen Kinder. Sie sind wirkliche Kannibalen.

So ein Goldfisch ist mit drei bis vier Jahren im besten Mannesalter und bekommt mit sieben Jahren noch Kinder, aber auch dann ist seine Lebensuhr noch lange nicht abgelaufen. Ein Goldfisch, den wir als Hochzeitsgeschenk bekommen, kann bei guter Pflege noch die Silberhochzeit erleben. In Europa hat es schon dreißigjährige Goldfische gegeben, und in China haben es welche bis in die Vierziger gebracht. Wie groß sie dabei werden, hängt auch von dem Raum ab, den wir ihnen gönnen. Ein Goldfisch, der 25 Jahre lang ein kleines Stubenaquarium bewohnte, war bei seinem Tode nur etwas über zehn Zentimeter lang, während andere in großen Behältern innerhalb eines halben Jahrzehnts zehn bis dreißig Zentimeter lang werden. Verwilderte erreichen in Flüssen Portugals, Südafrikas und in den Nebenflüssen der Seine ein Drittelmeter und sind in Teichen der Vereinigten Staaten sogar schon sechzig Zentimeter lang geworden. Was für Allerweltskerle sie sind: Auf den Bermudas leben die Goldfische, eigentlich doch reine Fluß- und Süßwasserbewohner, jetzt im salzigen Brackwasser des Meeres!

Unter den wilden Wellensittichen Australiens kommt hier und da einmal ein blaugefärbter vor, vielleicht einer unter Zehntausenden. Aber was für eine Aussicht hat dieser Bläuling schon, sich durch einen Zufall gerade mit einem zweiten blauen zu paaren und auf diese Weise auch blaue Kinder aufzupäppeln! Ebenso gibt es unter den olivgrünen wilden »Gold«fischen in China ganz selten einmal einen, dem der schwarze Farbstoff in seinen Schuppen fehlt, so daß nur das Orange-Pigment allein da ist. Eine solche plötzlich aufgetretene »Mutation«, wie die Vererbungsforscher sagen, kann nur erhalten bleiben, wenn ein Züchter einen zweiten goldgelben Fisch sichtet und dafür sorgt, daß die beiden ein glückliches Paar werden. Das haben die Chinesen, welche eine Schwäche für alle Absonderlichkeiten und Kuriositäten haben, gern getan, und sie haben im Laufe von jetzt tausend Jahren noch viele andere und verschrobene Rassen der Goldfische gezüchtet, im ganzen etwa hundertzwanzig, die vielen Unterrassen gar nicht gerechnet!

Da gibt es Harlekine, die buntgetupft sind, dann wieder welche mit doppelten Schwänzen, die wie kleine Pfaue wirken, »Kometen«, die dreimal so lange Schwänze haben wie ihre Brüder. So wie unsere Unterwassertaucher sich die Füße mit Gummiflossen vergrößern, schießen diese Kometlein mit ihren langen Schwänzen viel schneller durch das Wasser. Schleierschwänze, deren Flossen wirklich wie Schleier herabfallen, züchtet man in China seit dem 15. Jahrhundert. Die »Mohren« mit ihrem sammetschwarzen Körper zeigen besonders gut an, daß das Aquariumwasser schädlich geworden ist, »Eierfische« trudeln mit runden Bäuchen durch das Aquarium, bei Teleskopfischen ragen die Augen wie auf Stielen aus dem Kopf, und bei den »Himmlischen« stehen sie sogar nach oben gerichtet. Die »Löwenköpfe« haben riesige warzige Wucherungen wie Mähnen am Kopf, die »Pompons« sind von einer Bommel auf der Nase geziert, die beim Atmen halb angesogen wird. Man hat sie zuerst in Hiroshima gezüchtet, in der unglücklichen Stadt, die durch den ersten Atombombenabwurf berühmt geworden ist.

Die »Schläfer«, welche meistens auf dem Aquariumboden ruhten, sind seit 1772 ausgestorben, und den chinesischen Züchtungskünstlern ist es seitdem nicht gelungen, sie wieder neu zu züchten. Bei den »Perlfischen« ist jede der Schuppen (ein Goldfisch hat etwa 650 davon am ganzen Körper) wie eine Kugel nach außen gebuchtet und dunkel eingesäumt. Verliert solch ein Fisch eine seiner Perlen, so wächst ihm nur eine ganz gewöhnliche Schuppe nach, denn er bekommt nur einmal im Leben Perlen. Es kann uns erbarmen, was wir Menschen, wenn wir der Natur »schöpferisch« ins Handwerk pfuschen, aus springlebendigen, lustigen Fischlein für unglückliche, fast schwimmunfähige Mißgeburten machen. Das können nicht nur Chinesen. Auch wir Abendländer haben unseren Haushunden kurze Krüppelbeine angezüchtet und Hunderassen wie die Bulldoggen und Boxer geschaffen, bei denen die Riechnase, des Hundes wichtigstes Sinnesorgan, mißgebildet und verkrüppelt ist.

Ganz gewöhnliche Goldfische führt die holsteinische Stadt Plön in ihrem Wappen, und die Stadtväter setzten daher auch welche in den Springbrunnen vor dem Bahnhof. Dabei waren sie aber ständig vom Pech verfolgt. Im Sommer 1953 fischte ein Landstreicher die Fische heraus, briet sie in der Pfanne seines »Campinggepäcks« und verspeiste sie. Im vergangenen Jahr wurden die funkelnden Fischlein von Möwen entdeckt; sie fraßen fast alle auf.

Daraufhin legten ein paar Plöner Geschäftsleute zusammen und ließen sich für sündhaft teures Geld dreißig Goldmollies aus Holland kommen. Bald waren auch sie bis auf sechs verschwunden. Boshafte Leute, die den Plönern ihren Spaß nicht gönnten, hatten nämlich zwei Barsche dazugesetzt; sie räumten unter den Goldfischen gehörig auf.

Im Winter 1955 verurteilte dagegen ein Pariser Gericht zwei Jugendliche zu 120 Mark Strafe. Auch sie hatten den schönsten Goldfisch aus dem Springbrunnen auf der Place de la Nation herausgeangelt und auf eine Bank in der Nähe gelegt. Zwei Passanten protestierten gegen diese Tierquälerei und gerieten in ein Handgemenge mit den Rohlingen. Deswegen mußten die beiden Missetäter obendrein noch 120 Mark Schadenersatz an die Beschützer des Goldfisches zahlen.

Nach Europa kam der erste Goldfisch übrigens im Jahre 1711, und zwar nach England. Der Herzog von Richmond bekam ein großes chinesisches Tongefäß voll lebender Goldfische glücklich auf einem Segelschiff überbracht. Die Pompadour, die kostspielige Geliebte Ludwigs XV., soll mit einem der ersten Goldfische beschenkt worden sein, die nach Frankreich gelangten. Vielleicht ist das aber auch nur eine boshafte Erfindung, um Wortspiele mit Anzüglichkeiten darauf anbringen zu können, daß sie den König so viel Geld kostete.

Der goldene Sendling des Fernen Ostens machte Sensation in Europa. Um 1780 erschien hier das erste Buch über ihn. Kurz zuvor hatte Graf von Heyden, der preußische Botschafter in Holland, die ersten Goldfische nach Berlin gebracht. In Petersburg dekorierte zehn Jahre später Fürst Potemkin bei einem Bankett, das er zu Ehren seiner Geliebten, der Zarin Katharina, in seinem prächtigen Wintergarten gab, die Tafelaufbauten mit den vielbestaunten, neuen goldenen Fischen aus dem fernen China. Um so verwunderlicher ist, daß der erste Goldfisch erst 1874 nach den Vereinigten Staaten kam. Aber schon fünfzehn Jahre später entstand dort die erste große Goldfischfarm.

Heute werden nach einem japanischen Zeitungsbericht allein in der Gegend von Koriyama jährlich 12 bis 14 Millionen Zuchtgoldfische in die Becken der gewerblichen Züchter ausgesetzt. Dabei befassen sich die asiatischen Goldfischzüchter kaum mit unserem gewöhnlichen Goldfisch, den wir für ein paar Groschen in unseren zoologischen Handlungen kaufen können; sie züchten fast nur die teuren und seltenen Spielarten. Unsere gewöhnlichen Goldfische kommen zu Hunderttausenden aus Züchtereien Italiens und der Vereinigten Staaten.

In England gibt es Goldfischzüchterklubs, die jedes Jahr große Ausstellungen entfalten. Zwei englische Goldfisch-Enthusiasten, Hervey und Hems, haben ein dickes Buch über diesen chinesischen Fisch geschrieben, und ich konnte allerlei Einzelheiten daraus entnehmen. Das Titelbild, die farbige Wiedergabe eines Goldfisch-Ölgemäldes, ist von keinem Geringeren als dem früheren Premierminister Sir Winston Churchill gemalt.

Goldfische sind ebensowenig stumm und empfindungslos wie andere Fische – Angler, welche ihnen einen stählernen Haken in den Kopf reißen, wollen sich mit dieser Behauptung gern selbst beschwichtigen. Der Goldfisch entwickelt ein recht gutes Gedächtnis. Man kann ihn in Aquarien oder Teichen leicht dressieren, bei bestimmten Tönen zur Futterstelle zu kommen, etwa auf ein Klingelzeichen. Er gehört zu den Fischen mit gutentwickelten Ohren, denn er hat ähnlich wie wir eine Brücke von Gehörknöchelchen. So ist es auch kein Wunder, daß Goldfische bei manchen Gelegenheiten, etwa kurz vor dem Essen, Töne von sich geben, sie »murmeln«. In New York hat ein Fischgelehrter unlängst solche Laute der Fische mit einem Unterwassermikrophon aufgenommen und verstärkt. Wie gut sich unsere harmlosen Goldfische die Zusammenhänge von Dingen einprägen, fiel einem Fabrikbesitzer in England auf. In sein großes Fischbecken strömt durch ein Rohr das warme Kühlwasser der Maschinen ein. Die Goldfische liebten das sehr und hielten sich fast immer in der Nähe der Rohrmündung auf. Am Sonntag standen die Maschinen still, und der warme Wasserstrom blieb aus. Sobald aber am Montagmorgen das Geräusch der Maschinen einsetzte, versammelten sich die Goldfische erwartungsvoll vor der Rohrmündung, obwohl der Warmwasserstrom erst eine Weile später kam.

Ein Goldfisch wird leicht zahm, er nimmt das Futter aus der Hand; er lernt aber nicht, seinen Pfleger von anderen Menschen zu unterscheiden. Vielleicht ist es verwunderlich, daß er nicht trinkt. Das Wasser, welches er mit dem Mund verschluckt, strömt gleich wieder seitwärts durch die Kiemen heraus. Wir können das leicht zeigen, wenn wir das Atemwasser genau vor dem Munde des Fisches durch ein Glasröhrchen blau färben. Ein besonderer Verschluß sorgt dafür, daß das Atemwasser nicht in den Magen gerät, so wie auch wir vermeiden, mit dem Kuchen zusammen die Luft zu schlucken. Jeder Bissen, den der Goldfisch hinunterwürgt, wird sozusagen ausgepreßt.

Obwohl manche Leute das abgestritten haben, schlafen Goldfische genau wie andere Tiere, mitunter am Tage, meist aber nachts. Daß das so ist, entdecken wir, wenn wir plötzlich das elektrische Licht einschalten. Dann steht der Fisch ruhig auf dem Grunde des Aquariums, und es dauert ein Weilchen, bis er wieder richtig lebendig wird.

Für manchen Goldfisch werden Hunderte und Tausende bezahlt. Die Chinesen haben zum Beispiel welche gezüchtet, die Schriftzeichen auf ihren Körperseiten tragen. Allerdings wird diesen Züchtern nachgesagt, daß sie durch Ausreißen von Schuppen, Tätowieren und Ätzen dabei gelegentlich nachhelfen. Neue Goldfischsorten kommen in Mode wie Damenkleider. Damit sich so eine Fischschönheit auf dem Schönheitswettbewerb, nämlich der Goldfischausstellung, richtig präsentiert, wird sie vorher geradezu abgerichtet. Der Züchter hält den »Champion« wochenlang im Wohnzimmer in einem kleinen Einzelaquarium, damit er alle Scheu vor den Menschen verliert; er füttert ihn wenig, damit er lebendig und munter ist, und er gewöhnt ihn an das elektrische Licht. Zur Zeit Napoleons III. kam sogar einmal die Mode auf, winzige Goldfischkinder in kleinen Glaskugeln an Ohrringen zu tragen. Einer der berühmtesten Goldfische war im Zweiten Weltkrieg »Old Black Joe«, benannt nach dem damals in Amerika so populären Marschall Stalin ... Old Black Joe, ein kohlschwarzer Schleierschwanz, spielte als Reklamefigur beim Verkauf der »Liberty Bonds«, der Kriegsanleihe, eine große Rolle. Er ist über zwanzig Jahre alt geworden und gehörte einem Herrn Otto Gneiding in New Jersey. Dieser Wundergoldfisch soll sogar von Schwarz zu Rot und Blau mehrmals seine Farbe gewechselt haben, was ja übrigens bei einem Politiker gar nicht einmal so selten ist.

Viel verkannt
Der Dachs

Rund fünfhunderttausend Jahre leben Dachse mit Menschen zusammen auf diesem Erdball.

Und ebensolange, bis zum Jahre 1947, hat es gedauert, bis wir Menschen, auch die Jäger und Naturforscher, uns ein richtiges Bild davon machen konnten, wie dieser schwarz-weiß gestreifte Erdenbürger lebt, liebt und seine Tage verbringt. Im letzten Brehm steht zum Beispiel noch zu lesen, daß der Dachs sich nur zur Zeit der Paarung um die Weibchen kümmert, während er das übrige Jahr ein mürrischer Einzelgänger sei. Selten ist ein Lebewesen so verkannt worden.

Ein Lehrer in Südengland, Ernest Neal, hat drei Jahre lang in der Abenddämmerung, nachts und im Morgengrauen in einem Walde bei seinem Dorf, gegenüber den Bauten der Dachse, einen Beobachtungsposten aufgestellt und sie studiert. 290 Besuche hat er bei ihnen gemacht und insgesamt 341 Stunden lang spioniert. Damit aber wurden auch die meisten Rätsel über Meister Grimbart gelöst.

Von den Bauten, die manchmal seit fünfzig Jahren, manchmal seit Menschengedenken bestehen, führen Pfade in die Nachbarschaft. Man könnte denken, daß es Menschenwege sind, und tatsächlich werden sie auch von Menschen gern benutzt. Weil sie aber streckenweise unter schrägliegenden Bäumen und durch dichtes Brombeergestrüpp verlaufen, müssen sie von kleinen Wesen angelegt worden sein. Diese Dachswege führen zu Trinkplätzen am Fluß, zu flachliegenden Steinen, die regelmäßig verschoben oder umgewendet und nach daruntersitzenden Kerbtieren abgesucht werden, zu Spielplätzen, zu Außenschlafplätzen, oder sie verlieren sich wie die Feldwege der Menschen allmählich im Gelände, wo die Dachse ihre Nahrung suchen.

Dachse spielen so gut wie immer erst eine Weile vor ihrem Bau, ehe sie auf Nahrungssuche gehen. Wie wenig paßt das zu der landläufigen Behauptung, daß Meister Grimbart griesgrämig sei! Sie jagen herum, machen Bockspringen übereinander, schreien vor Entzücken laut auf und verursachen eigentlich für ein Nachttier einen Heidenkrach dabei. Bevor die Jungen in der Dämmerung, eine Weile später als die Alten, heraus dürfen, hört man sie schon ungeduldig im Bau schnaufen und jelpen. Sie umarmen einander zärtlich, springen an Baumstümpfen hinauf und herunter. Sie legen sich regelrechte Spielplätze an, wo Gras und Kräuter flachgewalzt sind. Wenn diese Spielgründe in einem Kornfeld liegen, kommt dann leicht die Fabel auf, daß die Dachse die Halme heruntertreten, um an die Körner gelangen zu können.

Kommen sie auf dem Wege zu ihren Futterplätzen an einem anderen Bau vorbei, so statten sie dem Nachbarn regelmäßig einen Besuch ab. Zur Begrüßung reiben sie die Nasen aneinander. Der Dachs, der wahrscheinlich völlig farbenblind ist, sieht nicht besonders gut. Lehrer Neal brauchte sich vor ihm kaum zu verstecken. Es genügte, wenn er sich vor einen Baumstamm stellte, damit sich seine Gestalt nicht etwa gegen den hellen Himmel abhob. Vor allem aber durfte er sich nicht bewegen – was bei den Mückenschwärmen manchmal nicht ganz leicht war. Dann konnte es geschehen, daß diese schwarz-weiß leuchtenden Tiere bis auf dreißig Zentimeter an seine Füße herankamen. Sie gewöhnten sich auch bald an seine Gegenwart und hatten zum Schluß nicht einmal mehr vor seinem Geruch Scheu. In einer Entfernung von weiter als neun Metern konnten sie ihn im allgemeinen auch nicht mehr mit der Nase entdecken.

1944 baute Neal auf einem unbenutzten Truppenübungsplatz zwischen Gräben und Stacheldraht seine Kamera mit dem Stativ

Der oft verkannte Grimbart: Der Dachs ist gar nicht griesgrämig.

gegenüber einem Dachsbau auf. Ein Grimbart kam heraus, der offensichtlich vorjährig war und vermutlich noch nie im Leben einen Menschen gesehen hatte. Er machte nicht etwa kehrt, sondern saß da und staunte. Neal machte mit dem Blitzlicht ein Foto – der Dachs drehte sich um, als ob er wieder in den Bau gehen wollte, aber er änderte seinen Sinn und setzte sich wieder hin. Auch als der Beobachter den Film weiterdrehte und eine neue Blitzlichtbirne einschraubte, blieb das nur anderthalb Meter entfernte Tier sitzen. Der Forscher blitzte wieder und benahm sich ziemlich geräuschvoll, worauf der Dachs nur etwas näher kam, die Sache genauestens besah und sich dann, nachdem seine Neugierde offenbar befriedigt war, auf Nahrungssuche davontrollte. Thomae fand einen ungewöhnlich starken Dachs bei heller Sonne schnarchend im Freien schlafen. Ein Stein, den der Jäger danebenwarf, weckte den selbstsicheren Grimbart nicht. Erst als Thomae ihm aus nächster Nähe »Aufstehen!« zubrüllte, fuhr der Schläfer endlich auf. Dr. Hendel konnte sogar im Walde neben zwei Jungdachsen einhergehen und sie am Rükken anfassen.

Sie sind überhaupt nicht sehr ängstlich, wohl im Vertrauen auf ihre große Körperstärke und die scheußlichen Wunden, die sie mit kräftigen Bewegungen ihres schmalen Kopfes verursachen. Ihre Schwarzweißstreifung ist alles andere als eine Schutzfarbe, eher eine Warnung. Ihr bester Sinn ist das Gehör, aber die kleinen Burschen benehmen sich selber alles andere als geräuschlos. Sie trampeln und rascheln. Allerdings halten sie immer zwischendurch für eine kurze Spanne an, um zu lauschen. Man kann sich also an sie auch im welken Laub heranschleichen, wenn man nur vermeidet, regelmäßige Geräusche zu verursachen, und dafür möglichst mit ihnen zusammen Krach macht.

Schwierig war es, festzustellen, wie viele Dachse eigentlich in den fünf Bauten des Wäldchens lebten. Es gibt da ein alteingeführtes Mittel: Man steckt Stöcke vor den Eingang des Baues und sieht früh nach, ob sie beiseite geschoben sind. Nun kam aber heraus, daß Dachse auch in unbewohnte Höhlen, an denen sie vorbeikommen, regelmäßig hineinsehen, daß sie in einen anderen Bau ziehen, wenn gerade der erste gereinigt wird, und daß in einem Bau drei verheiratete Paare mit ihren Kindern gleichzeitig wohnen. Deswegen stellte Neal vor jeden Bau einen seiner Schüler und ließ sie mit der Uhr genau feststellen, wann die kleinen Kerle aus- und eingingen. Wer an dem einen Bau war, konnte ja nicht gleichzeitig am anderen sein. So kam heraus, daß in dem

Wäldchen in den ersten zwei Jahren neun, im dritten Jahr elf Dachse lebten. Übrigens hatten die Bauten in den letzten drei Jahrzehnten zugenommen, wie überhaupt die Zahl der Dachse in England gestiegen ist. Man rechnet dort einen Dachs auf den Quadratkilometer. Nach dieser Rechnung müßten also in Westdeutschland rund eine Viertelmillion Dachse leben, und es lohnt schon, etwas über die »Art zu leben« dieser so überaus zahlreichen Bewohner unseres klein gewordenen Vaterlandes zu wissen.

Schon ihre Art, Kinder zu kriegen, ist mehr als verblüffend. Bei fast allen Säugetieren mit Einschluß des Menschen wird die Eizelle befruchtet, wenn sie vom Eileiter abfällt. Sie wandert den Eileiter abwärts, wächst an der Wand der Gebärmutter fest und entwickelt sich dann rasch und stetig zum Embryo und zum fertigen Kind. Bei den Dachsen ist das anders, und gerade deswegen hat es viel Rätselraten darum gegeben, wann sie Hochzeit feiern. Man findet bis in die neueste Zeit fast jeden Monat des Jahres als Paarungszeit angegeben. Bei der Dächsin wachsen die befruchteten Eier nämlich nicht sogleich in der Gebärmutterwand fest, sondern sie schwimmen vier bis fünf Monate herum. Erst dann siedeln sie sich an, werden ernährt, und die eigentliche Tragzeit und Keimentwicklung beginnt, die dann drei Monate braucht. Insgesamt vergehen also sieben Monate von der Hochzeit bis zur Geburt. Anscheinend aber kann sich das beliebig verlängern, so daß die Jungen immer zur rechten Zeit ankommen. Der Schwede Dr. Notini konnte durch sehr kalte Haltung und öftere Störung von Weibchen in Gefangenschaft künstlich eine Tragzeit von siebzehn Monaten erreichen.

Ende Februar, Anfang März kommen die Kinder blind und schmutzigweiß zur Welt. Wahrscheinlich sondert sich die Mutter dazu von ihrem Mann in dem weitläufigen Bau ab. Was aber wirklich da unter der Erde vor sich geht, hat noch niemand genau ergründen können. Nach sechs bis acht Wochen lassen die Kinder sich das erste Mal über der Erde sehen, und mit drei Monaten spielen sie begeistert herum. Erst Ende Oktober verlassen sie Vater und Mutter, meistens siedeln sie dann in einen anderen Bau um. Da also die Eltern noch während der Paarungszeit Ende Juli mit ihnen zusammenleben, bleiben die Dachspaare in Einehe zusammen. Sie halten demnach vermutlich ihr ganzes Leben – und das dauert wohl mindestens fünfzehn Jahre – treu zusammen. In den Flitterwochen geht es besonders lustig zu. Die Paare tollen und spielen herum. Schuster traf am hellichten Nachmittag einen Dachs, der mit großem Eifer hinter seiner Erkorenen herjagte und dabei laut schnaufte. Die beiden kamen auf einen halben Meter Abstand an ihm vorbei, hoben auf Anruf nur den Kopf, ließen sich aber nicht stören. Dem Dachsmann versetzte Schuster mit der flachen Hand einen Klaps auf sein Hinterteil, was ihn aber nur zur Beschleunigung seiner Jagd veranlaßte.

Im August zogen alle Dachse aus den fünf Bauten in dem Wäldchen des Lehrers Neal in den größten und wohl auch ältesten Bau zusammen. Sie spielten hier viel, reinigten von hier aus aber sorgsam alle anderen Bauten und legten zum Teil auch neue Wohnungen und neue Ausgänge an. Das Laub wurde herausgeschafft und vor die Bauten geworfen. Dafür kratzten sie trockene Blätter zusammen, klemmten sie zwischen Kinn und Vorderpfoten und schleiften sie so rückwärts in den Bau – manchmal dreißig Zentimeter an den Füßen des Beobachters vorbei. Auch vor der Geburt wird gründlich ausgemistet, und dann immer alle vierzehn Tage, so daß die Jungen schön trocken und sauber sitzen. Daher kommt es wohl auch, daß die Dachse meistens parasitenfrei sind und wenig an Krankheiten leiden.

Sie legen dicht neben dem Ausgang ihrer Bauten kleine Klosetts an. Auf einem Fleck von wenigen Quadratmetern graben sie sechs oder noch mehr kleine Löcher, in die sie ihren Kot absetzen. Auch die Kinder lernen sie bald benutzen. Wenn ein Loch voll ist, wird ein neues in Betrieb genommen. Selbst im Bau sollen besondere Kammern als Klosetts verwendet werden.

Über die Nahrung Meister Grimbarts gehen die unglaublichsten Märchen um. Er soll von jungen Fasanen, Vogeleiern, ja selbst von Rehkitzchen und kleinen Lämmern leben. Es gibt einen ausgezeichneten Weg, sich darüber Gewißheit zu verschaffen: man untersucht den Kot genau unter dem Mikroskop, oder noch besser, man analysiert den unverdauten Mageninhalt frisch geschossener Tiere. Notini hatte dies vor einigen Jahren in Schweden bei 1889 Dachsen getan. Im Sommer essen sie demnach sehr viel Beeren, zu anderen Zeiten Käfer, Maikäfer, große Mengen Regenwürmer, Larven. Neal fand bei den englischen Dachsen fast regelmäßig im Darm und im Kot die Haare junger Kaninchen. Die Dachse fanden fabelhaft heraus, wie man senkrecht von der Oberfläche her genau in den Brutkessel von Kaninchenbauten hineingräbt. Alte Kaninchen werden niemals angegriffen, obwohl ein Dachs sich sicher nie scheuen würde, ein in einer Falle gefangenes Tier aufzufressen.

Man könnte gerade vermuten, daß ein Tier, welches so viel auf dem Boden herumschnüffelt, Eier und junge Tiere der Bodenbrüter aufsammelt. Die Magenuntersuchungen haben aber gezeigt, daß die Dachse sehr wenig Geschick darin haben. Dagegen fangen sie häufig Maulwürfe und verschmähen den Igel nicht. Leergegessene Igelhäute im Gebüsch sind meistens auf das Konto des Dachses zu setzen. Niemals gehen freilebende Dachse an Aas. Von hundert genau untersuchten Einbrüchen in Hühnerställe waren dreiundachtzig von Füchsen und zwei von Dachsen verbrochen. Es ist also kaum glaublich, daß man so ein Tier, das geradezu ein von Menschen besoldeter Schädlingsbekämpfer sein könnte, schießt oder auch mühsam ausgräbt und totschlägt!

Es ist übrigens gar nicht einfach, Dachse aus der Erde zu holen. Ein Dachs kann sich innerhalb weniger Minuten völlig in der Erde vergraben. Wenn man also den Bau metertief aufschaufelt, gräbt er sich stets schneller, als man nachkommt, ein. Deswegen muß ein Hund hineingeschickt werden. Er darf sich beileibe nicht zu nahe an den Grimbart herantrauen, denn sonst wird er übel zerfetzt und womöglich getötet werden. Der Hund hat nur den Dachs in die breite Rückseite zu kneifen, so daß dieser sich umdreht und seinen Widersacher abwehrt. So wird er am Graben verhindert. Dachse sind nicht so leicht zu töten. Sie haben auf der Mitte des Kopfes einen hohen Knochenkamm, der nach beiden Seiten hin als Ansatz für die mächtigen Kaumuskeln dient. Diese Leiste fängt jeden Schlag ab, und nur Schläge auf die Nase sind tödlich. Gewöhnlich fängt man heutzutage Dachse nur, um sie in eine andere Gegend, die man gern mit dem zebrabunt gestreiften, nützlichen Tier besiedeln möchte, zu bringen. Allerdings fährt nach meiner Erfahrung ein Dachs durch jeden Sack ohne weiteres hindurch, wenn er nur das kleinste Loch findet, in das er seine Nase stecken kann. Der Kopf ist ein wahrer Keil. Obwohl der ganze Bursche nur 12 bis 19 kg wiegt, hat er eine unglaubliche Kraft; er bohrt sich blindlings überall hindurch. Dachse sind wirklich wahre Meister im Ausbrechen.

Wie so vielen Wildtieren werden die Autos mit ihren Scheinwerfern den kleinen Burschen neuerdings am meisten zur Gefahr. Die Dachse kümmern sich anscheinend wenig darum. Kürzlich fand Wittke zweihundert Meter von einem Dorf entfernt, unter einer sehr häufig von schweren Autos befahrenen Hauptverkehrsstraße, einen Dachsbau. Die Grimbarts hatten ihn von einem Wasserdurchlaß aus angelegt, der quer unter der Straße hindurchging. Man befürchtete, daß die Hohlkessel die Straße zum Einbrechen bringen würden, weil starke Erdhaufen beiderseits der Straße erkennen ließen, daß die Dachse gehörig unter der Straße gearbeitet hatten. Beim Nachgraben fand man Röhren, die teilweise nur fünfzehn Zentimeter unter der Straßendecke lagen. Das Donnern der Fernlaster hatte die Dachse also herzlich wenig bekümmert.

Nicht alle Dachse tragen die preußischen Farben. Es gibt fast schwarze, gar nicht selten reinweiße, aber auch gelbweiße und rotweiße. Alte Dachse sind in Gefangenschaft oft unangenehme Pfleglinge. Man muß auf seine Finger in ihrer Gegenwart achten. Jung aufgezogene Tiere aber können freundlich und zutraulich sein. Weil sie nicht nagen und von Haus aus so übertrieben reinlich sind, werden sie angenehme Hausgenossen, sie spielen mit Hunden, sie legen ihrem Herrn den Kopf auf den Schoß und sie nehmen vorsichtig Leckerbissen von den Fingern ab. Es hat schon welche gegeben, die ihren Herrn wie ein Hund in der Freiheit begleiteten. Bastian Schmid hatte einen, der mit Begeisterung badete. Dem Vollbad ging stets ein besonderes Nasenbad voraus. Auch ein Dachs, den ich in der Soldatenzeit hegte, ging gern ins Wasser. Spielte Schmid Gitarre, Flöte oder Grammophon, so wurde der Ort des Instrumentes von dem Dachs sofort und sehr gründlich ermittelt und das laute Ding stets angegriffen. Solche zahmen Dachse schlittern im Winter auf Spaziergängen

Der Dachs »beißt« im Spiel seinen Freund in den Stiefel.

gern: Sie laufen schnell auf eine Eisfläche zu und gleiten dann auf allen vieren darauf entlang, oder sie rutschen eine glatte Bahn mit Vergnügen hinunter.

Ein junger Dachs von Eibl-Eibesfeld, der in der Barackenwohnung frei aus- und eingehen durfte, kennzeichnete diese Behausung bald, indem er seine Duftmarke auf die Schwelle setzte. Dachse haben dafür eine seichte, mit vielen Drüsen ausgekleidete Hauttasche oberhalb der Schwanzwurzel. Dort wird ein Stoff abgesondert, der scharf süßlich riecht. Auch ihr Revier versehen die Dachse so mit Eigentumsmarken, indem sie das Hinterteil auf die Erde drücken und eine Riechstelle aufstempeln. Die Insassen der Wohnung von Eibl erhielten von dem Hausdachs sämtlich solche, stets erneuerte Abdrücke auf die Schuhe, das heißt, sie wurden als »Besitz« oder »Freund« gestempelt. Übrigens trugen ihnen solche Schuhe noch nach Monaten die wütenden Angriffe aller Hunde ein. Dieser Dachs unterschied sehr deutlich die Familienangehörigen von anderen Menschen, nur zu den ersten war er freundlich. Einen Mann, der ihn einmal geschlagen hatte, griff der Dachs stets wütend an, wenn er ihn nur roch.

Wie stirbt eigentlich ein Dachs? Wahrscheinlich zieht er sich dazu in eine seiner unterirdischen Kammern zurück, und der Leichnam wird von den anderen zugeschüttet. Wenn spätere Generationen beim Graben auf das Skelett stoßen, schaffen sie wohl die Knochen mit der losen Erde hinaus. Deswegen findet man in den herausgeworfenen Erd- und Laubhaufen mitunter Knochen. Eine seltsame Beobachtung machte Fitzgerald vor zehn Jahren. Ihm fiel eine Dächsin auf, die mit einem lauten Schrei aus einem Bau herauskam. Sie ging zu einem benachbarten Kaninchenbau und grub dort ein großes Loch, an dem sie längere Zeit arbeitete, zwischendurch lief sie mehrmals zum Bau. Nach Stunden erschien ein Dachsmännchen. Die beiden gingen in den Bau, einige Zeit später kam das Männchen wieder heraus und zog am Hinterbein einen toten Dachs nach, während das Weibchen schob. Sie schleppten die Leiche zu dem Loch und deckten sie mit Erde zu, worauf das Männchen sich entfernte, während das Weibchen wieder in seinen Bau zurückging.

Menschenkinder in Tierhöhlen?

Ein indischer christlicher Missionar mit Namen A. L. Singh kam Anfang Oktober 1920 in ein Dorf, dessen Bewohner über Menschengeister sehr aufgeregt waren. Sie sollten schon seit zwei oder drei Jahren im Umkreis dieses Ortes Godamuri, der etwa 130 Kilometer südlich von Kalkutta liegt, ihr Unwesen treiben. Singh sollte sie vertilgen oder vertreiben. Der Missionar borgte sich einen Feldstecher, Gewehre und bezog mit zwei Europäern aus der Nachbarschaft eine Art Hochsitz in der Nähe von dem Geisterwohnplatz, einem riesigen, verlassenen Termitenhügel. Es war gar nicht so schwer, den Spuk zu Gesicht zu bekommen. Erst kamen aus einem der Erdlöcher mehrere Wölfe heraus, zwei kleine und drei erwachsene, dann folgte der Geist. »Ein gräßlich aussehendes Wesen, menschlicher Körper zwar, aber der Kopf eine große Kugel.« Kurze Zeit darauf kroch noch ein zweiter solcher Geist hervor, der aber viel kleiner war. Die beiden Europäer wollten sie sofort erschießen, aber Singh sah, daß es Menschen waren, und er hinderte sie daran.

Weil er seine Landsleute kannte, holte er sich Hilfskräfte aus einem entfernter liegenden Dorf, wo man nichts von der Gespenstergeschichte wußte, und grub mit ihrer Hilfe die »Geister« aus. Einer der Altwölfe, der sich zur Wehr setzte, wurde mit einem Pfeil erlegt, die anderen konnten flüchten. In einer glattwandigen runden Erdhöhle, die frei von Kot- und Fraßresten war, fanden sie zusammengerollt die beiden Welpen und das Geisterpaar. Die Arbeiter gingen mit den zwei Jungwölfen nach Hause, Singh aber brachte die beiden Findlinge in das Dorf Godamuri, wo er sie in Pflege gab. Als er sie auf der Rückreise nach fünf Tagen abholen wollte, fand er sie beinahe verhungert und verdurstet in einem völlig verschmutzten Zustand vor. Das Dorf war nämlich völlig verlassen; alle Einwohner hatten wegen der Spukgespenster Reißaus genommen. Der Missionar schätzte das Alter des kleineren Mädchens auf anderthalb, das des größeren auf acht Jahre. Er taufte sie »Amala« und »Kamala« und brachte sie in das Waisenhaus zu Midnapur, das er selbst mit seiner Frau betreute. Natürlich war er so klug, niemandem etwas von der aufregenden Vorgeschichte seiner beiden Findlinge zu erzählen. Auch die beiden Engländer, die bei der Entdeckung zugegen gewesen waren, haben später nie davon etwas verraten, was merkwürdig erscheint.

Die beiden nackten Mädchen konnten nicht aufrecht gehen, sie liefen auf allen vieren, aber so »schnell wie Eichhörnchen«. Sie hatten blaue, stechende Augen, die im Dunkel leuchteten wie die von Wölfen. Nach den Angaben Singhs »schlappten« die beiden Kinder zumindest in der ersten Zeit nach ihrer Auffindung »wie die Wölfe«, das heißt, sie löffelten das Wasser mit der Zunge auf, während Menschen, Rinder, Tauben und viele andere Tiere das Wasser bekanntlich ansaugen. Die beiden Kinder schwitzten nicht, sondern kühlten sich ab, indem sie die Luft wie Hunde bei geöffnetem Mund über die Zunge hechelten. Kleider rissen sie sich herunter, sie scheuten das Licht, waren am Tage träge, aber nach Mitternacht sehr lebendig. Während sie menschliche Nahrung ablehnten, witterten sie Fleisch und Aas, auch wenn es verborgen war, und schlangen es gierig hinunter. Die Findlinge waren stumm, nur manchmal heulten sie in der Nacht.

Nach reichlich einem Jahr erkrankte Amala, das jüngste der beiden Kinder, recht schwer, und die besorgten Pflegeeltern holten einen Arzt. Der war sehr neugierig und wollte die kleine Patientin nicht eher behandeln, bis er ihre Vorgeschichte erfahren hatte. So erzählte das Ehepaar sie ihm unter dem Siegel der Verschwiegenheit – und schon wußte es am nächsten Morgen die ganze Stadt. Der Rummel ging los. Reporter, Wochenschauen, neugierige Besucher, ungezählte Zeitungsartikel. Die Bilder der beiden sind auch in fast allen deutschen Zeitungen erschienen. Überall wurde die Geschichte kritiklos wiedergegeben, und man darf den Zeitungsleuten nicht einmal einen so schweren Vorwurf daraus machen, denn immerhin hat ein amerikanischer Anthropologe von der Universität Denver das Tagebuch Singhs im Jahre 1942 veröffentlicht. Dazu noch einen gelehrten Kommentar, in dem er die beiden Findlinge ebenfalls als Ziehkinder von Wölfen beurteilt.

Unsere Unwissenheit in naturkundlichen Dingen ist in den letzten Jahrzehnten erschreckend groß gewesen. Nicht nur unsere Museen bewahren aus dem fünfzehnten, sechzehnten und siebzehnten Jahrhundert eine Fülle von Flugblättern auf, in denen Mädchen beschrieben werden, welche ohne Nahrung jahrelang gelebt haben, Mißgeburten, welche die Folge des Umganges von Tieren mit Menschen gewesen sein sollen, Frauen, die Hunde, Katzen oder Schweine geboren und sich während der Schwangerschaft an solchen Tieren »versehen« haben sollen.

Auch in unseren Tagen gibt es Bürger der Bundesrepublik, die, was den Aberglauben anbelangt, durchaus im gleichen Geisteszustand leben wie Neger im Innern Afrikas oder Eingeborene in entlegenen Gegenden Indiens. Wie Prozesse aus jüngster Zeit vor norddeutschen Gerichten zeigen, verfolgen manche Dörfer noch in unseren Tagen arme alte Frauen als Hexen, weil sie Unglück für Viehställe oder Krankheiten über Kinder gebracht haben sollen. Genau wie Medizinmänner im tiefsten Busch, werden Hexenbeschwörer hochbezahlt, die diesen Zauber mit albernen Sprüchen und viel Tamtam brechen sollen.

Als der indische Missionar gesehen hatte, welches Aufsehen Kamala und Amala in der ganzen Welt erregten, begann er nachträglich, ein »Tagebuch« anzulegen, das 126 Druckseiten umfaßt und in dem er ein Jahr nach Ablauf der Ereignisse rückwirkend die Entdeckung der beiden Findlinge und ihre so wichtige Entwicklung in den ersten Wochen und Monaten – in zeitlichem Durcheinander und voll erheblicher Widersprüche – niederlegt. Dieser Bericht muß uns immerhin mit Bewunderung erfüllen, wie liebevoll und mit welch hingebungsvoller Geduld sich besonders die Frau des Missionars der armen verwahrlosten, halbblöden beiden Kinder angenommen hat.

Die kleine Amala starb nach einem Jahr, seitdem sie in die Pflege des Waisenhauses gekommen war, an einer Nierenentzündung. Auch das ältere Mädchen, Kamala, welches im November 1929, also vermutlich siebzehnjährig, starb, hat nie richtig sprechen gelernt. Sie verstand aber im Laufe der Jahre eine ganze Menge Wörter und Sätze der indischen Sprache, sie konnte auch mit gewissen Lauten ihre Wünsche ausdrücken. Allmählich verlor Kamala ihre Scheu vor den übrigen Kindern, gewöhnte sich an menschliche Nahrung, hing mit großer Liebe an ihrer Pflegemutter, lernte mit Puppen spielen und zeigte im übrigen eine große Vorliebe für alles, was rot war. Richtig auf zwei Beinen aufrecht zu laufen hat sie nie vermocht, aber durch Bäder und unermüdliche Massagen brachte es Frau Singh fertig, die armen verkrümmten Knie geradezurichten, so daß das Mädchen wenigstens stehen konnte. Nach einiger Zeit duldete es auch Kleider am Leibe und begann, sich vor der Finsternis zu fürchten.

Nach Berichten, die durch alle deutschen Zeitungen gingen, war 1954 wieder ein »Wolfsjunge« namens Ramu »gegen ein geringes Eintrittsgeld« im Krankenhaus von Neu-Delhi zu besichtigen. Auch dieser neunjährige Junge wurde krank, von Narben und Verletzungen übersät, aus dem Dschungel nach Neu-Delhi gebracht. »Ramu spricht nicht, sondern weint und knurrt nur. Manchmal versucht er seine Pfleger zu beißen. Lebhafter wird er nur, wenn man ihm rohes Fleisch gibt, das er riechen kann, bevor er es sieht. Er frißt wie ein Wolf, nagt das Fleisch von den Knochen ab und verschlingt es unzerkaut. Wasser schlappt er wie ein Hund. Ramu bewegt sich auf Ellbogen und Knien vorwärts, wie Klauen sind seine Hände. Später will man Ramu versuchsweise im Luchower Zoo in einen Wolfskäfig sperren, um festzustellen, wie er in Gegenwart dieser Tiere reagiert.«

Diese sogenannten Wolfskinder unterscheiden sich wenig von armen jugendlichen Insassen unserer Irrenanstalten. Lediglich die unverbürgte Vorgeschichte, daß sie von Wölfen aufgezogen sein sollen, macht sie für die sensationslüsterne Öffentlichkeit interessant. Gerade diese Berichte, die sich in fast allen diesen Fällen verdächtig gleichen, machen, wie der Tierpsychologe Prof. Dr. Otto Koehler eingehend dargelegt hat, eine Aufzucht durch Wölfe für den Tierkenner völlig unwahrscheinlich.

Die Augen vieler Tierarten, zum Beispiel von Pferden, Rindern, Nachtaffen und besonders von Tieren, die in der Nacht oder der Dämmerung lebendig werden, »leuchten« im Dunkeln. Sie haben nämlich im Augenhintergrund eine besondere spiegelnde Schicht, welche das einfallende Licht zurückwirft und es damit gewissermaßen für die Sehzellen doppelt ausnützt. Andere Tierarten, etwa alle Tagaffen und auch der Mensch (mit sehr seltenen Ausnahmen), haben diese anatomische Einrichtung nicht. Ihre Augen »leuchten« also nicht. Einem Huhn, das zwischen Enten aufgezogen wird, wachsen niemals Schwimmhäute zwischen den Zehen oder ein breiter Schnabel, denn solche Körpermerkmale erwirbt man nicht, indem man sie von anderen absieht, sondern sie werden einem von den Eltern und den Vorfahren vererbt. Ebenso ist es undenkbar, daß ein Mensch die Spiegelschicht im Augenhintergrund bekommt, nur weil er unter Wölfen aufwächst, die so etwas haben.

Das Instinktverhalten wird ebenso fest und unablegbar vererbt wie unsere körperliche Gestalt. Der Hund kneift den Schwanz zwischen die Hinterbeine, wenn er ängstlich ist, der Zaunkönig richtet ihn aus demselben Grund steil auf und wirkt dadurch auf uns Menschen keck, obwohl ihm in Wirklichkeit sehr ängstlich zumute ist. Hunde wedeln mit dem Schwanze, wenn sie sich freuen, aber niemals wird eine Katze, auch wenn sie völlig allein zwischen zehn Hundewelpen aufwächst, vor Vergnügen wedeln.

Das Huhn hebt beim Trinken nach jedem Schluck den Kopf hoch und läßt das Wasser die Kehle herunterrinnen. Jede Haustaube und jede Wildtaubenart trinkt dagegen, indem sie den Schnabel ins Wasser eintaucht und die Flüssigkeit emporsaugt. Kein noch so geschickter Tierdresseur wird es jemals fertigbringen, daß ein Huhn so trinkt wie eine Taube oder eine Taube wie ein Huhn. Wirkliche Instinkthandlungen sind nicht veränderbar.

Hunde, Wölfe, Füchse und viele andere verwandte Tierarten trinken, indem sie das Wasser mit der langen Zunge emporlöffeln. Menschen, Pferde, Rinder, Schafe, Affen bringen wiederum die Lippen an die Wasseroberfläche und ziehen es in stetigen Zügen empor. Nun sollen Kamala, Amala und andere Wolfskinder, wie es immer in den Berichten wiederkehrt, das Wasser schlappen wie Hunde, das heißt, mit der Zunge auflöffeln. Daß dies praktisch nicht möglich ist, kann jeder selbst ausprobieren. Unser Mund steht nicht wie die Schnauze der Wölfe weit genug hervor, und unsere Zunge ist viel zu kurz, um mit ihr unter das Wasser zu fassen und es emporzuwerfen.

Wenn Pferde oder Menschen längere Zeit rennen, so schwitzen sie am ganzen Körper, weil sie überall in der Haut Schweißdrüsen haben. Hunde bleiben trocken, sie kühlen sich ab, indem sie die Atemluft rasch über die Zunge führen. Wenn bei einem Menschen, der mit Wölfen zusammen aufwächst, lediglich aus Nachahmung die Schweißdrüsen verkümmern, dann müßten folgerichtig einem jungen Ziegenhirten in Griechenland allmählich Hörner wachsen.

Kinder, besonders Mädchen und Zurückgebliebene, sind in Indien oft ausgesetzt worden. Sie fallen wilden Tieren zum Opfer oder kommen vor Hunger um. Es ist unwahrscheinlich, aber nicht völlig unmöglich, daß ein Kind, welches in die Höhle zu dem Wurf einer Wölfin kriecht, von ihr verschont wird. Manche Tiere töten allerdings nicht in ihrem Heim oder der nächsten Umgebung davon. Daß aber eine Wölfin einen menschlichen Säugling großzieht, ist ein Unding. Sie hat längstens vier Monate Milch im Gesäuge, dann sind ihre Jungen entwöhnt. Kann sich dann ein Menschenkind einfach auf Aas und rohes Fleisch umstellen, um am Leben zu bleiben? Was aber wird aus ihm, wenn sich die Wolfsfamilie ein paar Monate später auflöst und die Wölfe in Rudelverbänden umherstreifen? Was in der Brunftzeit? Was während des nächsten Wurfes? Bei Menschenaffen hätte ein adoptiertes Menschenkind weit größere Lebensaussichten. Trotzdem ist noch niemals ein Menschenbaby von großen Affen aufgezogen worden, ja, so ein Vorgang ist nie ernstlich behauptet worden. Tarzan wird immer eine märchenhafte Filmgestalt bleiben.

Nicht alle naturkundlich falschen Zeitungsmeldungen tragen für den Verständigen von vornherein den Stempel des Unsinnigen auf der Stirn, wie etwa die Meldung einer Frankfurter Tageszeitung vom Juni 1955. Danach wurde einem eben geborenen Baby in Indien das Leben von einer Giftschlange gerettet. Man hatte den Säugling in der heißen Mittagssonne vergessen, und er wäre todsicher an einem Hitzschlag gestorben, »wenn ihm nicht eine Kobra mit aufgeblasenen Backen Schatten gespendet hätte«.

Geschichten von Kindern, die durch Wölfe aufgezogen worden sind, werden in dieser nordwestlichen Gegend Indiens seit Jahrhunderten erzählt. Gerade dort ist auch der Wolfsaberglaube zu Hause, so wie früher in Rußland und Deutschland. (Bei uns glaubte man auch an »Werwölfe«, das heißt Menschen, die in Wölfe verwandelt sind oder die nachts zu Wölfen werden und in dieser Gestalt andere Menschen umbringen.) Alle diese Berichte sind einander sehr ähnlich, und alle haben gemeinsam, daß keine Zeugen vorhanden sind, die beim Auffinden der vermeindlichen Wolfszöglinge zugegen waren.

Burton weist zum Beispiel darauf hin, daß in Oudh und den Nordwestprovinzen, aus denen bisher ausschließlich die Wolfskindergeschichten kamen, im Jahre 1878 nicht weniger als 624 Menschen von Wölfen getötet worden sein sollten, also wahrscheinlich zumeist ausgesetzte kleine Kinder. In Bengal, Punjab und den Zentralprovinzen wurden 152, 14 bzw. 32 Menschen von Wölfen umgebracht. Dort gab es überall reichlich Wölfe. Kinder setzte man fast in ganz Indien aus, aber nur in Oudh, wo der Wolfsaberglaube herrscht, ließen sich die Wölfe dazu herbei, die Babys nicht aufzufressen, sondern an Kindes Statt anzunehmen. In Indien selbst werden diese Geschichten seit altersher nicht ernstgenommen, sondern als Legenden und Märchen angesehen. Deswegen sollten wir in Europa und Amerika auch nicht darauf hereinfallen.

Auch ein Überträger der Tollwut
Die Fledermaus

Wir Menschen leben heute in ständiger Angst vor Krieg und Atombomben, und wir beneiden sehr unsere Vorfahren, die in ruhigeren Zeiten gelebt haben. Aber für die Menschheit gab es damals außer den Kriegen noch andere Schrecken, die viel fürchterlicher waren, weil weder Geld noch die höchste Stellung davor schützten: der Aussatz, dessen erste Anzeichen bereits den Grafen zum ausgestoßenen Bettler machten; die Pest, welche Dörfer und Städte so entvölkerte, daß niemand mehr da war, um die stöhnenden Kranken zu pflegen oder die Leichen zu beerdigen; die Tollwut, bei welcher der gebissene Mensch Wochen und Monate lang krank war, um dann unentrinnbar bei vollem Bewußtsein und unter grausamen Qualen zu sterben.

Die Tollwut hat immer wieder, bis zum Ende des vorigen Jahrhunderts, weite Gegenden Europas in Furcht gehalten. Sie war bei uns wohl hauptsächlich eine Krankheit der Wölfe und wurde von ihnen auf Hunde, andere Haustiere und auch auf Menschen übertragen. Bei anderen Krankheiten ist man ahnungslos, bis sie ausbrechen, und man muß nicht unbedingt daran sterben. Die Tollwut wird durch einen Biß übertragen, und man kann dann eine, öfter sogar vier, acht Wochen oder noch viel länger warten, bis sich die ersten Krankheitszeichen zeigen. Es ist einem voll bewußt, welche Qualen man bis zum erlösenden Tode durchzumachen hat, ja, daß man in der Raserei noch andere Menschen gefährdet. Wenn einst auf dem Lande Leute von wilden Hunden gebissen worden waren oder auch nur in diesem Verdacht standen, geschah es immer wieder, daß sie von den verängstigten Mitmenschen einfach totgeschlagen wurden. Brach die Krankheit aus, so konnte man die Unglücklichen nur in Käfige setzen oder fesseln, bis sie endlich tot waren.

Dieser grausige Schrecken ist von einem Franzosen bezwungen worden, der als Wohltäter der Menschheit berühmter sein und mehr Denkmäler haben sollte als Cäsar, Alexander der Große, Napoleon, Dschingis-Khan, Friedrich der Große, Gustav Adolf und die anderen großen Kriegshelden und Menschenschlächter. Louis Pasteur war von Haus aus Chemiker, kein Arzt. Er untersuchte als Chemiker die Bier- und Weingärung und fand dabei heraus, daß sie das Werk von kleinen Lebewesen, von Bakterien, ist. So kam er auf Tierkrankheiten, entdeckte den Erreger der Hühnercholera und des Milzbrandes der Schafe und fand ausgezeichnete Schutzimpfungen dagegen.

Bei der Tollwut aber war es anders. Auch im stärksten Mikroskop konnte er kein Bakterium entdecken, und selbst die künstliche Verimpfung des Speichels von tollwutkranken Tieren machte die Hunde selten krank. Erst später fand man heraus, daß überhaupt nur 30 bis 40 v. H. der gebissenen Hunde angesteckt werden. Durch einen Zufall gelangte Pasteur in den Besitz eines Hundes, der an Tollwut erkrankt und wieder genesen war; so etwas kommt ganz, ganz selten vor. Als er diesem Hund in Narkose das Krankheitsgift tollwutkranker Tiere unmittelbar ins Gehirn brachte, machte das dem Tier nichts aus, es war völlig immun gegen die Krankheit. Das war für den besessen arbeitenden Pasteur und seine zwei Assistenten ein wichtiger Fingerzeig. Es gab also eine Immunität gegen die Tollwut, so wie sie Pasteur schon vorher gegen den Milzbrand der Schafe und gegen die Hühnercholera durch Impfung erzielt hatte. Aber da züchtete er die Milzbranderreger in einer Bouillon, ließ sie wochenlang stehen, alt und schwach werden, oder er schädigte sie durch Zusatz von Chemikalien. Wenn er diese abgeschwächten Kulturen den Schafen einspritzte, vermochten die Erreger die Wollträger nicht zu töten, aber sie reizten den Körper, Gegengifte gegen Milzbranderreger zu bilden, so daß vollkräftige Milzbrandsporen, die später eindrangen, nicht mehr Fuß fassen konnten. Pasteur hatte auf einer großen landwirtschaftlichen Ausstellung 24 Schafe vor Tausenden von Zuschauern schutzgeimpft und 24 andere unbehandelt gelassen, dann spritzte er allen vollkräftige Milzbranderreger ein. Zwei Tage später waren die ungeimpften Schafe tot, während die anderen vergnügt herumliefen – ein Paradebeweis für die Wirksamkeit von Impfungen, der ganz Europa in Aufregung brachte.

Aber wie sollte man irgendwelche Tollwuterreger abschwächen, die noch niemand, auch bei Benutzung des stärksten Mikroskops entdecken konnte? Wie sollte man sie züchten? Pasteur versuchte es auf verschiedene Weise, er arbeitete mit dem Speichel oder dem Gehirn der kranken Tiere, als ob ihm die darinsteckenden Erreger wohlbekannt wären. Trotzdem: wenn er seinen Probeimpfstoff Kaninchen einspritzte, so wurden sie entweder davon angesteckt und bekamen die Tollwut oder der Impfstoff blieb wirkungslos und verlieh keinen Schutz gegen die spätere Infektion. Schließlich, nach jahrelangen Arbeiten, fanden die Forscher doch einen Weg. Sie trockneten das Rückenmark von tollwutkranken Kaninchen verschieden lange und spritzten dann den Hunden erst welches ein, das schon 14 Tage alt war, dann welches von 13 Tagen und immer frischeres, und siehe da, nach einer ganzen Serie von Spritzen waren die Hunde unempfindlich geworden. Man konnte sie mit tollwutkranken zusammensperren, sie von ihnen beißen lassen, man konnte ihnen den tödlichen Speichel ins Gehirn spritzen – sie blieben quietschvergnügt und begrüßten jeden Morgen schweifwedelnd ihre Pfleger. Diese Versuche waren eigentlich für Louis Pasteur eine Qual. Er liebte Tiere sehr und mochte niemandem Schmerzen zufügen. Immer wieder wies er Vorschläge seiner Assistenten zu neuen Versuchen ab, weil sie ihm zu grausam gegenüber seinen Versuchstieren dünkten.

Das Gift der Tollwut breitet sich nur langsam im Körper aus. Es wandert die Nervenbahnen entlang, und die Krankheit bricht aus, sobald es das Gehirn erreicht hat. Je näher ein Biß dem Kopf erfolgt ist, um so kürzer dauert der Wettlauf mit dem Tode. Am gefährlichsten sind Bisse ins Gesicht. Hinzu kommt noch, daß der Speichel oft durch die Kleidung oder durch ein dichtes Haarkleid zurückgehalten wird und gar nicht in die Wunde gelangt, während die Gesichter bei Menschen und Tieren unbedeckt sind.

Eine Schutzimpfung etwa gegen Pocken oder Gelbfieber bei Menschen ist hoffnungslos, wenn der Mensch sich schon angesteckt hat. Der Körper hat nicht mehr die Zeit, um genug Gegengifte gegen die Krankheitserreger zu bilden, sofern diese selbst schon in ihn eingedrungen sind. Bei der Tollwut aber kam Pasteur auf den Gedanken, bei Hunden, die eben von tollwutkranken Tieren gebissen worden waren, am nächsten Tag mit seiner langwierigen Impferei zu beginnen. Es war wirklich ein Wettlauf zwischen Impfstoff und dem furchtbaren Erreger, der im Körper langsam zum Gehirn vordrang. Die Mitarbeiter Pasteurs waren äußerst gespannt und konnten kaum schlafen, bis der Zeitpunkt kam, an dem die Krankheit ausbrechen mußte. Aber die Hunde blieben gesund, und sooft man das Experiment wiederholte, es glückte immer wieder. Allerdings waren es Hunde, keine Menschen!

Da kam eines Tages eine Mutter zu Pasteur nach Paris gereist mit einem kleinen Jungen, der von einem tollen Hund furchtbar zerbissen worden war. Sie lag dem Forscher zu Füßen, er solle einen Versuch machen, um ihr todgeweihtes Kind zu retten. Ärzte wissen, wie gefährlich solche Verzweiflungstaten ausfallen können, wie leicht dieselben Angehörigen, die sie vorher zum letzten Versuch drängen, bei Mißlingen zu wilden Anklägern werden. Pasteur wußte, daß ein Fehlschlag mit seinem noch nicht genügend erprobten Impfstoff alle seine Widersacher und Neider auf den Plan rufen, daß er ihn um Jahre zurückwerfen würde. Aber wie immer siegte in ihm der Mensch über den kühlen Wissenschaftler. Er spritzte dem Kinde Kaninchenrückenmark ein, und er rettete es vor dem Tode.

Bald konnte er sich vor verzweifelten, hilfesuchenden Menschen aus ganz Frankreich, ja aus ganz Europa, die gebissen worden waren, nicht mehr retten. Sogar aus Rußland kamen zwanzig Bauern in Pelzmützen angereist, die von einem tollen Wolf so übel zugerichtet worden waren, daß einzelne getragen werden mußten. Sie waren seit der Ansteckung schon wochenlang unterwegs, und ganz Frankreich verfolgte mit Spannung, ob es gelingen würde, der Tollwut mit der Impfung noch zuvorzukommen. Sechzehn der Bauern konnten vergnügt wieder nach Rußland zurückreisen, und der Zar stiftete Pasteur die Anfangssumme zu einem großen neuen Institut.

Seitdem ist die Tollwut in den meisten Ländern Europas ausgerottet. Auch in Deutschland irren seit Jahrzehnten keine angesteckten Hunde mehr auf den Straßen umher, die ihren Besitzern entlaufen und von einer unheimlichen Unruhe befallen sind. Meistens bleiben solche Tiere auf begangenen Menschenwegen, verlieren sich also nicht in Feldern und Wäldern, sie fallen auch zunächst andere Hunde und Tiere an, viel seltener Menschen, und diese meistens nur, wenn sie in die Enge getrieben oder eingefangen werden sollen. Zu ihren Besitzern bleiben sie oft noch sehr viel länger freundlich und suchen bei ihnen Hilfe und Zuflucht. Aber allmählich werden sie immer unberechenbarer, sie verschlucken Steine, Holz, Stroh, beißen wütend in jeden Stock, selbst in glühendes Eisen, brechen sich dabei die Zähne ab. Wenn man sie auch nur im geringsten reizt, bekommen sie Wutanfälle, der Blick wird schielend und bösartig, einzelne Gliedmaßen werden gelähmt, die armen Tiere können nicht mehr schlingen, auch nicht trinken, zum Schluß löst der bloße Anblick von Wasser schreckliche Krampfanfälle aus. Auch Menschen, bei denen die Krankheit ganz ähnlich verläuft, versuchen andere Menschen zu beißen, manche werfen, hinter dem Gitter sitzend, mit ihrem Speichel nach dem Pfleger, um ihn zu infizieren. Gottlob hat man heute die Möglichkeit, ihnen durch Betäubungsmittel das volle Bewußtsein und die Schmerzen zu ersparen. Als ich in Afrika war, starb während meiner Anwesenheit in einem Städtchen die Frau eines Syrers an Tollwut, weil ein Hund ihr eine Wunde an der Hand beleckt hatte. Der Speichel enthält bei tollwutkranken Tieren nämlich den Giftstoff schon einige Tage, bevor die Krankheit zum Ausbruch kommt.

Schilderungen dieser Art rufen bei manchen Menschen Schreckvorstellungen vor tollen Hunden hervor. Ich schreibe sie nur deswegen, weil immer wieder Meldungen über Tollwutfälle in der Bundesrepublik durch die Tagespresse gehen. Von Osten her eingeschleppt, hat sich die Tollwut besonders auch unter Füchsen und Dachsen bei uns wieder ausgebreitet. Solche Meldungen führen dazu, daß Tierärzte alle Augenblicke von Menschen, die von Hunden gebissen worden sind, von Polizeibehörden oder von Ärzten angegangen werden, die auch mit den Zeichen dieser längst bei uns ausgerotteten Krankheit nicht mehr recht vertraut sind.

Grundsätzlich ist dazu zu sagen: ob in einer Gegend überhaupt die Möglichkeit von Tollwut gegeben ist, merkt man praktisch daran, daß Hundesperre herrscht. Sobald die Seuche irgendwo festgestellt wird, führen die Veterinärbehörden in weitem Umkreis Maulkorb- bzw. Leinenzwang für die Hunde ein. Die Tollwut war im westlichen Deutschland seit Jahrzehnten verschwunden, nur in die östlichen Grenzprovinzen, Schlesien, Ostpreußen, Brandenburg, und manchmal bis nach Berlin und Sachsen drangen gelegentlich immer wieder tollwutkranke Tiere über die Grenzen ein. Der Kreistierarzt von Dresden wäre einmal beinahe auf der Straße von wütenden Hundebesitzerinnen mit den Regenschirmen verprügelt worden, weil er eineinhalb Jahre lang zwangsläufig immer wieder die Sperre verlängern mußte – gewiß keine Freude für die armen Hunde und ihre Besitzer.

Ob ein Hund, der einen Menschen gebissen hat, tollwütig war, kann man in tierärztlichen Fachinstituten durch Feinuntersuchung bestimmter Teile des Gehirns feststellen. Weil diese Untersuchung Zeit beansprucht, ist es unklug, tollwutverdächtige Hunde sofort zu töten und dabei womöglich noch das Gehirn zu zerstören. Wenn man sie in sicherem Gewahrsam hält und beobachtet, bekommen die gebissenen Menschen viel schneller Gewißheit darüber, ob sie angesteckt sein können oder nicht. Zur Impfung braucht man heute nicht mehr nach bestimmten Krankenhäusern zu fahren, es sind auch nicht mehr wochenlange, wiederholte Einspritzungen nötig. Genau wie die Menschen kann man auch die Hunde vorbeugend schutzimpfen, so daß sie unempfindlich für die Krankheit werden. In manchen Ländern ist das mit bestem Erfolg seit längerer Zeit eingeführt. Auf diese Weise fallen die ständigen Hundesperren fort, und die Ausbreitung der Krankheit wird noch wirksamer verhindert. Leider läßt die deutsche Veterinärverwaltung derartige Schutzimpfungen von Hunden im Gegensatz zu vielen anderen Staaten nicht zu.

Professor Dr. Haupt vom Veterinär-Hygienischen Institut in Gießen erzählte mir, wie er vor Jahrzehnten nach der bekannten deutschen Siedlung Blumenau in Brasilien entsandt wurde, weil dort unter den Viehherden der Kolonisten eine rätselhafte Seuche ausgebrochen war. Die Tierärzte fanden ziemlich bald heraus, daß es sich um Tollwut bei den Kühen, Schafen und Pferden handelte. Diese Pflanzenesser werden ganz ähnlich krank wie die Hunde und Menschen, vielfach aber ohne so beißlustig zu werden wie diese. Die Bisse mit ihren flachen, stumpfen Zähnen quetschen meistens auch nur, dringen nicht so tief ins Fleisch ein und stecken daher in vielen Fällen nicht an. Natürlich ging man sogleich gegen die Hunde vor. Hundetötungskommissionen zogen durch die Siedlungen, schossen jeden Hund nieder oder warfen ihm Giftbrocken zu, an denen vereinzelt auch Kinder starben. In ihrer Empörung schossen zum Schluß die Bauern zurück. Sie glaubten auch nicht recht an die Schuld der Hunde, weil man – merkwürdig genug – die Tollwut immer nur bei Nutzvieh fand, nie aber bei einem Hund.

Als Professor Haupt hinkam, suchte er nach den Überträgern. Hunde kamen auch aus anderen Gründen nicht in Frage. Die Siedlungen im Munizipium Blumenau liegen im breiten, fruchtbaren Tal des Itajahyassu und seiner Nebenflüsse. Sie stehen an schmalen, langgestreckten Rodungen am Ufer, während dahinter hoher Urwald wächst. Nun war die Tollwut wiederholt ziemlich gleichzeitig in zwei parallelen Tälern aufgetreten, zwischen denen Bergzüge mit fast undurchdringlichem Urwald liegen. Kein Hund durchquert von sich aus derartiges Gelände, er durchschwimmt auch nicht einen breiten, reißenden Strom, und doch trat die Krankheit immer wieder fast gleichzeitig an den beiden gegenüberliegenden Ufern auf. Wilde Raubtiere waren damals im Bezirk Blumenau praktisch schon ausgerottet. Es mußte also eine Tierart in Frage kommen, die durch die Luft fliegt.

Man macht sich immer nicht recht klar, eine wie wichtige Rolle Fledermäuse auf unserer Erde spielen. Es gibt etwa 6000 Säugetierarten, von der Maus bis zum Elefanten und vom Affen über die Antilope bis zum Wal. 1 000 von diesen 6 000 Säugetieren sind verschiedene Fledermausarten; jede sechste lebendgebärende Tierart, die ihre Jungen säugt, ist also eine Fledermausart. Während sie sonst von Insekten, Früchten oder Blütennektar leben, haben einige südamerikanische Arten sich darauf verlegt, mit Sammetpfötchen auf schlafende Tiere und Menschen zu kriechen, ihnen mit ihren messerscharfen Schneidezähnen flache, längliche Wunden in die Haut zu schneiden und das herausquellende Blut so lange aufzulecken, bis sie kugelrund und prall davon sind. Bei den Rindern, Pferden und Schafen zapfen sie die Halsgegend an, schlafende Menschen werden an der dünnen Haut unter den Zehen angeschnitten, sie finden dann beim Erwachen eine Blutlache unter den Füßen. Diese »Vampire« also konnte Dr. Haupt nach langem Suchen als Überträger der Tollwut in Blumenau entlarven.

Natürlich ist es sehr schwer, diese fliegenden Tollwutträger zu bekämpfen, denn wo mögen sie im Urwald den Tag verbringen? Wir wissen ja, daß manche unserer einheimischen Fledermäuse den Sommer über Ausflüge von Dresden bis nach Litauen machen. Tatsächlich hat man in den letzten Jahren gelegentlich Tollwutausbrüche unter den Eingeborenen auf südamerikanischen Inseln festgestellt, auf denen man noch nie einen tollwutkranken Hund gefunden hat.

Wenn er Menschen tötet …
Unser Hund

Die Watussi in Zentralafrika lassen ihre Rinder gelegentlich zur Ader, um Blutwurst zu machen – ihr Fleisch essen sie ebensowenig wie das von Ziegen, Schafen oder Hühnern. Selbst von Eiern wenden sie sich ekelerfüllt ab, »weil sie eine Art Kot sind«. Ein Afrikareisender wurde nur deswegen ermordet, weil er ahnungslos vor entsetzten Negern eines anderen Stammes Eier aß. Es kann lebensgefährlich werden, wenn man fremde Sitten und Sprachen nicht kennt – das gilt erst recht für den Umgang mit Tieren.

Eines Tages brachten fast alle deutschen Tageszeitungen Meldungen über einen aufregenden Unglücksfall in Schnelsen bei Hamburg. Während die Familie Abel beim Kaffeetrinken saß, war der Terrier Seppel im Garten in den Korbkinderwagen gesprungen und hatte das sechs Wochen alte Töchterchen schwer verwundet. Die Großmutter, die nach dem Kinde sehen wollte, fand den Hund, der sonst so freundlich war, im Kinderwagen, und den Säugling schwer verwundet. In einem anderen, ähnlichen Falle hatte man einem kleinen Hund viel Alkohol eingeflößt. Er sprang an einem Kinderbett empor und biß einen drei Wochen alten Säugling so schwer in den Kopf, daß sogar das Gehirn verletzt wurde. Das Kind kam zwar mit dem Leben davon, wird aber vermutlich Dauerschaden davontragen.

Im gleichen Jahre brachte der Schäferhund Axel ganz Frankfurt in Aufregung. Die Polizei mußte ihn totschießen, weil er auf dem Langheckenweg in Eckenheim eine tote Frau bewachte, der er alle Kleider vom Leibe gerissen hatte. Das Tier hatte der Getöteten furchtbare Schenkelwunden gerissen, ließ aber niemanden an sie heran. Der Besitzer des Hundes Axel hatte sieben Jahre lang bei der getöteten Dame als Untermieter gewohnt. Das Tier wurde den ganzen Tag im Zwinger gehalten, war sehr scharf, hing aber sehr an den Familienmitgliedern und auch an der Dame, die später durch ihn umkam. Er winselte oft, bis jemand herankam und ihn streichelte. Die korpulente und herzleidende Frau hatte Axel, wie schon öfter, aus Mitleid zu einem Spaziergang mitgenommen.

In diesem wie in ähnlichen Fällen vermutet man oft, daß der Hund tollwütig gewesen sei. Bei näherer Untersuchung der toten

Tiere erwies sich aber immer, daß die Tiere nicht an dieser ansteckenden Seuche erkankt waren. Tollwutfälle treten nicht aus heiterem Himmel auf, die Seuche muß in der Nachbarschaft schon vorgekommen sein, und außerdem benehmen sich die Hunde dann so ungewöhnlich, daß es wenigstens dem Besitzer schon auffällt. Beı der Untat Axels nahmen viele Leute erst an, daß die Frau wahrscheinlich unterwegs einem Herzschlag erlegen sei, und der treue Hund habe ihr helfen wollen und ihr dabei erst die Kleider und dann den Körper zerrissen. Man bemitleidete den braven Schäferhund, dem seine Treue mit einer Kugel durchs Herz belohnt worden war.

Die Sektion ergab jedoch, daß die Verstorbene noch lebte, als der Hund sie so furchtbar zugerichtet hatte. Allerdings war sie wohl schon bewußtlos. Es wird nie zu klären sein, ob sie den Herzschlag durch den Schrecken über das bösartige Verhalten des Hundes erlitt oder ob gerade dieser Hundeangriff erst nachträglich durch die Bewußtlosigkeit und das Umfallen ausgelöst worden ist.

Ich habe mir gerade über diesen Vorfall viele Gedanken gemacht, und bei meinen Erkundigungen bin ich auf einige ähnliche Fälle gestoßen. Schon aus meiner Jugend ist mir die Erzählung von einem Mann in Erinnerung, der nachts davon aufwachte, daß seine große Dogge zähnefletschend über ihm im Bett stand. Er konnte ganz langsam und unmerklich die Hand bis zu dem Revolver auf seinem Nachttische schieben und den Hund dann erschießen. Im August 1954 stürzte sich ein Dobermann auf seine Besitzerin, die hingefallen war. Sie mußte schwerverletzt ins Krankenhaus gebracht werden. Vor einigen Jahren töteten zwei Boxer in der Umgebung von München eine Frau, die ihnen im Zwinger an Stelle der verreisten Besitzerin Futter gab. Zwei andere Boxer, ein Hund und eine Hündin, zerrissen den Züchter, als er sie im Zwinger schlagen wollte. Professor Günther erzählte, daß vor 70 Jahren am Strand von Riga ein Herr von seinen beiden Doggen umgebracht wurde, als er nackt baden wollte und sich dabei blutig verletzt hatte. So lassen sich sicher noch manche ähnliche Fälle zusammentragen.

In dem Falle des kleinen Terriers Seppel, der das Kind im Korbwagen getötet hatte, stieß ich bei meinen Erkundungen auf eine überraschende Lösung. Die Tageszeitungen hatten meistens angenommen, daß der kleine, gar nicht bösartige Hund eifersüchtig geworden war. Bis zur Geburt des Kindes verwöhnten ihn alle, und dann war er plötzlich beiseite geschoben, so nahm

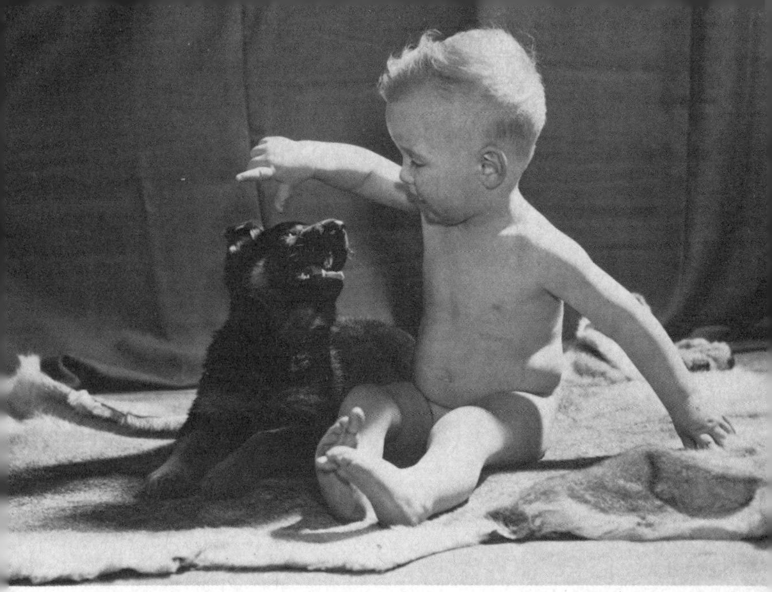

Hunde haben schon Menschen getötet. Darf man Kinder mit ihnen spielen lassen?

man es an. In Wirklichkeit aber hatten die Eltern den Korbkinderwagen schon vor der Geburt ihres Kindes gekauft und dem Hund erlaubt, in diesem Wagen zu schlafen. Er sah ihn also als sein Eigentum an. Im ersten unbeaufsichtigten Augenblick, als nämlich die Familie beim Kaffee saß und der Wagen mit dem Kind im Garten stand, wollte er seinen alten Lagerplatz wieder einnehmen. Er sprang in den Korbwagen, fand da einen Fremdkörper vor, eben das Kind, und versuchte es hinauszukratzen. Dasselbe hätte er auch mit einem Stein oder irgendeinem anderen Gegenstand getan. Tatsächlich trug das Baby nur Kratzspuren, nicht eine einzige Bißverletzung. Die Neger, die den Eier essenden Afrikaforscher töteten, hatten seine Sitten nicht mehr mißverstanden als hier die Hundebesitzer das Wesen ihres Terriers Seppel.

Ein Freund von mir, der heute ein sehr vielbeschäftigter Tierarzt in Berlin ist, hat eine Doktorarbeit geschrieben, welche die Beteiligten wohl zeitweise arg verwundert haben wird. Polizeihundeführer mußten sich splitternackt ausziehen und mit gebeugtem Kopf auf die Erde setzen. Die meisten Hunde fanden ihren Herrn unter den Nackedeis nicht heraus, sie kannten eben nur den Kleidergeruch ihrer Herren, nicht aber den Geruch des Körpers. Nur die Hunde, welche schon sehr lange und eng mit ihrem Herrn zusammenlebten und mit ihm auch oft gebadet hatten, ließen sich nicht täuschen. Wenn die Hundebesitzer ihre Kleider und Mäntel tauschten, so folgten die Hunde überwiegend dem fremden Menschen in der Kleidung ihres Herrn als diesem in der Kleidung eines anderen Menschen.

Hunde sehen nicht gut. Die meisten von ihnen können ihren Herrn auf mehr als 30 Meter Abstand dem Gesicht nach nicht erkennen. Sie sind eben Riechtiere, und unsere Kleider, in denen sich alte Körperfette, Speise- und Tabakreste, Staub und Rauch festgesetzt haben, duften für die riesigen, hochempfindlichen Hundenasen ganz anders als unsere Körperhaut. Der Hund Axel, der die freundliche Dame nur gelegentlich zum Spazierengehen sah oder, besser gesagt, roch, mag erst versucht haben, die Halbbewußtlose an den Kleidern hochzuzerren. Als er diese weggerissen hatte, war sie, unbekleidet, auf einmal fremd für ihn. Ähnlich mag es den Doggen am Rigaer Strand mit dem badenden Herrn gegangen sein.

Ich habe ein paar Monate meines Lebens damit zugebracht,

Die Boxerhündin »Assi« will spielen, aber die Siamkatze spuckt und kratzt.

herauszufinden, wieweit Pferde Rechts- und Linkshänder sind. In einem späteren Abschnitt werde ich davon erzählen. Unter anderem stellte ich eine Stute in einen engen Stand und schob eine Schüssel mit Hafer so nahe vor ihre Nase, daß sie sie beinahe erreichen konnte – beinahe, aber eben doch nicht ganz. So ein Pferd wird ebenso ungeduldig und ärgerlich, wie uns das in ähnlicher Lage ergehen würde. Es will etwas tun, um an den duftenden Hafer zu kommen, und es fängt mit einem Vorderbein zu scharren an. Das ist sinnlos, denn der Hafer kommt dadurch nicht näher, aber das Pferd muß seine Erregung irgendwie loswerden, und weil es nichts Sinnvolles tun kann, springt diese Erregung in eine ganz andere Instinkthaltung über.

Tierpsychologen nennen deswegen diesen Vorgang »Übersprunghandlung« und wissen eine ganze Menge Beispiele dafür zu nennen. Der wütende Rehbock, der einen anderen Bock gern angreifen möchte, aber anderseits Angst davor hat, beginnt zwischendurch plötzlich nach Grashalmen zu schnappen, kaut, aber schluckt nicht. Hähne picken in so einer Lage sinnlos Erdkrumen auf, andere Vögel fangen an, sich das Gefieder zu säubern oder vorübergehend sogar eine Schlafstellung einzunehmen. Wer unbedacht vermenschlicht, sagt, der Rehbock will dem Gegner zeigen, wie sehr er ihn geringschätzt: er wagt, mitten auf dem Schlachtfeld noch zu frühstücken. Auch hier entlädt sich aber die Wut nicht in der Angriffshandlung, weil sie noch durch Angst gehemmt ist, sie springt auf ein anderes Gleis über, und eine Instinkthandlung ganz anderer Art rollt ab, die nicht dazu paßt. Ein kleiner Fink, der vor dem nachjagenden Raubvogel im letzten Augenblick ins Gebüsch entflohen ist, fängt auf einmal zu singen an. Auch wir Menschen kratzen uns gern hinter dem Ohr, oder schneuzen uns die Nase, wenn wir gehemmt sind, das heißt unser Tätigkeitsdrang springt ebenso sinnlos auf einmal zu Instinkthandlungen der Körperpflege über. So kann bei dem Hund Axel, als er mit seinen Hilfsbemühungen nicht weiterkam, die Erregung plötzlich in eine Angriffshandlung »übergesprungen« sein, die gar nicht in die Sachlage paßte. Man fand das Fleisch des Opfers in seinem Magen.

Hunde sind Nachkommen von Wölfen. Wölfe leben in ihrem Rudel nicht gleichberechtigt und in Liebe zusammen, sondern sie haben einen Chef, der die anderen tyrannisch kommandiert, und es herrscht eine ganz bestimmte Rangordnung. Sie ist vor fünfzig Jahren zuerst bei den Hühnern entdeckt worden. Jedes Huhn weiß, von welchem Mithuhn in der Herde es sich hacken lassen muß, und welches es seinerseits hacken darf. Man könnte geradezu eine Rangliste im Hühnerhof aufstellen. Diese strenge Gesellschaftsordnung hat man inzwischen bei fast allen gesellig lebenden Tieren festgestellt, ich selbst habe sie bei unseren Pferden erforscht. Der junge Löwe möchte einmal in seinem Rudel aufrücken, er will allmählich eine höhere Rangstufe einnehmen und endlich selber König werden. Je größer und stärker er wird, um so öfter sucht er Streitigkeiten mit seinem »Vorgesetzten«, er lauert auf Zeiten, in denen dieser krank, verwundet oder niedergedrückt ist. Auch uns Menschen ist es angeboren, genau wie den Säugetieren, immer, und wenn auch nur unbewußt, so eine Rangordnung zu bilden, sobald wir nur längere Zeit in einer Schar zusammenleben. Jede Schulklasse weiß sechs Wochen nach der Versetzung, wer unter den Jungen der »Boss«, wer der Zweit-, der Drittstärkste usw. ist.

Für den Hund, der in einer Menschenfamilie lebt, sind diese Menschen sein Rudel. Er »verhundlicht« uns so, wie wir gern in unserer Vorstellung die Hunde vermenschlichen. Ist es ein kleiner, dem Wesen nach unterwürfiger Hund, so wird er sich immer als rangtiefster in diesem gemischten Rudel vorkommen, er wird sich nie auflehnen. Bei charakterstarken, selbstbewußten und womöglich noch körperlich großen Hunden ist das anders. Sie haben das Bestreben, im Rudel aufzurücken, am liebsten selber Chef zu werden. Sie lehnen sich also gelegentlich auf, und sie fügen sich nur, wenn man ihnen zeigt, daß man stärker ist. Ich habe Hunde gekannt, die bösartig knurrten, wenn man sich dem Sofa näherte, auf dem sie sich breit niedergelassen hatten, und einen Dackel, der durch das Oberleder biß, wenn man ahnungslos zu ihm die Füße unter den Tisch tat.

Ich bekomme manchmal Briefe von verzweifelten Hundebesitzern. Der Hund folgt der Frau, aber nicht ihrem Mann; ihn beißt er. Die Frau verprügelt den Missetäter sofort, aber das hilft nichts. Der Hund wird immer aufsässiger gegen den Ehemann. Natürlich müßte *dieser* den Hund schlagen, wenn er angreift, denn es muß ja die Rangordnung klargestellt, und nicht nach menschlichen Gesetzen eine Untat bestraft werden.

Bei den Unglücksfällen, die ich oben aufgeführt habe und von denen ich sonst gehört habe, waren die »Mörder« immer Ketten- oder Zwingerhunde, soweit überhaupt etwas darüber gemeldet worden ist, wie sie gehalten wurden. Ein Hund, der in der Familie lebt, vielleicht im Schlafzimmer schläft, zu Mittag unter dem Tisch sitzt und abends mit seinen Leuten spazierengeht, kennt sie

Was wohl hinter dieser behaarten Stirne des jungen Dackels vorgehen mag?

allmählich haargenau, ob sie nun in der Badewanne sitzen, die Mäntel vertauschen, ihren eigenen Geruch gelegentlich mit Lavendelwasserparfüm oder neuen Seifen verlarven oder mit einem neuen Konfektionsanzug ankommen.

Ein Zwingerhund sieht dagegen seinen Herrn oft nur eine Stunde oder Minute am Tage und meistens in ähnlicher Kleidung, er lernt viele Hausgenossen gar nicht näher kennen. Deswegen macht er mit vielen von ihnen auch nicht aus, in welchem Rangverhältnis er zu ihnen steht. Ein Stubenhund ist entweder der Rangtiefste, oder er wird als bissig und gefährlich abgeschafft. Ein Kettenhund ist sich meistens gar nicht darüber klar, daß er der Rangtiefste im ganzen Anwesen sein soll. Er drängt darauf, das erst einmal mit jedem einzelnen auszufechten, nur bekommt er keine Gelegenheit dazu. Wie wenig kann sich so ein großer Schäferhund im engen Zwinger austoben, wie springt er am Zaun hin und her, bellt jedermann wütend an! Diese Erregung, die sich in ihm in Tagen und Wochen anstaut, kann dann leicht in Angriffshandlungen überfließen.

Haben sie schon einmal einen Hund tot auf der Straße liegen bleiben sehen, wenn zwei miteinander gekämpft haben? Backpfeifen sich verliebte Kater auf einem Dach um eine Kätzin, so bleibt doch keiner auf der Strecke. Ein Rabe *kann* wirklich nicht dem Mitraben das Auge aushacken, nach dem er beim Beutetier zuerst zielt. Wenn der eine Hund sich im Kampf unterlegen fühlt, nimmt er eine »Demutshaltung« ein, er bietet den ungeschützten Nacken dar oder wirft sich sogar auf den Rücken, so daß der andere ihm Kehle und Bauch zerbeißen kann. Im selben Augenblick *kann* der andere einfach nicht mehr zubeißen, seine Wut ist gehemmt. Das Tier tötet nicht den eigenen Artgenossen, der Löwe nicht den Mitlöwen, das ist nur dem Menschen vorbehalten. Tiere fechten nur sportlich aus, wer stärker ist.

Wir Menschen werden wohl für den Hund Mithunde und Rudelgenossen. Deswegen lernen wir aber nicht die »Hundesprache«, verstehen wir die angeborenen Hundesitten nicht. Ein Mensch, der von einem wütenden Hund angefallen wird, kann nicht wie ein unterlegener Hund durch eine Demutshaltung die Wut des anderen lähmen. Jeder Mensch wird sich bis zum letzten gegen den angreifenden Hund wehren – und so steigert er dessen Wut immer mehr. Hundesitten und Hundebräuche bleiben uns doch unvertraut.

Kann man es dann wagen, einen Hund ins Haus und zu Kindern zu nehmen, wird sich mancher Tierfreund nach diesen gruseligen Mordgeschichten fragen. Nun, es gibt allein in Stuttgart 30000 versteuerte Hunde und in ganz Westdeutschland einige Millionen. Wie wenig »Gewaltverbrecher« findet man unter ihnen, verglichen mit den menschlichen Insassen unserer Zuchthäuser, Gefängnisse und Irrenanstalten! Nein, für den Menschen bleiben am gefährlichsten immer noch der Mensch und dessen Schöpfungen, die Autos, die in jeder Stunde mehr Menschenblut fließen lassen als alle Hunde, Löwen, Tiger und Wölfe zusammengenommen in Jahrzehnten. Je mehr wir uns dem Hunde zuneigen, je enger wir ihn als Freund in unseren nächsten Lebenskreis einschließen, um so mehr können wir ihm vertrauen.

Mit dem Arm in den Leib
Das Zebu

Eines Tages war der große Zebubulle bei uns im Zoo nicht recht in Ordnung. Selbst das beste Futter aus Schrot und Rübenschnitzeln wollte ihm nicht mehr schmecken. Er kaute darauf herum, stand mit leicht gekrümmtem Rücken und waagerecht ausgestrecktem Kopf da. Der Zootierarzt Dr. Klöppel stellte die Diagnose: Fremdkörper im Magen. Schon der Vorgänger dieses Zebustieres war daran gestorben, daß sich bei ihm ein Drahtstück vom Netzmagen durch das Zwerchfell gebohrt und eine Vereiterung des Herzbeutels verursacht hatte. Eigentlich ist diese Erkrankung bei Rindern nicht selten. In der Schweiz sterben daran 12 v. H. der Tiere, für die von den Versicherungen Entschädigungen bezahlt werden. Im alten, ungeteilten Deutschland gingen jährlich etwa vierzigtausend an aufgenommenen Fremdkörpern zugrunde, was einem Schaden von vielen Millionen Mark entsprach.

Rinder haben nun einmal eine harte, unempfindliche Zunge. Anscheinend machen es ihnen die steife Zunge und die nach hinten gerichteten Schleimhautpapillen an der Innenseite der Backen schwer, einmal aufgenommene Gegenstände wieder auszuspucken. So wandern mit dem Futter auch Sand, Steinchen, Drähte, Nägel, sogar ganze Teile von Regenschirmen in den Magen. Selbst ein unzerbrochenes Hühnerei hat man schon mal in dem Pansen einer Kuh gefunden. Die Tierärzte wissen, daß sie wegen solcher Fremdkörpererkrankungen, die meistens zum Tode führen, besonders in der Nähe der Großstädte gerufen werden, wo viel Eisenzeug herumliegt und manchmal zwischen das Grünfutter und das Heu gerät. Kuhmägde verlieren öfters ihre Haarnadeln, Arbeiter, die einen Zaun bauen, lassen abgekniffene Drahtenden oder Nägel liegen.

Bei Pferden, die viel empfindlichere Lippen und Zungen haben, kommt so etwas fast nie vor. Während sich beim Menschen verschluckte Fremdkörper im Magen, im Zwölffingerdarm oder auch sonstwo in dem Verdauungsweg festkeilen, sitzen sie bei den Rindern so gut wie immer an einer ganz bestimmten Stelle: im Netzmagen, der »Haube«. Die Wiederkäuer haben bekanntlich vor dem eigentlichen Magen, dem »Labmagen«, der wie bei uns die Nahrung auflöst und verdaut, noch drei große Säcke, in denen der Futterbrei nur eingeweicht wird. Vorn kommt der Netzmagen, nach hinten schließt sich der Pansen an, der zentnerweise Nahrung enthalten kann, und etwa zwischen ihnen sitzt der Psalter.

Der Netzmagen, der für gewöhnlich ein ansehnlicher Sack ist, krampft sich von Zeit zu Zeit bis auf Kindskopfgröße, ja auf Faustgröße zusammen und wirft seinen Inhalt nach hinten in den Pansen, und dieser schleudert ihn dann wieder nach vorn. So wird die Nahrung durchgemischt. Beim Wiederkäuen atmet das Rind Luft in die Lunge ein, wodurch ein Unterdruck im Brustkorb entsteht. Gleichzeitig öffnet und erweitert sich der hintere Teil der Speiseröhre, so daß eine Ladung von dem dünnflüssigen Futterbrei angesogen wird. Dann verschließt sich das magenwärtige Ende der Speiseröhre, und das Futter rutscht durch einen Brechakt wieder in den Mund. Dort wird es mit vierzig bis sechzig Kieferbewegungen nochmals durchgekaut.

Jeder Wiederkäuer hat täglich fünf bis sieben Stunden mit dieser gemütlichen Tätigkeit des Wiederkäuens zu tun. Weil er das so gründlich macht, ißt er bei der ersten Nahrungsaufnahme auch viel hastiger. Eine Kuh kaut einen Bissen nur 15- bis 30mal hin und her und schluckt ihn schon nach 15 bis 25 Sekunden herunter, ein Pferd 30- bis 50mal in gewöhnlich einer halben bis einer dreiviertel Minute.

Das mag auch ein Grund dafür sein, warum bei den Rindern so häufig Dinge in den Magen rutschen, die dort nichts zu suchen haben. Wenn sie aus Eisen sind, bleiben sie fast immer vorn im Netzmagen liegen. Er hat merkwürdige, wabenförmige Schleimhautfalten, die wie die Schnüre eines Netzes angeordnet sind. Beim krampfartigen Entleeren und Zusammenziehen bohren sich spitze Gegenstände in diese faltige Magenwand ein, durchspießen sie, wandern weiter durch das Zwerchfell, und wenn sie da nicht sitzen bleiben, sogar bis in den Herzbeutel. So eine innere Verletzung tut den Tieren sehr weh. Sie stöhnen und wagen kaum mehr, Futter und Wasser aufzunehmen.

Wir wollten unseren guten Zebubullen nicht verlieren. Erst vor zwei Monaten hatten wir ihn bekommen, und seine drei Kühe waren noch nicht wieder trächtig. Hauskühe werden in solchen Fällen von tüchtigen tierärztlichen Chirurgen operiert. Wenn das frühzeitig geschieht, werden 80 bis 90 v. H. von ihnen wieder gesund. Aber eine brave Milchkuh ist daran gewöhnt, angebunden zu sein und von Menschen kommandiert und angefaßt zu werden. Unser Zebustier hatte mächtige Kräfte und bisher noch keine Fesseln am Leibe verspürt. Wir hielten ihm frische Karotten ans Gitter, und als er zutraulich mit der Zunge danach langte, warfen wir ihm Stricke über die Hörner. So wurde er mit Tauen und Balken in eine Ecke der starken Umgitterung gedrängt. Vollnarkose durfte er nicht bekommen, denn die Operation muß im Stehen ausgeführt werden, weil sich sonst die Eingeweide im Liegen verschieben. Der Sitz der Fremdkörper befindet sich tief in der Brusthöhle, nahe am Herzen. Wollte man auf kürzestem Wege zu ihnen gelangen, so müßte man Rippen durchsägen. Um das zu vermeiden, haben die tierärztlichen Chirurgen eine Operationstechnik ersonnen, bei der sie hinter der letzten Rippe in der Flanke eine Öffnung durch die Bauchdecke in den Pansen hineinschneiden und dann mit dem Arm durch die Länge des Pansens bis vorn in den Netzmagen eingehen, wo die Finger des Chirurgen durch die dünnhäutigen Wände das Pumpen des mächtigen Herzens spüren.

In die Operationsstelle wurde Betäubungsflüssigkeit eingespritzt; eine halbe Stunde später, als das Narkotikum bereits seine volle Wirkung entfaltet hatte, legte Dr. Klöppel eine lange Hautwunde an, so daß die Bauchdeckenmuskeln sichtbar wurden. Auch diese wurden durchtrennt, bis das Bauchfell zu sehen war. Nach dem Aufschneiden des Bauchfelles drängte sich sofort wie eine große Blase, luftballonartig, der gasgefüllte Pansen durch die Wunde nach außen. Jedesmal, wenn das Tier sich krümmte, mußte die kindskopfgroße Blase mit beiden Händen zurückgehalten werden. Das Aufschneiden des Pansens ist der kritische Teil der Operation. Nur zu leicht verschiebt sich der Pansen, der schlüpfrig und glatt in der Bauchhöhle liegt, gegenüber der Öffnung der Hautwunde, und sein schmutziger, bakterienverunreinigter Breiinhalt ergießt sich in die Bauchhöhle. Das gibt dann bald eine tödliche Bauchfellentzündung. Deswegen hat der tierärztliche Chirurg Götze vor über vierzig Jahren eine Methode erfunden, mit deren Hilfe seitdem tüchtige praktische Tierärzte die Operation in jedem Kuhstall ausführen.

Ehe der Pansen geöffnet wird, näht der Tierarzt das aufgeschnittene Bauchfell rings um die Öffnung an den Pansen fest. Dann erst macht er in der Mitte der Kreisnaht den Schnitt in den Pansen. Jetzt ist der verunreinigte Pansenraum durch seine Öffnung unmittelbar mit der Außenwelt verbunden. Der Brei kann nicht zwischen Pansen und Bauchdecke in die Bauchhöhle geraten.

Als das Innere des Stieres geöffnet war, holte unser Tierarzt

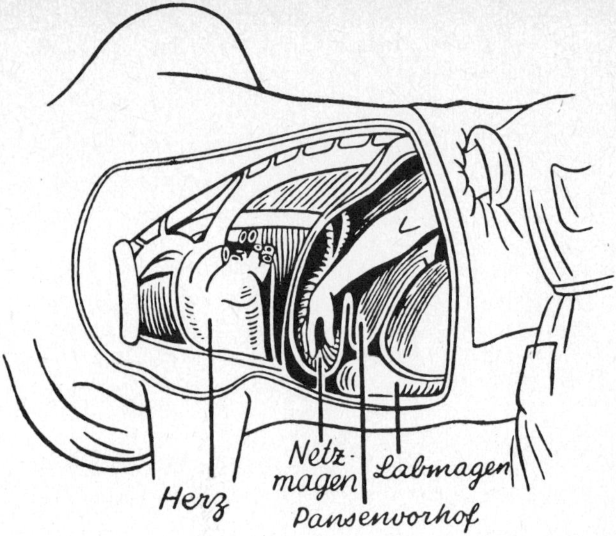

So dringt der Tierarzt durch die Operationswunde in der Flanke im Pansen bis in den Netzmagen (Haube) vor und holt dort die Fremdkörper heraus, die sich in Herznähe eingespießt haben.

mit der Hand erst ganze Berge voll weichen Panseninhalts heraus, damit er einen Hohlraum bekam, um darin den Arm bewegen zu können. Vorher hatte er eine Gummimanschette eingeführt, die das Verschmutzen der Wundränder verhinderte. Dann langte er mit dem nackten, keimfrei gemachten Arm tief in die Leibeshöhle des mächtigen Stieres. Er mußte sich auf die Zehenspitzen stellen, und wir mußten auf seine Schultern drücken, damit er recht tief hineinreichte. Wenn nämlich der Arm zu kurz ist oder das operierte Tier zu groß, dann ist der Chirurg oft genötigt, ein Stück aus der letzten Rippe herauszusägen. In unserem Fall aber langte der Arm. Dr. Klöppel konnte mit den Fingerspitzen im Netzmagen herumfühlen und holte bald nacheinander Drahtstücke, Groschen, Steine und Nägel heraus. Vier oder fünf von ihnen waren bereits tief in die Wand des Netzmagens und des Zwerchfelles eingedrungen und hatten da Eiterungen und Entzündungen hervorgerufen. Es war eine ganze Sammlung von unnützen Dingen, die zutage kamen.

Die ganze Operation fand bei vier Grad Kälte im Freien statt, denn wir konnten das ungebärdige Tier nicht in einen gedeckten oder geheizten Raum überführen. So mußte, wie oft in Feldlazaretten im Kriege, unter unschönen Verhältnissen im Freien gearbeitet werden. Da unser Tierarzt teilweise mit halb entblößtem Oberkörper operieren mußte, wäre die Operation bald schlimmer für ihn ausgegangen als für den Patienten. Wir mußten unseren tüchtigen Doktor zwischendurch gehörig massieren, und wir sind schnell gerannt, um ihm ein paar Schnäpse zu holen.

Als die tödlichen spitzen Dinger entfernt waren, wurde die Pansenwand nach innen eingestülpt und sauber mit starker Seide vernäht. Dann folgte eine Naht, die das Bauchfell wieder zusammenheftete, schließlich eine Naht der Muskeln und eine der Außenhaut.

Menschen, denen man den Bauch aufgeschnitten und wieder zugenäht hat, legt man schön ins Bett und paßt auf, daß sie nicht herumtoben oder zuviel sprechen. Ein Zebubulle hat für solche Vernunftgründe nicht viel Verständnis. Wir lockerten seine Fesseln, kletterten schön vorsichtig über das Gitter aus seiner Reichweite heraus und lösten dann behutsam die Taue um seine Hörner.

Natürlich galoppierte der Patient aus Freude über seine Befreiung erst einmal wie wild in dem Gehege herum. Ängstliche Blicke, ob die Wundnähte diese starke Spannung der Bauchdekke aushielten. Gottlob, sie hatten nicht nachgegeben! Nach ein paar Stunden, wenn die örtliche Betäubung ihre Wirkung verloren hatte, würde der Patient schon Schmerzen bekommen und sich ruhiger verhalten. Man sieht, auch Schmerzen sind etwas, das notwendig und naturgewollt ist. Nun mußten wir die nächsten Tage den Bullen, der immer mißtrauischer wurde, immer wieder mit einer Schlinge fesseln, um ihm Penicillinspritzen zu verabfolgen. Denn sonst konnten die Eiterungen und Entzündungen, welche die Fremdkörper verursacht hatten, ihn womöglich noch nachträglich umbringen. Auch das klappte, und außerdem mußte der Bulle noch ein paar Tage fasten und bekam nur vierteleimerweise Kleietränke und weiches Futter. Aber schon zehn Tage nachher feierte er Hochzeit mit einer Kuh. Er hat die Operation gut überstanden und ist bei uns noch Vater vieler Kälber geworden.

Mag nun so ein Zebu auch in Indien als heilig verehrt werden – es bleibt doch ein dummes Rindvieh, wirst du sagen, wenn es überhaupt solch unnütze Dinge wie Drahtstücke und Nägel

Diesem Zebubullen mußte unser Zootierarzt eines Tages den Bauch aufschneiden.

verschluckt. Aber wir Menschen sind durchaus nicht viel schlauer. Auch in den chirurgischen Kliniken sind Fremdkörper, die in Menschenbäuchen stecken, keine seltenen Fälle. Hausfrauen nehmen gern beim Nähen ihre Stopfnadeln in den Mund und verschlucken sie manchmal, wenn sie erschrecken. Kindern kann man alle Augenblicke irgendeinen unnützen Gegenstand aus den Backen herausfingern, und manchmal wandert er durch die Speiseröhre in den Magen. Auch Handwerker, die mit beiden Händen arbeiten, benutzen gern die Zähne zum Nägelhalten. Und beliebt ist das Fremdkörperschlucken bei Gefängnisinsassen, die sich aus Mangel an wirksameren Methoden auf diese Weise selber umbringen wollen oder für eine Zeitlang den eintönigen Aufenthalt in ihrer Zelle mit dem abwechslungsreicheren Dasein und der besseren Kost im Krankenhaus vertauschen wollen. Einem ist es dabei in Frankfurt auch tatsächlich gelungen, aus dem Krankenhaus, wo die Überwachung nicht so streng ist, zu entfliehen. Es ist schon einmal passiert, daß ein älterer Mann abends vergaß, sein Gebiß herauszunehmen. Er verschluckte es in der Nacht, es klemmte sich in der Speiseröhre fest, und weil er zu spät operiert wurde, starb er daran.

In der Frankfurter Chirurgischen Universitätsklinik sind in zehn Jahren immerhin 46 Menschen mit verschluckten Fremdkörpern eingeliefert worden. Die Hälfte dieser Dinge ging auf natürlichem Wege wieder ab, weil man die Patienten gehörig Kartoffel- und Mehlbrei löffeln ließ. Man kann ja beim Menschen das Weiterwandern so eines Fremdkörpers bequem auf dem Röntgenschirm verfolgen und braucht erst dann mit dem Messer einzugreifen, wenn die Sache gefährlich wird. Obwohl die tierärztlichen Institute meistens von allen Kliniken die riesigsten Röntgenapparate besitzen, kann man mit diesen Giganten wohl den Kopf und die Gliedmaßen der Pferde und Rinder durchleuchten, nicht aber ihren dicken Rumpf.

Nach vier bis acht Tagen erscheinen bei Menschen verschluckte Groschen und rundliche Gegenstände fast immer im Stuhl wieder. Handelt es sich aber um Nägel, Drähte, Nadeln, Broschen, Nagelfeilen, ganze Löffel oder Messer, dann bleiben sie meistens irgendwo hängen, und zwar gewöhnlich im engen, stark gekrümmten und wenig beweglichen Zwölffingerdarm. Auch in Brüchen, die von Darmschlingen ausgefüllt sind, kommt der Fremdkörper häufig nicht weiter. Dann gibt es Verletzungen der Darmwand, Durchbruch in die Bauchhöhle, tödliche Entzündungen und Eiterungen. Wenn man innerhalb der ersten acht Stunden operiert, sind die Aussichten günstig. Später verschlechtern sie sich mit jeder Stunde stark.

In einer Frankfurter Klinik wurde ein Strafgefangener zum zwölftenmal wegen Fremdkörpern operiert. Ein anderer Mann verdiente seinen Unterhalt damit, daß er auf Jahrmärkten berufsmäßig Nägel und ähnliches Zeug verschluckte. Er war schon sechsmal deswegen operiert, beim siebenten Mal holte man ihm dreizehn Nägel heraus. Auch unsinnige Wetten in Bierlaune sind häufig der Anlaß für das Schlucken von Fremdkörpern.

Ein Glück, daß wir heute in einem Zeitalter leben, in dem der Aberglaube nur noch auf Astrologie, Hellsehen, geheimnisvolle Einflüsse unsichtbarer Erdstrahlen und ähnliche Dinge beschränkt ist. Vor 160 Jahren konnte es noch sehr übel ausgehen, wenn man bei einer Kuh oder einem jungen Mann Nägel im Bauch fand. Man dachte damals anscheinend zu allerletzt daran, daß sie durch den Mund hineingekommen sein könnten. So hatte die hysterische Tochter des Glarner Arztes Tschudi Stecknadeln, Nägel und Steine verschluckt und erbrochen. Man klagte das Dienstmädchen an, es habe sie dem Töchterlein durch Hexerei einverleibt. Das arme Dienstmädchen wurde durch »peinliche« Untersuchungen überführt und im Jahre 1782 öffentlich enthauptet – also in der Neuzeit, sechs Jahre nachdem Goethe seinen »Werther« geschrieben hatte!

Eine Menge Druckschriften über ähnliche Vorfälle sind uns erhalten. Sie führen krause Meinungen darüber an, wie die Fremdkörper in den Leib kommen konnten. Der »böse Feind« soll bei Nachtzeiten den Leib öffnen und, was er will, hineinbringen, auch künstlich die Wunde wieder zuheilen. Andere behaupten, er bringe alles durch »weitgeöffnete Schweißlöcher« hinein. »Es seynd auch die da meinen / es könte der Tausendkünstler alle Sachen auch zu Pulver machen / und es so dem Menschen beybringen /in dem Leibe aber wieder zusammenfügen. Dem sey nun wie ihm wolle / die Kunst und List des Satans bleibet uns wol verborgen.«

So wird von einem achtzehnjährigen Mädchen erzählt, das »einstmals späte bei Nachtzeiten nach Hause ging. Da kam an sie von hinten ein schwarzgekleideter Mann (natürlich Satan in eigener Person), ergriff sie bei den Haaren, zog ihr den Kopf zurück und hielt ihr die Nasenlöcher zu. Wie sie nun im Schreien das Maul aufsperrte, stieß er ihr etwas hinein. Nach acht Tagen empfand sie jämmerliche Schmerzen und brach endlich kleine und große Nadeln, allerlei Nägel, zusammengewickelte Haare,

Eierschalen, Messer und ähnliche Sachen aus.« – Aus dutzend Vorfällen wissen wir heute, daß dieses Mädchen in krankhafter Spielerei die Nägel selber verschluckt und später die abenteuerliche Teufelsgeschichte dazu erfunden hatte.

Was man auf diesem Gebiet alles zustande bringen kann, das zeigte bis vor zwanzig Jahren ein Mann, der unter dem Titel »Das lebende Aquarium« in einer Schaubude halbe Stalleimer voll Wasser mit Goldfischen und Fröschen darin austrank und seinen Mageninhalt mit den noch lebenden Tieren eine Weile später wieder aussprudelte. Andere Leute verschluckten Mäuse und würgten sie lebendig wieder hervor. Ganz so ein »dummes Rindvieh« ist unser Zebubulle also im Vergleich zu uns Menschen doch nicht.

Soll er wieder in unsere Wälder?
Der Bär

Bären gibt es in Nordamerika noch recht zahlreich, besonders die schwarzen Bären oder Baribals. Im Jahre 1951 wagten sie sich in Minnesota im September hungrig bis in die Stadt, wahrscheinlich, weil es wegen der Trockenheit keine Pilze, Waldbeeren oder andere Äsung gab. Zuerst störte sich niemand besonders dran, aber als die Bären in Gruppen von 35 bis 40 Stück ankamen, ging eine üble Schießerei los, und von allen Seiten liefen Mordlustige herbei. Der Jagdverein wandte sich sehr nachdrücklich, aber erfolglos dagegen. Schließlich legte er außerhalb der Stadt einen großen Futterplatz an, der die Bären weglockte und an dem sie ständig bewacht werden konnten. Trotzdem wurden während drei Monaten mindestens fünfhundert Bären geschossen. In einer anderen Gegend lagerte eine Pelztierfarm in ihrer großen Kühlanlage allein 62 erlegte Bären aller Größen. Da die Pelztiere mit Pferdefleisch und Fischen ernährt wurden, belagerten die Bären die Farm Tag und Nacht. Ein bewaffneter Wächter mußte dauernd Posten stehen, bis man dann zu einem Großkrieg gegen die hungrigen Räuber überging.

Im Nordosten der Vereinigten Staaten und in Kanada sind Bären an manchen Stellen noch häufig und sie genießen dort keinerlei Schutz. Im Yellowstone-Nationalpark dagegen konnte ich Bilder davon aufnehmen, wie die Bären an die Besucher herankommen und sich aus der Hand füttern lassen. In so manchem unbeaufsichtigten Auto haben sie die Polster bei ihrer Suche nach Leckerbissen zerfetzt. Durch die leidige Fütterei haben sie ganz ihre Wildtiereigenschaft verloren.

Auf der Jagdausstellung von 1948 in den Vereinigten Staaten wurden Schädel und Fell eines riesigen Alaskabären gezeigt, der im gleichen Jahr bei Cold Bay geschossen worden war. Der Schädel war 49,5 cm, also einen halben Meter lang, die Decke 3,30 m, und das Tier hatte 800 kg gewogen, ganze sechzehn Zentner!

Bären gibt es auch bei uns in Europa, und keinesfalls etwa nur in Rußland. Man braucht von München aus nur sieben Stunden mit dem Auto südlich zu fahren, dann ist man mitten in der Heimat von ein oder zwei Dutzend wild lebenden Bären, in der Brenta- und Presanellagruppe der Alpen, in den Tälern um den

In den Nationalparks der USA nähern sich oft Bären den Autos.

Ortler und Adamello. In diesem Gebiet wurden von 1855 bis 1933 allein 190 Bären nachweisbar erlegt, ungerechnet die, welche von Wilddieben und überbesorgten Hirten heimlich umgebracht worden sind. Heute stehen sie dort zwar unter völligem Schutz, werden aber wohl vor dem Aussterben nicht zu retten sein, da eine Autostraße für den Massentourismus durch ihr Gebiet gelegt wird. Außerdem werden sie durch die Besiedlung der Täler in zu hohe, unwirtliche Gegenden abgedrängt, die ihnen nicht genug Nahrung bieten. In Nordtirol sind sie leider im vorigen Jahrhundert ganz ausgerottet worden; der jeweils letzte hauchte im Stubaital 1855, am Wetterstein 1864 sein Leben aus, in der Schweiz im September 1904. Auch in Frankreich sind Bären ständige Bürger. Allein auf der französischen Seite der Pyrenäen wurden 1952 rund vierzig Stück gezählt, weswegen man im letzten September die Jagd ganz freigab – gottlob wurde keines der armen Tiere getroffen. In Spanien leben gar nicht weit westlich von Madrid im Urwald der Sierra de Grados und in Asturien 35 bis 45 Bärenfamilien mit etwa 140 Köpfen.

Bei uns in Deutschland schoß man den letzten Bären erst 1943. Damals kamen zur Försterei Gardinen bei Mühlhausen in Ostpreußen Waldarbeiter, die sich beklagten, daß ein Braunbär sie von ihrem Lagerplatz vertreibe, ihnen das Frühstück wegesse und sie dann noch bis zum Waldrand verfolge. Dieser Bär brach in den Schrebergärten an der Bahnlinie die Lauben auf und holte sich den Honig aus den Bienenstöcken. Es half nichts, daß man alle Hunde freiließ, er ließ sich nicht stören. Auf einer groß angelegten Treibjagd wurde der arme Petz mit zwei Kugeln umgebracht, und ein paar Wochen später schoß man noch einen zweiten in der gleichen Gegend.

Alle Welt zerbrach sich damals den Kopf, wo diese Bären hergekommen waren, denn der Königsberger Zoo vermißte keinen, Zirkusse waren dorthin nicht gereist, und im benachbarten Baltikum gab es schon lange keine Bären mehr. Wahrscheinlich waren die Bären aus dem berühmten polnischen Urwald Bialowieza südöstlich von Bialystok, der dreihundert Kilometer entfernt liegt, übergewechselt.

In diesem Waldgebiet, in dem sich auch solange die letzten Wisente Europas gehalten hatten, waren nämlich 1937 von polnischen Jägern und Naturschützern wieder Bären ausgesetzt worden, nachdem man sie dort 1870 ausgerottet hatte. Es zeigte sich wieder einmal, daß es gar nicht so leicht ist, Tiere, die in einer Landschaft erst einmal durch Unvernunft und Mordgier der Menschen ausgemerzt worden sind, nachträglich wieder einzubürgern. Die Forstverwaltung ließ sich aus dem Posener Zoo und aus russischen Tiergärten junge Bären kommen und setzte sie im Wald aus. Diese Tiere waren aber von den Zoos her so an Menschen gewöhnt, daß sie immer wieder in ihre Nähe zogen. So wurde ein Bär von Bauern totgeschlagen, und den anderen mußte man wieder in den Zoo zurückschicken.

Deswegen machten es die Forstleute später anders. Sie setzten eine trächtige Bärin im tiefsten Waldesdickicht in einen Eisenkäfig mit breiträumigen Gitterstäben. Die Bärenmutter bekam vier Junge, und diese schlüpften durch die Stäbe aus und ein. Da außer zur Fütterung niemand hingehen durfte, lernten die jungen Tiere Menschen fast gar nicht kennen, verwilderten völlig und kamen schließlich nicht mehr zur Alten zurück. Auch die deutsche Besatzung förderte diesen kleinen Bärenbestand, und als sie 1943 abrückte, lebten im Urwald vier oder fünf Petze. Der Krieg hatte sie wenig gestört.

Als man in Livland im vorigen Jahrhundert einen der letzten Bären schoß, stellte der Jagdherr, ein Graf D., die Treiber und Schützen auf, trug aber selbst kein Gewehr, da er seine Gäste zum Schuß kommen lassen wollte. Sobald das Hornsignal erschallte, hetzte die Hundemeute den Bären ausgerechnet nach dem Grafen hin, der, auf seinen Spazierstock gestützt, ruhig wartete. Plötzlich flüchtete der starke Bär geradewegs auf ihn zu. Der Graf konnte ihm nur den Stock an den Kopf werfen. Dabei stolperte er, stürzte hin, und der Bär stand über ihm, wobei er brummend mit Tatzenhieben die Hunde abwehrte. Der Nachbarschütze sah das Unglück und schoß aus ziemlichem Abstand auf das Tier, traf es aber nicht. Endlich tötete ein anderer den Bären aus nächster Nähe mit einem Pistolenschuß in den Kopf. Da lag nun der Graf und der tote Bär halb über ihm. Besorgt hob man den Jagdherrn auf und fragte, ob ihn der Bär verletzt hätte. »Der Bär nicht«, sagte der trocken, »aber ich habe eine Kugel durch den Oberschenkel!«

Wir Zooleute müssen immer wieder darauf aufmerksam machen, daß menschenvertraute Zoobären häufig nicht so gutmütige Brummtiere sind, wie das in Grimms Märchen oder in der Fabel von Reineke Fuchs zu lesen steht. Sie sind oft so gefährlich wie Löwen oder Tiger. Meine Frau sah einmal bei uns im Frankfurter Zoo, wie eine Mutter ihr dreijähriges Kind über die Absperrung hob, damit es unseren großen Zuchtbären Marasch durch das Gitter füttern konnte; Marasch war aufgerichtet über zwei Meter hoch. Meine Frau sprach die Mutter ganz entsetzt an, bekam aber nur eine schnippische Antwort. »Das geht Sie gar nichts an, es ist ja nicht Ihr Kind.« An demselben Bärengehege ist ein Jahr später ein achtjähriger Junge über die Absperrung geklettert und hat die Hand durch das Gitter gezwängt, um den Bären zu streicheln. Der Arm wurde so zerfleischt, daß er abgenommen werden mußte.

Deswegen kann man sich den Schreck des Zirkusdirektors Kludsky vorstellen, als ihm in Olmütz alle Bären seiner Dressurgruppe ausbrachen. Er saß vergnügt beim Abendessen in seinem Wohnwagen, als die Tür aufging und zwei seiner Braunbären hereinkamen. Kludsky hatte diese Tiere, mit denen er täglich arbeitete, schnell eingefangen. Schlimmer war es aber, daß ein Mann angelaufen kam und aufgeregt schrie: »Die anderen Bären haben im Hotel Krone am Marktplatz beide Köchinnen aufgefressen!«

Ganz so schlimm fand der Zirkusmann die Lage nicht vor, aber die Küche war völlig zertrümmert. Die beiden Bären, die übrigens Max und Moritz hießen, rumorten dagegen im Keller. Sie machten nacheinander die Sektflaschen auf, hoben sie hoch und tranken sie aus.

Das klingt sehr märchenhaft, hat aber eine ganz natürliche Erklärung. Bären lassen sich leicht daran gewöhnen, aus Flaschen zu trinken. Deswegen gibt ihnen fast jeder Bärendompteur Zuckerwasser, denn die Zuschauer freuen sich, wenn die großen Tiere sich aufrichten, die Flasche zwischen den Vorderpranken halten und sie stehend austrinken. Weil Max und Moritz das jeden Abend in der Manege machten, wußten sie sehr wohl mit Flaschen umzugehen, und es war für sie auch nicht schwer, den Draht der Korken zu zerreißen und die weit vorstehenden Korken mit den Zähnen herauszuziehen.

Sie waren schon reichlich betrunken, als ihr Herr kam, und sie taten sofort, was sie in der Manege nach dem Austrinken des Zuckerwassers zu spielen hatten: sie legten sich als »Betrunkene« auf den Rücken. Kludsky faßte mit jedem Arm einen der Bären, die völlig friedlich geworden waren, um den Hals und führte sie so wieder in den Zirkus zurück.

Dieser Flaschentrick ist den Bären so leicht beizubringen, weil sie als Kinder leidenschaftlich gern lutschen. Spielt man mit ihnen, so saugen sie sich immer wieder an einem Finger oder an einem Kleiderzipfel fest. Als wir im Zoo einmal eine »Bärentaufe« machten und eine hohe Persönlichkeit so einen niedlichen kleinen Teddybären während einer lustigen Ansprache auf den Arm nahm, saugte er sich erst an den Ohren und dann an der Nase fest. Ausgerechnet bei dieser Stellung blitzten natürlich die Pressefotografen. Das Bild wurde später von der Gegenpartei als Wahlplakat benutzt.

Auch in den Karpaten leben heute noch Bären. Man lockt sie dort gern mit toten Pferden an, die man in den Wald schleift, und schießt sie dann von Bäumen aus. Graf Hoenbroech erzählt, wie ein besonders starker Bär dabei mit einem Wildschweineber in Streit geriet, der auch Verlangen nach Pferdefleisch hatte. Der Keiler bekam auf Kopf und Rücken dröhnende Prankenhiebe des Bären. Jeder davon hätte ein Kalb getötet, aber nach einstündigem Kampf zog der fortgesetzt laut brummende Bär mit schweren Wunden an den Rippen und der Bauchdecke ab, die ihm das Schwein mit seinen mächtigen Zähnen geschlagen hatte. Kampf und Wut der beiden Tierriesen waren schrecklich anzusehen. Bei einer anderen Gelegenheit kletterte der Bär auf das Dach des Hochstandes, so daß der Schütze nicht schießen konnte – eine unbehagliche Lage. Denn derselbe Bär hatte vorher Holzbalken von einem schweren Kasten spielend abgerissen, die man mit dreißig Zentimeter langen Nägeln festgeschlagen hatte, um

Wölfe, Füchse und Wildkatzen von dem Pferdefleisch darin abzuhalten.

Bären sind nicht gerade sehr blutdürstig. Auf der Halbinsel Kamtschatka, wo recht viele Bären leben, ernähren sie sich wochenlang hauptsächlich von blühenden Weidenkätzchen im Frühling. Sobald die Lachse die Flüsse aufwärtssteigen, waten sie hinein, fangen die Fische mit den Zähnen oder mit den Pranken. Nicht selten findet man einen Bären dabei im Fluß sitzen, so daß nur der Kopf herausschaut. Sie sind dann so verwöhnt, daß sie von den Lachsen nur die Köpfe und einzelne Eingeweide essen. Die Zapfen der Zwergkiefer nehmen sie in den Mund und sondern geschickt mit Zähnen und Zunge die Samen heraus, so daß die Schuppen seitwärts aus den Lippen herausfallen.

Man glaubt gar nicht, wie schnell diese Riesenkerle zuschlagen können. Im Berner Bärengraben erwischte einer einen Spatzen und schnitt bei einer anderen Gelegenheit einer Ratte den Rückzug ab. Allerdings biß sie ihn in die Lippe, so daß er sie schleunigst wieder laufen ließ. Auch eine Katze, die in Bern einmal in den Graben fiel, und ebenso eine hinuntergesprungene Kuh konnten sich erfolgreich gegen die Bären verteidigen, während Menschen, die hineingerieten, von ihnen fast stets getötet worden sind.

Auf alten Bildern kann man noch Zigeuner mit Tanzbären sehen. Der alte Hagenbeck erzählte mit Grausen, wie sein Vater einmal ahnungslos zwei Bären an Zigeuner verkaufte. Es waren schon alte, durchaus nicht zahme Tiere. Die Zigeuner ließen sie tagelang dursten, gaben ihnen dann nur stark gesalzene Heringe zu essen und setzten den durstenden Tieren große Schüsseln voll starkem Weingeist vor, der gut gesüßt war. Die Bären wurden völlig betrunken und lagen bewußtlos da. In diesem Zustand kniffen ihnen die Zigeuner mit Zangen die Zähne ab, ebenso im Fleisch die Krallen der Pranken und zogen ihnen einen Eisenring durch die Nasenscheidewand. Als die Tiere erwachten, machten sie vor Schmerzen keinerlei Versuche mehr, ihre grausamen Besitzer anzugreifen. Es ist gut, daß das Umherziehen mit solchen Tanzbären bei uns längst verboten ist.

1945 trieben nach dem Kriege ausländische Arbeiter ihr Unheil in dem weiträumigen, landschaftlich so schönen Nürnberger Zoo, der außerhalb der Stadt liegt. Sie schossen die seltensten Tiere tot, brieten sie über dem offenen Feuer an Spießen und verkauften das Fleisch pfundweise auf dem schwarzen Markt. Auch die Bären lockten sie mit Futter an die Grabenabsperrung,

Knapp drei Monate alt – die Eisbärin Nowaja. Sie wurde im Frankfurter Zoo mit der Flasche ernährt.

zogen ihnen Drahtseilschlingen über den Kopf und erdrosselten sie regelrecht durch Festziehen der Schlingen.

Es war wie eine Rache des Schicksals, daß eine ganze Anzahl dieser Rohlinge unter fürchterlichen Qualen an Trichinose starb. Schweinefleisch wird bei uns bekanntlich unter tierärztlicher Aufsicht auf Trichinen untersucht. Aber auch Bären beherbergen in ihrem Fleisch diese Schmarotzer, die sie meistens von aufgefressenen Ratten bekommen. Hat jemand trichinöses Fleisch gegessen, so befallen ihn Durchfall, hohes Fieber, eine Art Muskelkater und später so furchtbare Muskelschwellungen und Muskelschmerzen, daß die Patienten gekrümmt und regungslos im Bett liegen. Soweit sie nicht sterben, haben sie später noch lange Zeit an rheumatischen Schmerzen zu leiden, weil die Trichinen sich in den Muskeln einkapseln. Noch 1930 sind in Stuttgart viele Menschen gestorben, die einen nicht fleischbeschauten Bärenschinken gegessen hatten.

Der Bär war einst ein Tier, das zu unserer Heimat gehörte. Er brummt durch all unsere Sagen und Märchen. Was würde geschehen, wenn heute, wie in den meisten westeuropäischen Ländern, wieder Bären bei uns leben würden, wenn man sie in den

Bären sind keine blutgierigen Raubtiere. Sollen sie wieder in unsere deutschen Wälder?

deutschen Alpentälern einbürgerte? Müßte man dann wieder Angst haben, durch den Wald zu gehen?

Keinesfalls. Freilebende Bären fliehen den Menschen genau wie jedes andere Wild. Mit ihnen würden gewiß nicht öfter Zwischenfälle passieren als mit Haustieren, die dort frei auf den Weiden laufen und oft bösartig, angriffslustig und vor allem weniger menschenscheu sind als ein Bär – von dem Blutdurst der Autos und Motorräder ganz zu schweigen.

Auch der Schaden an Weidevieh wäre unbeträchtlich, er wird gern übertrieben. Bären leben nun einmal überwiegend von Pflanzenkost. In Nordschweden, wo man die Bären sorgsam schützt, hat der Staat in zwei Jahren ganze 102 Haustiere ersetzt, welche die Bären getötet hatten, und es wurden nicht mehr als 2400 Kronen für diese Rentiere vergütet. Dabei rechnen die Bauern gern in Gegenden, wo solche Entschädigungen geleistet werden, allerlei verschwundene Schafe oder Schweine auf das Konto der Bären.

In den Nationalparks der Vereinigten Staaten sind die frei herumlaufenden Bären der Hauptanziehungspunkt für Touristen, und im südafrikanischen Krügerpark oder in Ostafrika fahren die Besucher im Auto sogar mit Abstand von wenigen Metern an riesigen Elefantenbullen, Löwen und Leoparden vorbei. Die Menschen, die immer mehr aus dem Paradies der Schöpfung in die künstlichen Steinschluchten der Großstädte vertrieben werden, sind dankbar, wenn sie die großen Wildtiere in ihrer natürlichen Heimat bewundern können. Bären wären bei uns leichter wiedereinzubürgern als Adler, Uhus, Wildkatzen, Kolkraben oder Fischotter.

Sollten sie nicht wieder bei uns im Walde hausen, diese mächtigen und klugen Tiere, die ebenso ein Heimatrecht bei uns haben wie wir selbst?

Tiere und Autos

Als die Autos vor über einem halben Jahrhundert aufkamen, lachten die Menschen über diese knatternden, stinkenden Ungetüme, und die Pferde gingen vor ihnen durch. Heute ist uns das Lachen und den Pferden das Scheuen vergangen, der Kampf ist längst entschieden: In Frankfurt dürfen Pferdefuhrwerke in der Innenstadt überhaupt nicht mehr fahren. Aber nicht nur die Pferde sind die Unterlegenen, sondern *alle* Lebewesen, die auf Beinen statt auf vier Rädern laufen und die Blut statt Benzin in den Adern haben. Die Zahl der Autos nimmt stündlich auf der Erde zu, und die Zahl der Tiere geht ebenso jede Stunde zurück. Das Ende ist klar abzusehen.

Was mögen aber eigentlich die Tiere von diesen stinkenden, hastigen Lebewesen halten, deren Schöpfer nicht die Natur, sondern der Mensch ist? Von unseren Haustieren wissen wir es ungefähr. Viele Hunde werden nie lernen, daß es zwecklos ist, die Autos anzubellen und in die Räder zu beißen. Kühe gehen unbeirrt ihres Weges weiter, ohne sich im mindesten um das Hupen oder die mächtige Front eines Lastwagens zu kümmern, Ziegen spritzen nach allen Seiten auseinander, während Maulesel höchstens das Hinterteil einziehen oder den Kopf heben, um das Auto vorbeizulassen. Die wilden Tiere Afrikas kümmern sich heute kaum um Autos, wenigstens nicht in manchen Nationalparks, wo alle paar Stunden welche zu sehen sind. Als aber vor einigen Jahrzehnten die ersten Kraftwagen aufkamen, liefen sie entweder weg oder kamen neugierig heran, um dieses seltsame neue Tier zu untersuchen. Es hatte ja keinen feindlichen Geruch, es schrie wohl wie eine Hyäne, der Kopf war kurz, es hatte zwei übergroße Augen, und der Hals fehlte, ähnlich wie bei einem Nashorn. Das ganze Ding wirkte etwa wie eine Kreuzung zwischen Elefant und Rhinozeros, und vor diesen beiden Tieren laufen ja die anderen auch nicht weg.

Nur diese Dickhäuter selber sehen die Autos manchmal als Rivalen an und greifen sie an, wenn die blechernen Konkurrenten ihnen zu nahe kommen oder in ihr Revier eindringen. So mußte ein Bekannter von mir kürzlich mehrere Kilometer rückwärts fahren, weil er hartnäckig von zwei weißen Nashörnern verfolgt wurde. Es ist auch schon passiert, daß so ein

Kühe sind überzeugt, daß sie immer Vorfahrt haben.

kurzsichtiges Rhino ein Auto verliebt umkreist hat und dann sehr empört war, als es seinen Irrtum entdeckte. Mancher Autofahrer hat ängstlich auf dem nächsten Baum gesessen, während ein Elefant seinen Wagen demolierte. Ein alter Farmer erzählte mir unlängst, welche Ängste er mit seinem ersten Wagen ausgestanden hat, einem alten Ford, der steile Berge nur rückwärts hinauffuhr und dessen Lampen nur so lange leuchteten, wie der Motor lief. Einmal versperrten ihm vier Löwen den Weg und kamen immer näher. Sie waren gar nicht einmal bösartig, sondern nur neugierig, und hatten nur die Absicht, dieses seltsame Ding näher zu untersuchen. Die Paviane gehen gewöhnlich erst im letzten Augenblick laut schimpfend und höchst empört beiseite: sie verfolgen das vorbeifahrende Auto dann noch eine Strecke.

Als er einmal übermütig auf eine Büffelherde zufuhr, wich diese gar nicht aus, sondern teilte sich. Die eine Hälfte schwenkte herum, um ihm den Rückzug abzuschneiden, und so dankte er Gott, daß er im letzten Augenblick noch vor den streitbaren Tieren davonkam. Den Tiersammler Walter Schultz griff ein selbstbewußter Gnu-Bulle so wütend an, daß er mit dem Horn tief im Kühler steckenblieb und dann mit der Axt herausgehauen werden mußte. Gegen die »Kinder« dieser neuen Autotiere sind manche Geschöpfe der Wildnis besonders mutig. Ein weißer Pater mußte sich daher die Soutane um den Leib wickeln und einen Baumstamm hinaufklettern, während ein Nashorn sein Motorrad völlig demolierte.

Warum fliehen wohl manche Tiere vor dem Auto im letzten Augenblick quer über die Straße – Kleinkatzen, Nager, Eidechsen, Antilopen, bis herauf zu Warzenschweinen und Giraffen? Vermutlich laufen sie gar nicht vor dem Auto selbst weg. Sie sehen es nur in scheinbarer Flucht angesaust kommen, und diese Panik reißt sie mit, wie das bei Steppentieren üblich ist. Vermutlich ist es eben Brauch, mit dem Verfolgten nicht in gerader Richtung mitzulaufen, sondern sich seitlich davonzumachen und dabei unter Umständen seinen Weg zu kreuzen. Um dieses Verhalten richtig beurteilen zu können, müßte das Zusammenleben der Tiere viel besser beobachtet und erforscht sein. Hundsaffen fliehen zum Beispiel vor dem Auto, ihre Nachhut stellt aber fest, in welcher Richtung es davonfährt – so wie sie das bei Raubtieren tun.

Wo die Autos ihre volle Geschwindigkeit entfalten können, wirken sie unter den Tieren in der Landschaft schlimmer als Raubtiere. Allein auf den Fernverkehrsstraßen von sieben Krei-

Wildtiere »fliehen« quer über die Straße.

sen Pennsylvaniens hat man in zehn Jahren 125 460 Stück totgefahrenen Wilds und Vögel gefunden, Hunderte von Hirschen nicht inbegriffen, und ebensowenig die Tiere, die angefahren sich noch ins Gebüsch geschleppt haben und dann von Raubwild verzehrt worden sind. Die Versicherungen der USA vermerkten 1960, daß von Autos 41 311 Hirsche getötet worden waren. Da nur Schäden über 100 Dollar an Autos vergütet werden und da nur ein Bruchteil der Autos dagegen versichert ist, dürften drei- bis viermal soviel Hirsche in diesem Jahr durch Autos getötet worden sein. Auf den Straßen Virginias wurden 1952 rund 10 000 Hunde totgefahren, neben 11 600 Katzen, 10 800 Kaninchen und etwa 10 000 Waschbären, Hamstern, anderen kleinen Tieren und über 4000 Stinktieren. In der Bundesrepublik starben nach einer Meldung des hessischen Landwirtschaftsministeriums 1962 etwa 200 000 Hasen, 50 000 bis 100 000 Rehe und etwa eine Million Singvögel als Verkehrsopfer. Ein deutscher Besucher, der mit einem Brasilianer zusammen in der Umgebung von Sao Paulo abends eine kurze Autofahrt machte, empörte sich darüber, daß sein Begleiter zielbewußt Gürteltiere auf der Straße blendete, sie überfuhr, dabei den knöchernen Rückenpanzer »knackte« und die überfahrenen Tiere als fetten Braten in sein Auto warf.

Die Tiere können sich für diese Bluttaten nur bescheiden »rächen«. Vom ersten Januar bis zum 30. September 1953 sind durch Tiere auf den Landstraßen im Bundesgebiet immerhin 6499 Verkehrsunfälle verursacht worden, und in Frankreich verursachten Tiere im darauffolgenden Jahre ebenso viele Verkehrsunfälle wie betrunkene Autofahrer. Nach der Statistik der Landwirtschaftlichen Berufsgenossenschaften wurden in der Bundesrepublik Deutschland 1953 36 549 Angehörige landwirtschaftlicher Berufe durch Tiere verletzt und 169 getötet. Auch winzige Tierchen können dem Kraftfahrer Böses antun. Einer berichtet, daß in seinem Auto ein hartnäckiger Gestank zu riechen war, der sich gar nicht auslüften lassen wollte. Als gar nichts half und als man es in der Limousine kaum noch aushalten konnte, ging er daran, den Wagen regelrecht zu »sezieren«. Dabei fand er schließlich eine tote Maus im Deckenpolster.

Verblüfft war ein Bauer, der im Mai vor einigen Jahren bei Franzenheim im Kreis Trier Holz im Walde auflud. Als er aus dem Busch wieder auf den Waldweg zurückkam, wo er seine Zugmaschine im Leerlauf hatte stehenlassen, krochen sieben grellgestreifte Frischlinge unter ihr herum. Sie hatten das langsame Hö-Hö-Hö-Hö der Maschine für die Locklaute der Bache gehalten.

Der Bauer fing eins, das er mit der Flasche großziehen wollte, und jagte die übrigen zu ihrer Mutter davon.

Noch sprachloser war aber ein australischer Farmer, der seinen Wagen, meilenweit vom Hof entfernt, in der Wildnis stehenließ und sich im Busch umsah. Als er zurückkam, war der Zündschlüssel verschwunden, obwohl ganz gewiß im weitesten Umkreis keine Menschenseele zu finden war. Die Lösung dafür kann gewiß nicht der gewiegteste Kriminalist finden, sondern eben nur ein australischer Farmer oder ein Biologe.

Der Mann ging im weiten Umkreis um das Auto durch den Wald und fand schließlich seinen Zündschlüssel im Neste eines Laubenvogels. Die Männchen dieser merkwürdigen Vögel sind dafür berühmt, daß sie sich aus Zweigen kleine Gänge oder Hütten bauen, um dort ihre Balztänze aufzuführen und Weibchen herbeizulocken. Sie schmücken diese Lauben mit auffälligen und glänzenden Gegenständen. Eine Laubenvogelart in den ostaustralischen Regenwäldern sammelt nur blau, grünlichgelb, grau und braun gefärbte Gegenstände. In einem kleinen Hotel drangen stets Laubenvögel in die Waschküche ein und stahlen die Beutel mit Waschblau. Ihre Tanzplätze in der Nähe waren damit verziert und ebenso mit den Blüten blauer Blumen. In so einer Gegend kann niemand blaublühende Blumen in seinem Garten ziehen, es sei denn, er will sämtliche Laubenvögel totschießen.

Insektenforscher berichten, daß ihnen das silberne Eßbesteck und ebenso die Instrumente für ihre Sammlungen aus dem Lager gestohlen wurden; einem anderen fehlte sein Glasauge, das er die Nacht über in einen Becher voll Wasser auf den Nachttisch gelegt hatte. Der Hund wurde verdächtigt und verprügelt, ja man wollte ihn töten, um das wertvolle Glasauge wiederzufinden. Schließlich fand man es auch wieder in der Laube eines dieser diebischen Vögel. Als in einer Gegend eine neue Telefonleitung gezogen wurde, waren in der Nachbarschaft die Tanzplätze aller Laubenvögel mit Unmengen von Schrauben, Drahtstücken und Instrumenten verziert.

Aber auch unsere europäischen Vögel treten zu Autos in Beziehung. Anfang der zwanziger Jahre kamen bei den Autofahrern schreckliche Schrillpfeifen in Mode. Damals ahmten die Feldlerchen an der Straße von Kremlingen im Kreis Braunschweig nach einiger Zeit diese gellenden Autopfeifen nach. Das taten aber nur die Feldlerchen im Abstand etwa eines Kilometers von der Straße; diejenigen, die ihr Revier weiter ab davon hatten, sangen wie früher. Das Nachahmen ist also nicht nur auf Papageien beschränkt.

Ein merkwürdiger Vorfall mit einem Löwen ereignete sich in Blantyre, Nyassaland, in Südafrika. Eine Frau, die mit ihren Kindern gerade allein auf der Farm war, bot einem durchfahrenden Tabakreisenden Nachtquartier an, wie das in Afrika üblich ist. Der Mann stellte seinen Wagen, einen Austin, dem Haus gegenüber ab. Mitten in der Nacht erwachte die Frau davon, daß ihre Hühnerglucken, die sie unter Körben auf der Hausveranda stehen hatte, laut schrien. Die Mutter nahm den Revolver vom Nachttisch und ein Sturmlicht in die Hand, konnte aber auf der Veranda nichts entdecken – bis sie ein schnarchendes Schnauben zu ihren Füßen hörte und einen Löwen erkannte, der sich auf der Veranda hingeduckt hatte. In ihrer Aufregung drückte sie statt auf den Abzugshahn gegen den Sicherungsbügel der Pistole, so daß sie nicht losging. Schließlich flüchtete der Löwe, und sie schoß das ganze Magazin hinter ihm her im Dunkeln leer.

Der Handlungsreisende hatte beim Abendtisch noch erzählt, daß er nur jemandem helfen würde, von dem er später Dank erwarten könne. Dieser Ausspruch hatte die Mutter so verärgert, daß sie jetzt gar nicht auf den Gedanken kam, den Gast zu wecken. Außerdem mußte er ja von der Schießerei vor seinem offenen Fenster längst wach geworden sein. So legte sich die Frau wieder ins Bett, konnte jedoch vor Aufregung nicht einschlafen. Etwa eine Viertelstunde später hörte sie über den Hof in einiger Entfernung vom Hause ein Geräusch, »wie wenn man Mais auf ein Blech schüttet«. Sie kümmerte sich nicht weiter darum. Am nächsten Morgen aber fand man das kleine Auto des Handlungsreisenden reichlich demoliert. Der Löwe hatte die Vorderreifen zerrissen und zerfressen, eine Lampe war entzwei, und es klebten Blut und Haare an dem Auto. Auf der Spur des Löwen fand man dann noch ein etwa fingerlanges Stückchen Haut. Es blieb unklar, ob das Raubtier sich an dem Auto verletzt hatte oder ob es doch von der mutigen Mutter blindlings angeschossen worden war. Ebenso war nicht herauszufinden, was das Tier eigentlich mit dem Auto hatte anstellen wollen.

Unerwartete Begegnungen zwischen Kraftwagen und größeren Tieren können nicht nur dadurch schlimm ausgehen, daß sich die Tiere bedroht und angegriffen fühlen. Vor einer Reihe von Jahren überraschte ein Autofahrer in Wyoming einen Adler, der mitten auf der Straße ein Kaninchen kröpfte. Der große Vogel kam nicht mehr rasch genug empor, er prallte gegen die Schutzscheibe, die damals noch nicht splittersicher war. Als das Auto endlich hielt, stellte sich heraus, daß niemand verletzt war, obwohl alles mit Scherben übersät war. Der Adler aber saß ganz verdattert auf dem Rücksitz. Erst nach einigen Stunden erholte er sich und flog davon.

Die Gegend um den Eduardsee ist besonders reich an Flußpferden, da sie unter Naturschutz steht und die Jagd verboten ist. Eine der Verbindungsstraßen zwischen dem Viktoria- und dem Eduardsee wird jede Nacht von Hunderten von Flußpferden gekreuzt, die aus dem Wasser steigen, um auf den Grasflächen zu weiden. Vor wenigen Jahren prallte dabei ein Lastwagen in der Nacht auf ein Nilpferd, und das ist schon etwas anderes, als wenn man einen Hund überfährt. Der Fahrer spürte den heftigen Stoß, er gab Gas, um weiterzukommen, aber die Räder drehten sich im Leeren. Der Wagen war nämlich mit der Hinterachse auf den Rücken des Flußpferdes gekommen, dieses hatte ihn angehoben, und die Räder konnten nicht fassen, weil sie frei in der Luft schwebten. Schließlich kamen die beiden Ungetüme wieder auseinander: das Flußpferd – wohl nicht minder erschrocken als der Autolenker – sprang klatschend ins Wasser zurück.

Autos verleiten zum unfairen Jagen. Man kann das Wild ohne Anstrengung bequem einholen, die Tiere ahnen gar nicht, daß die gefährlichen Menschen in dem blechernen Nashorn stecken. Außerdem sitzt man darin gut gepanzert und gegen die meisten Angriffe geschützt. So ist es neuerdings Mode geworden, in Ägypten die letzten Gazellen vom Auto aus zu jagen, obwohl dies gesetzlich verboten ist und nur noch wenige Gazellen an der Grenze nach Libyen leben. Auf dem flachen Gelände hetzt man die zierlichen Geschöpfe mit dem Auto im 90-Stundenkilometer-Tempo etwa fünf Minuten lang, bis ihre Herzen versagen und sie ganz langsam zu laufen beginnen. Dann kann man sie bequem und mit Genuß zusammenschießen.

Der amerikanische Marine-Major G. Gilliland hat sich das Vergnügen gemacht, die Waidgerechtigkeit seiner autofahrenden Jäger-Landsleute zu prüfen. Er stellte einen ausgestopften Weißwedelhirsch während der Schonzeit nicht weit von der Straße vor das Gebüsch und setzte sich, eine Pfeife rauchend, hinter einen Strauch. Schon das erste Auto hielt an, und aus dem Wagen wurde ein wildes Feuer auf den vermeintlichen Hirsch eröffnet, der nicht totzukriegen war. Der Major schenkte jedem der autofahrenden »Jäger« eine Zigarre, aber bald war seine Zigarrenta-

Das Breitmaulnashorn, nach dem Elefanten das größte Landsäugetier, ist eines der friedlichsten Wildtiere.

Ein Zebra trottet neben der Straße und läßt sich von uns überholen.

sche völlig leer. Er zählte nämlich am Abend des zweiten Tages 400 Schüsse in dem ausgestopften Hirsch. Die Umgebung des Zieltieres war »eine Art Bleimine«. Ich selbst habe das Experiment mit einer ausgestopften Antilope in Afrika wiederholt und hatte auch ganz hübsche Erfolge damit.

Und doch wirken sich Autos wenigstens in einer Hinsicht segensreich für die wilden Tiere aus. Der Fang von Steppentieren ist durch die Verwendung von Lastwagen nicht nur für die menschlichen Fänger, sondern vor allem auch für die Tiere viel weniger verlustreich geworden. In der ersten Zeit hat man oft die Mütter abgeschossen, um die Jungtiere zu bekommen. Dann ist man schon vor Jahrzehnten im Kongo dazu übergegangen, eine Elefantenherde planmäßig durch Schüsse und Schreien in die Flucht zu schlagen und die zurückbleibenden Jungen mit Stricken an Bäume zu binden. Wenn dabei ein Alttier kehrtmacht und ernstlich angreift, ohne sich einschüchtern zu lassen, dann muß man es doch gelegentlich totschießen.

Verwendet man jedoch beim Autofang zwei Lastwagen, wie das heute in Kenya und Tanganjika geschieht, so ist man immer schneller als die flüchtenden Elefanten, während das sportliche schwarze Läufer sonst nur für begrenzte Zeit zustande bringen. Greift ein Elefant an, so kann das Auto ausweichen und davonfahren, so daß die Begegnung niemals gefährlich werden kann. Es gelingt daher viel besser, die zurückbleibenden Jungtiere abzudrängen. Diese beruhigen sich dann recht schnell, wenn sie außer Sichtweite der Herde sind. Im Gegenteil, sie halten sich geradezu an die Autos und suchen mit ihnen Fühlung. Offensichtlich sehen die harmlosen kleinen Dickhäuter die Lastwagen für etwas Ähnliches wie Elefanten an. Die Mannschaft, welche auf dem Auto sitzt, holt dann in Hast eine Transportkiste herunter, drängt den kleinen Elefanten hinein, ladet die Boxe auf und fährt mit ihr davon. So läuft der Elefantenfang heute in Ostafrika völlig unblutig ab.

In den vielbesuchten Nationalparks Afrikas ist es den Autofahrern verboten, die Tür aufzumachen und auszusteigen. In diesem Augenblick können ihnen die Löwen an der Straße nämlich sehr gefährlich werden. So fährt der Besucher im geschlossenen Wagen von einem stacheldrahtumzäunten Rastplatz bis zum nächsten, wo er in Gasthütten oder einem kleinen Hotel innerhalb der Umzäunung übernachten muß. Es ist streng verboten und mit Strafen bedroht, aus dieser Umzäunung hinauszugehen. Ein Nationalpark dieser Art ist also gewissermaßen ein »verkehrter Zoo«. Die Menschen müssen im Käfig und hinter Gittern bleiben, während die Tiere frei herumlaufen. Daß es so etwas überhaupt gibt, muß uns Zooleute tief befriedigen. Und das kann uns mit den Autos wieder etwas versöhnen.

Rechts-Äuger oder Linkshänder?

Der amerikanische Löwendresseur Clyde Beatty erzählt, er habe einst einen Löwen besessen, der sich von Pistole, Stock oder Feuerbrand nur dann einschüchtern ließ, wenn sein Meister sie in der linken Hand hielt. Jeder Löwe oder Tiger sei entweder links- oder rechtsprankig, das heißt, er greife stets mit der linken bzw. der rechten Hand zuerst an. Spanische Stierkämpfer behaupten, daß jeder Bulle ein Lieblingshorn hat, mit dem er besonders gern zustößt. Adler, Bussarde, Falken und Eulen sollen ihre Beute vor allem mit dem linken Fuß durch die Luft tragen. Eine zahme Krähe unterschied sehr deutlich zwischen der rechten und der linken Hand ihres Pflegers. Die rechte Hand, von der das Tier regelmäßig Futter bekam, wurde als »Freund« behandelt, die linke, welche den Vogel dabei gelegentlich abwehrte und scheuchte, hingegen als »Feind« verfolgt. Gnus, Kuhantilopen und andere Steppentiere sollen die Straße vor Autos meistens von links nach rechts überqueren. Das sei nämlich die Seite, von der auch die meisten Raubtiere angreifen.

Wie weit das alles zutrifft, weiß ich nicht. Bei einigen Tieren, nämlich bei Papageien, Pferden und Menschenaffen, habe ich selber Untersuchungen gemacht, die zum Teil Monate beanspruchten. Je mehr man sich mit dieser Frage der »Händigkeit« beschäftigt, um so vielseitiger wird sie. Erst recht beim Menschen.

Vor Jahrzehnten behauptete ein Tübinger Anatom, daß die berühmte Venus von Milo gar nicht so schön sei, wie man ihr nachsagt. Und viele andere Marmorbilder aus dem Altertum auch nicht. Er hatte nämlich die Gesichtshälften genau nachgemessen und dabei entdeckt, daß sie durchaus nicht vollendet regelmäßig, sondern ungleich waren. Man war überrascht von dieser Behauptung und sah sich daraufhin auch die Gesichter der lebenden Menschen näher an. Wenn man Porträtaufnahmen, die haargenau von vorn gemacht sind, in der Mittellinie zerschneidet, einen Abzug spiegelbildlich kopiert und dann zwei rechte Gesichtshälften und zwei linke Gesichtshälften zu jeweils einem ganzen Gesicht zusammensetzt, so sind sich diese »rechten« und »linken« Gesichter recht ähnlich. Andere Forscher nahmen sich die Knochenschädel von Menschen aus heutiger Zeit, ja selbst von ägyptischen Mumien vor und entdeckten, daß 97 v.H. von ihnen rechts und links ungleich sind.

Man kam weiter dahinter, daß die Knochen der rechten Körperhälfte etwa ein Zwanzigstel schwerer sind als die der linken, daß die linke Augenhöhle einen mehr viereckigen, die tiefer stehende rechte einen mehr kreisförmigen Eingang hat, daß der linke Augapfel meist einen Millimeter mehr vorn liegt, daß der Schwerpunkt des Menschen nicht in der Mitte, sondern in der rechten Körperhälfte zu finden ist, daß die linke Stirn gewölbter ist und einen größeren Höcker hat.

Daß das Herz nicht »auf dem rechten Fleck« – also links in der Brust – liegt, sondern rechtsseitig, ist wohl sehr selten. Bisher sind erst etwa 180 solcher Fälle beschrieben worden. Häufiger dagegen liegen die Bauchorgane seitenverkehrt – Blinddarm, Leber, Darmschlingen usw. –, was bei Operationen Überraschungen geben kann. Jeder fünftausendste Mensch hat den Blinddarm links. Dreiviertel aller Menschen haben einen längeren rechten Arm, und bei etwas mehr als der Hälfte von ihnen ist das linke Bein um ein bis zwei Zentimeter länger als das rechte; nur bei einem Viertel sind beide Beine gleich lang. Schon viele ungeborene Kinder haben verschieden lange und starke Gliedmaßen. Ja, sogar der Haarwuchs auf dem Kopf ist nicht ganz gleichmäßig, und auch die Nägel der Finger und Zehen wachsen rechts etwas schneller und stärker.

Wie wenig gleichmäßig aber die beiden Hälften unseres Ichs sind, merkt man an den Linkshändern und den Rechtshändern.

Anscheinend gebrauchen die Menschen schon seit urdenklichen Zeiten ihre beiden Arme nicht gleichmäßig. Die bronzenen und eisernen Geräte aus vorgeschichtlicher Zeit, vor allem die Sicheln, waren ihren Handgriffen nach fast immer für Rechtshänder, nur ganz selten für Linkshänder bestimmt. Vor über sechzig Jahren soll man auch an den Faustkeilen aus der Steinzeit ähnliches entdeckt haben, aber sie sind dazu nun wirklich zu roh und gestaltarm. Die alten Standbilder, von denen manche schon vor fünftausend Jahren gemeißelt worden sind, stellen die Menschen meist rechtshändig handelnd dar.

Auch die Sprachforscher können uns manches dazu sagen. In vielen Sprachen ist das Wort oder zumindest der Wortstamm für »fünf« der gleiche wie für »links«, und ebenso für »rechts« und »zehn«, zum Beispiel im Lateinischen dexter = rechts, decem = zehn. Die noch ungebildeten Völker zählten also die Zahlen bis fünf an den Fingern der linken Hand (d.h. mit der rechten Hand) ab, sechs bis zehn zählten sie an den rechten Fingern – das aber ist ein Zeichen für Rechtshändigkeit. Bei den Griechen heißt das Wort für »zählen« eigentlich »fünfern«. Sie zählten also noch an den Fingern, nachdem sich die griechische Sprache bereits herausgebildet hatte. Bei vielen Völkern und Religionen gilt die linke Hand für linkisch und unbeholfen, die rechte Hand als redlich und ehrenhaft. So ist im Deutschen »rechts« und »recht«, »links« und »linkisch« stammverwandt, »dexter« bedeutet im Lateinischen sowohl »rechts« wie »heilvoll«, »sinister« sowohl »links« wie »unheilvoll«, und im Griechischen ist es ebenso. Bei Mohammedanern und Juden spielen die Hände im religiösen Gebrauch eine sehr verschiedene Rolle. Die rechte Hand ist noch heute bei uns die Schwurhand, der Teufel soll mit der Linken fiedeln; wenn uns alles verquer geht, sind wir »mit dem linken Bein zuerst aus dem Bett gefahren«. Auch heute noch sind bei allen Völkern der Erde die Rechtshänder in der Überzahl. Es ist aber gar nicht so leicht zu ermitteln, *wie viele* Links- und Rechtshänder es eigentlich gibt. Denn da die Linkshändigkeit den leichten Ruch geringerer Geschicklichkeit hat, melden sich bei Befragen etwa unter Soldaten durchaus nicht alle Linkser. Deswegen veranlaßt man die Untersuchten gern zu allerlei Tätigkeiten, ohne ihnen zu sagen, worum es sich handelt. Nur ganz stark ausgeprägte Linkshänder löffeln die Suppe, entkorken eine Flasche oder schreiben mit der Linken. Gelegentliche Linkshänder aber spielen mit der linken Hand Karten aus, putzen sich mit ihr die Zähne oder bürsten die Schuhe, werfen Steine, schlagen Nägel ein, nähen, fädeln eine Nadel ein und schneiden Brot. Bei Frauen ist das Kartoffelschälen und das Brotschneiden, auch das Staubwischen, dafür verräterisch.

Am wenigsten vom Willen beeinflußt wird das Beifallklatschen. Wer ist sich schon bewußt, daß man es auf zweierlei Weise tun kann? Alle Linkshänder schlagen dabei schräg von oben auf die Rechte; unter den Rechtshändern tut es nicht mal einer unter Hunderten so. Keineswegs macht der Rechtser alles, wozu er nur eine Hand braucht, vorzugsweise mit der Rechten, und der Linkser mit der Linken. Beim Nasewischen, Anheben von Tassen, Zuknöpfen des Rockes, Halten der Zigarette, kommt es sehr auf die zufällige Körperstellung und auf die Gewohnheit an. Es gibt auch Rechtser, die für die eine oder die andere dieser Handlungen die Linke bevorzugen. Beim Zügelhalten, beim Tragen von Aktenmappen und Tragen von Kindern auf dem Arm geschieht das sogar regelmäßig, und zwar häufig, um mit der rechten Hand Wichtigeres tun zu können.

Nur ganz wenige Rechtshänder müssen zwangsweise zur Linkshändigkeit umlernen, und zwar nach Verletzungen des rechten Armes. Manchmal genügt schon eine geringe Beschädigung; zum Beispiel stellte sich ein Konzertgeiger nach Verlust eines einzigen Fingergliedes auf das Bogenführen mit der Linken um und war in nicht allzu langer Zeit mit ihr ebenso geschickt. Daß Linkshänder ganz oder zum größeren Teil zur Rechtshändigkeit umerzogen werden, ist dagegen die Regel. Fast alle unsere Werkzeuge sind für Rechtser gebaut. Schon als kleine Kinder werden wir angehalten, »das schöne Händchen zu geben«. So finden wir viele scheinbare Rechtser, die von Hause aus Linkser sind. Es gibt unter hundert männlichen erwachsenen Kulturmenschen vier bis fünf Linkser, unter Frauen halb so viel. Wenn man Kinder bis zum Schulbeginn untersucht, findet man jedoch ungefähr zwanzig v. H. Linkser. Die Linkser unter ihnen nehmen bis zum Schulende immer mehr ab. Dann gibt es nach der Geschlechtsreife wieder etwas mehr, wahrscheinlich weil der Einfluß der Erziehung wegfällt. Übrigens fangen unsere Babys schon im siebenten Monat an, eine Hand zu bevorzugen.

Manche Forscher fragten die linkshändigen Rekruten genau danach aus, ob auch unter ihren Eltern und Vorfahren Linkser gewesen seien, und sehr häufig war es tatsächlich so. Lange Zeit hat man daher geglaubt, daß es sich einfach um ein erbliches Merkmal handelte. Bis die moderne Zwillingsforschung uns auch hier ein paar Schritte weitergebracht hat. »Eineiige« Zwillinge entstehen bekanntlich beide aus einer einzigen weiblichen Eizelle, die von nur einem väterlichen Samenfaden befruchtet worden ist. Sie haben also haargenau die gleichen Erbanlagen. Eineiige Zwillinge sind somit praktisch zweimal derselbe Mensch. Alles, worin sie sich unterscheiden, kann nicht erblich bei ihnen sein, sondern muß sich durch den Einfluß der Umgebung und Erziehung nachträglich bei ihnen geändert haben. Verschuer hat 514 solche Zwillingspaare, die sich in der sprichwörtlichen, verblüffenden, fast lächerlichen Art gleichen wie ein Ei dem anderen, auf ihre »Händigkeit« hin untersucht. 67 v. H. waren beide Rechtshänder, 5 v. H. beide Linkshänder. Bei 28 v. H. aber war ein Zwilling rechtshändig und einer linkshändig! Entweder waren diese verschiedenhändigen Zwillinge also keine eineiigen Zwillinge, oder aber – und das ist die verblüffende

Lösung – die Händigkeit ist bei ihnen nicht erblich bedingt, sondern durch Umwelteinflüsse entstanden.

Diese Einflüsse der Umwelt aber setzen schon vor der Geburt im Mutterleibe ein. Die werdenden Kinder liegen nicht in der gleichen Lage in der Gebärmutter, sondern mit verschiedenen Armhaltungen, und dementsprechend bildet sich auch die jeweils zugehörende Hirnhälfte stärker aus. So wissen wir, daß die Linkshändigkeit und die Rechtshändigkeit nicht nur erblich zustande kommen, sondern teilweise – und nicht nur bei Zwillingen – auch durch spätere Einflüsse vor und nach der Geburt. Eineiige Zwillinge nehmen zum Beispiel im Schlaf sehr häufig die gleichen Stellungen ein, jedoch in spiegelbildlicher Anordnung. Während der eine auf der rechten Seite mit dem rechten Arm unterm Kopf liegt, ruht der andere auf der linken Seite mit dem linken Arm als Kopfunterlage.

Damit kann man vielleicht auch etwas anderes erklären, dessentwegen es um die Linkshänder schon oft Streit gegeben hat; daß es nämlich unter ihnen mehr Stotterer, mehr Schielende, mehr Gefängnisinsassen, mehr Geringbegabte, mehr Farbenblinde und Taubstumme gibt als unter Rechtsern. Nach der Erblehre besagt das keineswegs, daß ein Linkser von Hause aus minderwertig ist; es braucht nur ein bestimmter Anteil unter ihnen mit diesen erblichen Mängeln behaftet zu sein, wodurch natürlich der Hundertsatz aller Linkser belastet wird.

Wahrscheinlicher aber ist eine andere Erklärung. Beim Rechtser findet sich die Stelle im Gehirn, die das Sprechen leitet, in der linken Hälfte, beim Linkshänder sitzt dieses Sprachzentrum rechts, wie man bei Hirnverletzungen eindeutig feststellen konnte. Rechtshänder, die – etwa nach Verlust des rechten Armes – sich auf die linke Hand umstellen, haben nicht selten vorübergehend Sprachschwierigkeiten, zum Beispiel Stottern, anscheinend weil sich bei ihnen auch das Sprachzentrum in die rechte Hirnhälfte verlagert hat. Ähnliche Begleiterscheinungen können wir folgerichtig auch erwarten, wenn sich ein erblicher Linkshänder aus anderen Gründen auf rechts umstellt oder ein erblicher Rechtshänder auf links.

Selbst wenn wir annähmen, daß sich ebenso viele Linkser auf rechts umstellen wie Rechtser auf links, so würden die dabei zustande kommenden Stotterer unter den 5 v. H. insgesamt vorhandenen Linksern natürlich viel stärker in Erscheinung treten als die gleiche Anzahl Stotterer, die sich auf die 95 v. H. Rechtser verteilen. In Wirklichkeit stellen sich aber obendrein, wie wir schon gesehen haben, sicher sehr viel mehr Menschen von links auf rechts um als von rechts auf links. Wir können deshalb die Linkshänder von Hause aus als ebenso erbgesund und lebenstüchtig ansehen wie die Rechtser. Daß bei ihnen manche Mängel häufiger vorkommen, läßt sich statistisch aus der geringeren Zahl der Linkser an sich und aus der häufigeren Umstellung von der Linkshändigkeit zur Rechtshändigkeit als umgekehrt erklären.

Das Käfigtürchen von Joringel und Jorinde, meinen beiden Zwergpapageien, ist offen geblieben. Joringel fliegt hin und wieder eine Runde durch das Zimmer, flüchtet sich aber bald wieder in seine vertraute Behausung. Hier am Fenster hat er gesessen, an der Scheibe klebt ein Andenken daran. Zufällig deckt dieser Streifen den Kopf der Katze zu, die draußen auf dem Zaun steht. Kneife ich das linke Auge zu, ohne dabei meinen Kopf zu verrükken, so sitzt der Klecks nach wie vor auf dem Kopf der Katze. Wenn ich jedoch das linke Auge aufmache und das rechte zu, dann ist der Klecks vom Katzenkopf auf das hintere Ende der Katze gerutscht. Das ist eine fesselnde Entdeckung. Mein rechtes und mein linkes Auge sehen ja zwei Bilder, die voneinander verschieden sind, weil die Augen nicht auf demselben Fleck stehen. Mein Gehirn legt diese beiden, abweichenden Bilder zu einem einzigen aufeinander, so daß sie sich decken. Aber mein rechtes Auge überwiegt, es unterdrückt das linke, denn der Klecks sitzt, wenn ich mit beiden Augen sehe, an derselben Stelle wie beim Blicken mit dem rechten Auge allein. Ich bin also ein »Rechtsäuger«, und so wie ich sehen Dreiviertel aller Menschen mit dem rechten Auge, 23 v. H. mit dem linken Auge besser, und nur 2 v. H. sehen mit beiden Augen gleich stark. »Äugigkeit« und »Händigkeit« sind grundsätzlich miteinander verkoppelt; Rechtshänder sind also im allgemeinen auch Rechtsäuger. Wenn jemand Linksäuger ist, so kann man mit einer gewissen Wahrscheinlichkeit von ihm vermuten, daß er von Hause aus auch Linkshänder war. Schielt ein Rechtshänder, dann weicht in der Regel das linke Auge von der richtigen Sehrichtung ab. Beim Linkshänder ist dagegen meist das rechte Auge das schielende.

Rechtsäugigkeit und Rechtshändigkeit sind also wohl nur Erscheinungen einer »Seitigkeit«. Sie drückt sich auch darin aus, daß wir ein Bein bevorzugen. Fast alle Rechtshänder sind auch Rechtsbeiner, etwa Dreiviertel der Linkshänder sind auch Linksbeiner. Man entdeckt die »Beinigkeit« am besten daran, welches Bein man beim Weitsprung vorwirft, mit welchem man den

Ein Pferd scharrt und verrät, ob es ein Rechts- oder Linkshänder ist.

Fußball treibt oder welches Bein beim Schlittern voranfährt. Ganz ausgeprägte Linksfüßer steigen auch von rechts aufs Fahrrad. In der überwiegenden Mehrzahl laufen die Rechtshänder und die Rechtsbeiner die rechte Schuhsohle zuerst ab, während der Linkshänder seine linke Sohle mehr abwetzt. Das Übereinanderlegen der Beine beim Sitzen hat dagegen mit der Beinigkeit nichts zu tun. So sind Äugigkeit, Händigkeit und Beinigkeit nur Ausdruck dafür, daß Menschen und Tiere grundlegend ungleich entwickelt sind. Wilhelm Ludwig hat sich in seinem Buch ›Das Rechts- und Linksproblem‹ sehr eingehend mit dieser Frage befaßt.

Es gibt »Rechts-Links-Blinde«, die überhaupt nicht verstehen, daß man einen Unterschied zwischen rechts und links machen kann. Die meisten Menschen dagegen wissen sofort, auch wenn sie noch so unerwartet gefragt werden, wo an ihrem Körper oder im Raum rechts oder links ist. Zwischen ihnen und den Rechts-Links-Blinden liegen die Rechts-und-Links-Schwachen, die nur mit Hilfsmitteln die richtige Seite finden, zum Beispiel: »rechte

Hand gleich Hand des Traurings«. Alle Kleinkinder sind rechts-links-blind. Sie lernen jedoch den Unterschied im allgemeinen bis zum sechsten Lebensjahr. Man schätzt den Anteil der Rechts-Links-Schwachen auf 16 bis 20 v. H. Diese Schwachheit hat mit der sonstigen Begabung nichts zu tun: der berühmte Physiker Helmholtz war zum Beispiel ausgeprägt rechts-links-schwach.

Papageien essen bekanntlich, indem sie auf einem Bein stehen und mit dem anderen den Bissen zum Schnabel führen. Den wenigsten Papageienbesitzern wird aufgefallen sein, daß ihr Pflegling immer dasselbe Bein als Standbein und das andere als »Eßbein« verwendet. Ich habe 131 Großpapageien auf diese Beinvorliebe hin beobachten lassen: 60 v. H. aßen nur mit dem rechten und 40 v. H. nur mit dem linken Bein.

Mehrere Monate meines Lebens habe ich damit verbracht, die »Händigkeit« oder besser »Beinigkeit« der Pferde zu untersuchen. Wenn Pferde ungeduldig scharren, bevorzugen 77 v. H. eindeutig ein Bein, davon etwa die Hälfte das rechte, die andere Hälfte das linke Bein. Auch bei anderen Gelegenheiten, beim Galoppieren, beim Springen, beim Übersteigen eines Hindernisses, haben viele ein Lieblingsbein, jedoch hier ebenfalls wieder gleich viele das rechte wie das linke. Ähnlich ist es bei Menschenaffen, Schweinsaffen und Rhesusaffen. Bei einseitigen Hirnverletzungen müssen sie sich ebenso wie wir Menschen abmühen, um schwierige Bewegungen mit der Hand zu tun, die sie vorher vernachlässigt haben. Auch Ratten sind teilweise händig, und zwar ebenfalls im gleichen Ausmaße rechts- und linkshändig. Elefanten sollen dagegen überwiegend »rechtshändig« sein.

Das ist also ein Hauptunterschied gegenüber uns Menschen: zwar sind auch viele Tiere »händig« wie wir, aber sie sind nicht gleich uns zu 95 v. H. Rechtser, sondern meist zur Hälfte Rechtser und Linkser. Haben Sie inzwischen festgestellt, was *Sie* von Hause aus sind?

Vom Hören der Tiere

Du sitzt nachts am Waldrand und genießt die tiefe Stille. In Wirklichkeit aber schrillen unaufhörlich Fledermäuse um dich, geigen Insekten in den höchsten Tönen, rufen Nachtschmetterlinge – es ist ein wahres Höllenkonzert. Doch deine Ohren sind taub dafür. Sie sind wie ein alter Rundfunkempfänger nur auf einen engen Bereich von »Wellenlängen« eingestellt. So viel von dem, was andere aussenden, kannst du mit deinen Ohren nicht »empfangen«.

Dabei haben wir Menschen gar nicht einmal schlechte Ohren. Das Hören ist unter den Lebewesen dieser Welt nämlich nicht sehr stark verbreitet. *Sehen* können die meisten, wenn auch nicht so schön deutlich und farbig wie Menschen und Schimpansen oder gar wie Adler und Bussarde. Das Hören haben dagegen nur viele Insekten und die Wirbeltiere gelernt; von denen sind allerdings manche, wie die Schlangen, völlig taub. Für Würmer, Krebse, Muscheln, Schnecken und viele andere gibt es keine Töne, sie leben in einer stillen, völlig lautlosen Welt.

Zupfen wir an einer Geigensaite, so gerät sie in Schwingungen, und zwar verschieden schnell, je nachdem, wie lang und wie gespannt sie ist. Die G-Saite schwingt 200mal in der Sekunde hin und her, die E-Saite 650mal. Ebensooft stößt sie die Luft ringsherum vor und zurück, sie bringt sie in Wellenbewegungen. Sobald diese Luftwellen in unser Ohr kommen, reizen sie bestimmte Sinneszellen, und diese schicken einen schwachen elektrischen Strom ins Gehirn. Es empfindet die Luftwellen als Töne.

Am Teich tanzen Mückenschwärme. In dem Augenblick, als eine Lokomotive schrill vom Bahndamm herüberpfeift, zuckt der ganze Schwarm gleichzeitig nieder. Also müssen sie die Lokomotive gehört haben, möchten wir daraus schließen. Und doch ist das viel zu voreilig. Völlig taube Menschen können einen anderen halbwegs verstehen, wenn sie ihm ihre Fingerspitzen auf den Kehlkopf legen. Helen Keller, die taub und blind war und sich trotzdem mit großer Willenskraft hohe Bildung angeeignet hat, konnte sogar Orgelspiel erfühlen und genießen.

Die Stubenfliege schlägt die Flügel in der Sekunde 320mal, die Biene 190mal. Da wir sogar langsamere Schwingungen, die sich nur sechzehnmal in der Sekunde wiederholen, bereits mit den

Ohren als ganz tiefe Töne hören, empfinden wir auch die rasche Lufterschütterung durch die Insektenflügel häufig als Summen. Deswegen heißen die Kolibris mit ihren unglaublich raschen Flügelschlägen auf englisch »humming birds«, also Summvögel. Ein Wirbeltier könnte seine Flügel nie so rasch und anhaltend bewegen: es würde Starrkrampf bekommen. Wenn aber die Fliege viele hundertmal in der Sekunde Muskeln zur Anspannung bringt, dann ist es wohl vorstellbar, daß sie durch ihre Nerven auch die raschen Wellendrucke der Luft, die vom Flug einer anderen Fliege ausgehen, *einzeln* fühlt. Sie muß die Schwingungen aber nicht unbedingt mit den Ohren als Ton hören. Kommen wir mit dem Finger sacht an eine Stimmgabel, die gerade einen ganz tiefen Ton schwingt, dann spüren wir ihr Vibrieren. Wir nehmen also die Schwingungen gleichzeitig mit den Ohren als Ton und mit dem Tastgefühl unserer Haut als Bewegung wahr.

Wenn wir eine grellgefärbte Schwärmerraupe mit einem hohen s-s-s-s-iii ansummen, dann wird sie ganz wild, sie peitscht mit dem Kopf- und dem Schwanzende nach links und nach rechts. Das ist eine Instinktbewegung, denn einen ähnlichen schrillen Summton geben die Schlupfwespen von sich, die in diese Raupen ihren langen Legestachel bohren und die Eier hineinlegen – aus ihnen wachsen dann im Körper der wehrlosen Raupen die jungen Wespenlarven heran. Die Raupe antwortet also auf unser Summen. Daß sie es »hört«, können wir nicht behaupten. Schwingungen als Töne empfinden wohl nur Tiere, die Ohren im Körper haben.

»Glücklich leben die Zikaden, denn sie haben stumme Weiber«, sagte schon vor Jahrtausenden boshaft der Grieche Xenophon. Er hatte sehr richtig beobachtet, daß bei den Grillen, Heuschrecken und Heimchen nur die Männer zirpen. Wir Wirbeltiere bringen dazu unsere Stimmbänder zum Schwingen, indem wir einen Luftstrom aus den Lungen herauspressen. Insekten erzeugen ihre Stimme oft ganz woanders am Körper, am Hinterleib oder an den Beinen. Die Schabe fährt dazu mit einem Stiel über eine Art Rumpelbrett, das sie am Bauch trägt, Heuschrecken geigen mit den gezähnten Leisten der Beine über ihre Flügelkanten, so wie wir einen Kamm rasch über die Kante eines Kartenblattes ziehen und es dadurch zum Tönen bringen.

Gewiß würden die Zikaden nicht musizieren, wenn sie selber taub wären. Tatsächlich marschieren die stummen Weiblein schnurstracks zu den geigenden Männchen hin. Scharfsinnige

Forscher, die noch nicht sicher waren, ob die verliebten Zikadenmädchen nicht durch Düfte betört werden, setzten die musizierenden Männer an ein Mikrophon und legten den Telefonhörer ins Nachbarzimmer. Die Zikadenfrauen strebten nun zum Telefonhörer hin, und nicht mehr zu den ihnen zugedachten Männern.

Sie mußten also so etwas wie Ohren haben. Und wirklich, wenn man sorgsam danach sucht, findet man sie bei vielen Insekten. Nur nicht da, wo wir Menschen und Wirbeltiere sie haben: am Kopf. Dahin sind sie bei uns mehr zufällig geraten. Viele Insekten haben sie an den Beinen, und es sind ganz einfach Hohlräume, die nach außen mit einer Haut, einem Trommelfell, überspannt sind. Rings um dieses Trommelfell sitzen Sinneszellen; gerät es durch einen Ton in Schwingungen, dann melden sie das dem Gehirn weiter. Daß das so ist, kann man einfach und einleuchtend beweisen. Wenn nämlich eine Laubheuschrecke zirpt, dann gibt sie nicht einen langen, anhaltenden Zirpton von sich, sondern sie macht das wie ein Morsetelegrafist mit ständigen, aber gleichmäßigen Unterbrechungen. Ein anderer Musikant der gleichen Art richtet sich so ein, daß sein Gesang immer in die Zwischenräume des ersten fällt. Das geht wundervoll, aber nur so lange, wie ihre Trommelfelle funktionieren. Haben sie Löcher darin, so singen die beiden durcheinander, mit dem Duett ist es aus. Sie hören sich gegenseitig nicht mehr.

Die Gorillakinder haben im Korridor unserer Wohnung eine Schaukel hängen. Längst haben sie voneinander gelernt, was auch jedes Menschenkind über kurz oder lang zustande bringt: die Schaukel dadurch immer höher zu schwingen, daß sie ihr jedesmal, wenn sie herunterschwingt, durch eine Körperbewegung einen kleinen, neuen Schubs geben. Je nachdem, wie lang eine Schaukel ist, schwingt sie rascher oder langsamer hin und her, sie hat ihre ganz bestimmte Eigenbewegung. Unser kleiner dicker Thomas muß also die Schaukel in einem bestimmten Rhythmus anschubsen.

Das ist das Geheimnis der Resonanz, des Mittönens. Mach das Klavier weit auf, tritt das Pedal, damit die Saiten nicht gedämpft werden, und singe laut einen Ton hinein. Die Saite, welche auf diese Tonhöhe gestimmt ist, fängt an, leise zu schwirren und mitzutönen. So arbeitet auch unser Ohr im Kopf. Nur hat es etwas mehr Saiten als unser Klavier, nämlich über zwanzigtausend. Bei einem Hund oder einem Menschen sitzt das Trommelfell nicht mehr wie beim Frosch oder der Heuschrecke einfach

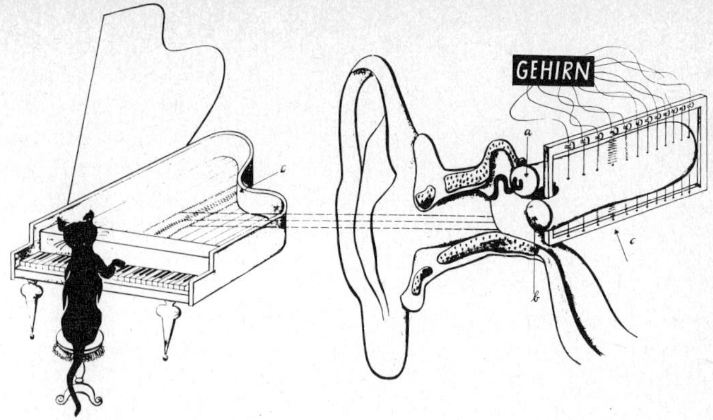

So hören wir Luftwellen als Töne! Die angeschlagene Klaviersaite c schwingt hin und her (200mal in der Sekunde). Die von ihr erzeugten Luftwellen geraten in das Ohr und bringen dort das Trommelfell zum Mitschwingen. Die Gehörknöchlein übertragen diese Schwingungen durch das Mittelohr auf die ovale Membran (a), welche das Innere Ohr verschließt. Die Wellen setzen sich also in der U-förmigen Schleife des Inneren Ohres bis zur runden Membran (b) fort. Je nachdem, in welchem Tempo die Schwingungen aufeinanderfolgen, bringen sie eine der Fasern oder Saiten im Inneren Ohr zur Resonanz. Ihre Bewegung wird durch eine Sinneszelle ins Gehirn gemeldet und uns dort als ein bestimmter Ton bewußt.

über ein Loch im Körper gespannt, sondern am Grunde eines tiefen Trichters, des äußeren Gehörganges (siehe Abbildung). Die Gehörknöchlein – Hammer, Amboß und Steigbügel – übertragen das Schwirren des Trommelfelles auf eine zweite, ovale Membrane, die vor das innere Ohr gespannt ist. Das ist ein langer (in Wirklichkeit schneckenförmig gewundener) Gang, der mit Flüssigkeit gefüllt ist. Ich habe ihn hier als U-förmigen Blechschlauch dargestellt, denn er sitzt in Wirklichkeit mitten in unserem starren Kopfknochen. Flüssigkeiten lassen sich nicht so leicht zusammendrücken. Wenn also der Steigbügel die Membrane in das Flüssigkeitsröhrchen hineindrückt, gibt es eine Druckwelle, und sie buchtet ein zweites Häutchen nach außen, welches das andere Ende des Röhrchens abschließt. So wird jede Lufterschütterung, jedes Summen der Luft, über das Trommelfell in Flüssigkeitswellen im inneren Ohr übertragen.

Nun wird das ganze Röhrchen des inneren Ohres durch eine

Haut der Länge nach aufgeteilt. In dieser Haut sitzen Fasern, die von einer Wand des Röhrchens quer durch die Flüssigkeit zur anderen gespannt sind. Diese Fasern sind verschieden lang, sie fangen mit einem zwanzigstel Millimeter an und werden nach der U-Schleife des Röhrchens hin allmählich immer länger, bis zu einem halben Millimeter. Wir Menschen haben etwa 20000 solcher Fasern in jedem Ohr. Ich habe sie in unserem Bild als wenige Klaviersaiten abgebildet. Dem großen Naturforscher Helmholtz kam nämlich der erleuchtende Einfall, daß diese Fäserchen gewissermaßen Saiten sind, von denen jede auf eine ganz bestimmte Schwingungszahl gestimmt ist. Je nachdem, ob die Flüssigkeit schnell oder langsam vom Trommelfell her erschüttert wird, geraten ganz bestimmte Fasern in der Haut ins Mitschwingen, in Resonanz. Genau wie im Klavier, in das wir hineinsingen. An jeder Faser sitzt eine Sinneszelle, die ein Härchen in die Flüssigkeit hinausstreckt. Bewegt sich die Faser, dann wird das Härchen gegen die Wand des Kanals gestoßen, die zugehörige Sinneszelle wird dadurch gereizt, und sie meldet diesen Reiz zu bestimmten Gehirnzellen weiter, die ihn uns als Ton ins Bewußtsein bringen.

Das also ist der Weg, auf dem wir eine Wagner-Oper genießen oder Wölfe in den weiten sibirischen Ebenen sich mit ihrem schwermütigen Gesang verständigen.

Tatsächlich stimmt die Anzahl der Gehörfäserchen im Menschenohr gut überein mit der Zahl der hörbaren Töne, und die wechselnde Länge dieser Fäserchen (1 : 12) mit dem wahrnehmbaren Tonumfang von zwölf Oktaven. Der blinde Lurch Axolotl hört nur vier Oktaven, der kleine Fisch Elritze acht. Bei Menschen, die für bestimmte hohe Töne taub waren, fand man nach dem Tode entsprechende Teile in den Resonanzhäutchen ihrer Innenohren krankhaft verändert. Das gleiche konnte man bei Meerschweinchen feststellen, die man ständig mit hohen und schrillen Tönen geplagt hatte.

An den Gehörknöchlein sitzen kleine Muskeln. Wenn sie sich anspannen, dann werden gar zu laute Töne ganz selbsttätig gedämpft. So wie manche Menschen noch willkürlich mit den Ohrmuscheln wackeln können, vermögen andere diese winzigen Muskeln an den Gehörknöchlein nach Belieben zu spannen. Sie hören dann die Töne gedämpft, ohne daß sie sich die Finger in die Ohren zu stecken brauchen. Bei anderen, die eine Lähmung bestimmter Kopfnerven haben, arbeitet diese Dämpfung überhaupt nicht mehr; sie sind dann übertrieben empfindlich gegen Geräusche. Die Gehörknöchelchen sind überhaupt nur für die tiefen Töne notwendig; die Schallwellen der höheren gehen ohne ihre Hilfe vom Trommelfell zu dem Häutchen vor dem Innenohr.

Wenn wir uns im Hochgebirge auf dem Schnee sonnen, wird unsere Haut von ultravioletten Strahlen gebräunt, die unsere Augen nicht sehen. Die Biene dagegen empfindet die ultravioletten Strahlen noch als farbiges Licht. Andere Tiere schrecken nachts zurück, wenn wir sie mit einem Scheinwerfer mit infrarotem Licht anleuchten, dessen Strahlenbündel wir nur als Wärme auf der Haut spüren, während er im übrigen für uns völlig dunkel ist. So hört auch unser Ohr nur einen kleinen Bereich von den Schwingungen der Luft als Töne. Der tiefste Klang besteht aus 16 Schwingungen in der Sekunde, der allerhöchste, den wir noch wahrnehmen, hat etwa 20000. Unsere Tonfilme geben nur Töne bis zur Höhe von 8000 bis 11000 Schwingungen wieder, und doch verstehen wir die Sprache gut und empfinden Orchestermusik als abgerundet – ein Zeichen, daß fast alle bei uns gebräuchlichen Töne sich unterhalb der Grenze von 10000 Schwingungen halten, mit der sich auch zu Anfang der Rundfunk begnügte. Der Hund dagegen vernimmt noch 80000 bis 100000 Schwingungen in der Sekunde als Ton. Deswegen kann man Hunde auf Töne von Pfeifen dressieren, die für Menschen-

Mein Sohn Michael nimmt die Stimme eines wilden Elefanten auf Band.

ohren völlig unhörbar sind. Heuschrecken senden und hören Töne bis 90000, Mistkäfer bis 40000, und viele Nachtfalter beginnen die Luftschwingungen erst da als Töne zu vernehmen, wo sie für uns unhörbar werden, und sie hören noch bis 175000 Schwingungen! Erzeugen wir mit besonders gebauten Pfeifen und Apparaten solche ganz »schnellen« Töne, so schlagen diese Nachtfalter plötzlich einen Haken in der Luft oder lassen sich einfach zur Erde fallen.

Sie haben guten Grund dazu, denn ähnlich hohe Töne – in den letzten Jahren wollte man sie als Ultraschall in der Medizin anwenden – geben auch die Fledermäuse, ihre Hauptfeinde, von sich.

Weil die Fledermäuse ihren Weg durch »Echolot« finden, sind sie in den letzten Jahren dadurch geradezu berühmt geworden. Es ist die gleiche Art und Weise, mit der die Zerstörer im vergangenen Krieg U-Boote unter Wasser ausfindig machten und vernichteten. Schon dem italienischen Gelehrten Spalanzani war es 1790 aufgefallen, daß Fledermäuse in einem Zimmer ohne Tür und Fensteröffnungen völlig sicher umherfliegen. Eulen können das nicht, sie stoßen gegen die Wände, weil sie wenigstens einen schwachen Lichtschimmer zur Orientierung brauchen. Die Fledermäuse dagegen weichen Drähten und Zweigen, die man ihnen in den Weg hängt, geschickt aus. Erst wenn man ihnen die Ohren mit Wachs verklebt, ist es mit diesen schwarzen Künsten vorbei.

Es hat 150 Jahre gedauert, bis ein Holländer und zwei Engländer nach 1940 unabhängig voneinander dahinterkamen, daß die Fledermäuse vor dem Abfliegen unaufhörlich ganz hohe Ultraschallrufe ausstoßen, die wir mit unseren Ohren nicht hören können. Dieser Schall wird von den Wänden und Gegenständen zurückgeworfen, und so können die Fledermäuse in der Dunkelheit ihre Umgebung zwar nicht sehen, aber genau abhören. Ihre Augen sind fast blind, und doch stellen sie schon vor dem Abflug fest, wo die Wand glatt oder rauh ist, und wo es kleine Risse oder Vorsprünge gibt, auf die sie sicher zufliegen und sich daran festklammern. Sie fliegen durch enge Spalten und Löcher, ohne anzustoßen. Die Nachtschmetterlinge, ihre Beutetiere, hören diese Fledermausausrufe auch, und ebenso vernehmen die Fledermäuse die Ultraschalltöne der Falter. Da jede sechste Säugetierart auf der Erde zu den Fledermäusen gehört und wir Menschen nachts lieber schlafen, ist es gut, daß wir verschiedenen Tonbereichen angehören.

Auch die Vögel singen und hören etwa innerhalb des menschlichen Hörbereichs, sie arbeiten also nicht mit Ultraschall. Allerdings hören sie nur acht bis neun Oktaven, somit drei bis vier weniger als der Mensch. Sie können auch ebensogut wie wir verschiedene Töne auseinanderhalten, und außerdem haben sie ein ausgezeichnetes »absolutes Gehör«, können sich also einen bestimmten Ton gut merken. Sie können fremde Laute täuschend nachahmen, und viele von ihnen sind weit musikalischer als die meisten Menschen. »Eine Amsel variiert ihr Thema, punktiert, wechselt Tempo und Klangfarbe, erweitert und verengt die Intervalle, entlehnt und verbessert Motive (die sogar teilweise von unseren Komponisten verwertet wurden: Beethoven, Mozart) – kurz, sie komponiert.«

In den Naturkundebüchern stand bis in die neueste Zeit zu lesen, daß Fische stumm und taub seien. So etwas kann man leicht behaupten, aber ebenso schwer beweisen wie das Gegenteil. Der Forscher v. Frisch hat kleinen Fischen, den Elritzen, im Aquarium immer bei einem ganz bestimmten Ton Futter gegeben und sie bei einem anderen Ton mit einem dünnen Glasstäbchen angestoßen, also »bestraft«. Die kleinen Fische, welchen man völlige Taubheit nachgesagt hatte, kamen bald bei dem einen Ton begierig angeschwommen und huschten bei dem anderen schnell unter die Steine.

So kam heraus, daß fast alle untersuchten Fischarten mehr oder weniger gut hören. Weil das Wasser die Töne schlechter leitet als die Luft, benutzen viele Fische ihre Schwimmblase zum Hören. Ähnlich wie von unserem Trommelfell, leitet ein System von Gehörknöchelchen die Schwingungen von der Schwimmblase ins innere Ohr. Karpfen mit Schwimmblasen sind ausgesprochen hellhörig, während Forellen, Barsche, Hechte und die meisten Meeresfische schwerhörig sind. Wale und Delphine hören recht gut, während Eidechsen sich nur schwer auf Töne dressieren lassen und sie verwechseln diese leicht miteinander. Die Schildkröten galten lange für taub, weil man sich ihnen von hinten unschwer nähern kann und sie den Kopf erst einziehen, wenn sie den Verfolger sehen können. Ein russischer Forscher montierte ihnen ein kleines Schaumgummihämmerchen über dem Kopf auf den Panzer. Jedesmal, wenn ein Summer einen bestimmten Ton erklingen ließ, klopfte das Hämmerchen die Schildkröte auf den Kopf. Nachdem das lange genug gemacht worden war, zog das Panzertier seinen Kopf bei dem Summerton auch dann stets ein, wenn das Hämmerchen längst nicht mehr auf seinem Gehäuse saß. Die Schildkröte konnte also auch hören. Krokodile brüllen und reagieren auf viele Töne. In unseren Aquarien können wir Krokodilmänner oft in Aufregung bringen, wenn wir selber in eine Gießkanne schreien.

Wie oft haben mir schon Leute in Briefen berichtet, daß ihr Hund geradezu unheimliche Fähigkeiten hätte. Er wird im vierten Stock schon unruhig, wenn der zurückkehrende Herr unten noch nicht einmal durch die Haustür gegangen ist oder wenn sein Auto noch in der Nebenstraße fährt. Nun, Hunde hören nicht nur Töne, für die unsere Ohren taub sind, sie können auch ausgezeichnet feststellen, aus welcher Richtung ein Geräusch kommt. Fischen ist das fast unmöglich, sie nehmen nur wahr, daß es irgendwo schmatzt, knurrt oder brummt (das sind Umgangstöne, die unter Fischen üblich sind) – aus welcher Richtung das aber kommt, können sie kaum ermitteln. Wenn wir uns mit

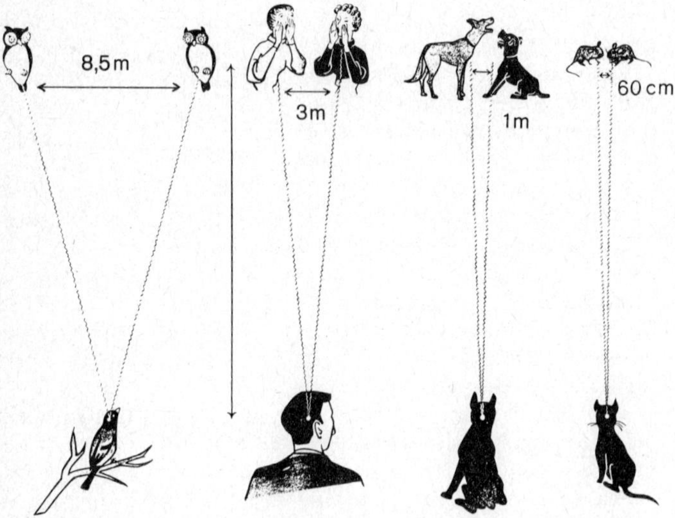

Wenn wir Menschen zwei Töne in 20 Meter Entfernung auseinanderhalten wollen, müssen sie wenigstens drei Meter Abstand voneinander haben. Beim Hund genügt ein Meter, bei der Katze schon 60 cm. Der Gimpel ohne Ohrmuschel ist dagegen ein schlechter Richtungshörer; bei ihm sind in gleicher Entfernung 8,5 Meter Abstand nötig. – Die Katze hört also am besten, denn sie muß die Beute mit einem Satz an der richtigen Stelle packen. Der Hund dagegen kann sein Opfer hetzen. Unsere Ohrmuscheln sind nicht viel wert, weil sie feststehen und klein sind – mit Eselsohren würden wir mehr leisten.

verbundenen Augen von zwei Leuten aus zwanzig Meter Entfernung anrufen lassen, dann müssen diese schon drei Meter auseinander stehen, damit wir sagen können, welcher gerade etwas gesagt hat. Unser Hund kann das noch, wenn die beiden auf einen Meter zusammengerückt sind, und unsere Katze gar hält sie noch auf sechzig Zentimeter Entfernung auseinander. Allerdings hört sie nur noch halb so viel, wenn sie ihre großen Ohrmuscheln verloren hat. Vielen Tieren helfen ihre stattlichen, getrennt beweglichen Ohren ausgezeichnet. Sieht das Pferd mit dem Auge nach irgendeinem Gegenstand, der sich bewegt, so richten sich auch sehr bald die Ohren dorthin; beides ist gewissermaßen gekoppelt. Die spielenden Ohren horchen dauernd die Umgebung nach allen Richtungen ab. Deswegen sind die Schlappohren von vielen unserer künstlich gezüchteten Hunderassen ein großer Nachteil: wenn diese Tiere einigermaßen genau die Richtung herausbekommen sollen, müssen sie den Kopf schief halten. Geräusche, die der Mensch gerade noch bis auf drei Meter Entfernung vernimmt, hört der Hund bis auf 24 Meter. Ein Biologe, der in Polen zwei Luchse zahm aufzog, hat auch ihr Gehör untersucht. Er selbst und andere Menschen konnten eine Polizeipfeife gerade noch bis auf 2,5 Kilometer Entfernung vernehmen, ihre drei Hunde hörten sie in 3,25 bis 3,5 Kilometer Entfernung und die Luchse sogar bis auf 4,5 Kilometer. Man sagt also zu Recht von manchem Menschen, daß er »Ohren hat wie ein Luchs«. Hunde können auch sehr gut verwandte Töne auseinanderhalten.

Unsere Ohren leisten in mancher Hinsicht sehr viel mehr als unsere Augen. Wenn wir weißes Licht sehen, so können wir nicht sagen, ob es ein Gemisch von allen Farben des Regenbogens ist, die sich zu Weiß vereinigen oder ob sich etwa nur die Komplementärfarben Orange und Blau zu Weiß gemischt haben. Unser Ohr kann so etwas. Spielt eine Geige, dann entsendet sie einen Ton und dazu eine Reihe von Obertönen stärkerer Schwingungszahlen, die sich zu einem Klang vermischen. Das Gemisch von Hauptton und Obertönen ergibt die Klangfarbe eines Instruments. Selbst wenn wir ein Konzert von einer Schallplatte oder im Radio vernehmen, hören wir die Geigen, Trompeten, Flöten an ihrer Klangfarbe heraus. Unser Ohr versteht also sehr wohl die einzelnen Töne getrennt zu werten, aus denen sich ein Mischklang zusammensetzt. Schon der alte Helmholtz hat gezeigt, wie dieses winzige Organ in unserem Schädel das wohl macht. Bläst man nämlich einen Mischklang in die Saiten eines

Klaviers, dann fangen diejenigen Saiten an mitzuschwingen, aus deren Tönen der Mischklang besteht. Sie zerlegen ihn in seine Teile. So macht das auch unser Ohr in seinen Klanghäutchen mit allen Fäserchen, aus deren zugehörigen Tönen sich das hohe C der Erna Sack zusammensetzt. Unser Gehirn vereinigt die getrennt gemeldeten Töne und Obertöne zum typischen bekannten Klang gerade dieser bestimmten Sopranistin.

Was aber könnten unsere modernen Komponisten für Opern schreiben, wenn *wir* Fledermausohren und *sie* die Klangfülle von Mistkäfern hätten ...!

Flugzeuge und Tiere

Wenn man mit zwanzig Jahren heiratet, braucht man in den Vierzigern keinen Kinderwagen zu schieben, sondern man hat ausgewachsene Männer als Söhne, mit denen man was Vernünftiges anfangen kann. Mein jüngster Sohn Michael war ein Tier-Mensch wie ich. Seit seinem sechzehnten Lebensjahr hatte er mich auf fast allen Überseereisen begleitet, und meistens waren wir beide ganz allein im Busch. Allerdings hatte er bestimmt nicht von mir die Begabung, ölverschmiert und dreckverkrustet in den unentwirrbaren Eingeweiden pannengelähmter Autos zu wühlen und sie zum Schluß immer wieder zum Brummen zu bringen. Er hatte mich vor Jahren zum Autofahren verführt, und seinetwegen mußte ich zu guter Letzt in gesetzten Jahren noch das Pilotenexamen machen. Auf einer unserer Afrika-Expeditionen hatte Michael nämlich großen Geschmack daran gefunden, in leichten Sportmaschinen zu fliegen. Ich nebenbei gesagt auch.

Mit Propeller-Verkehrsflugzeugen hängt man meistens 3000 Meter hoch über den Wolken, und man saust mit 500 km/st oder mehr dahin. So ein Kleinflugzeug ist dagegen nicht einmal halb so schnell, und gewöhnlich waren wir nur 700, 500 oder noch weniger Meter hoch in der Luft. Da sieht man jede Antilope und jeden Schakal. Als Passagier einer Fluglinie hat man Glück, wenn man an einem Fenster sitzen kann, noch dazu an einem, das nicht gerade über dem großen Flügel liegt, und man muß dann durch dieses kleine Bullauge schräg nach unten schielen. Wir haben in unseren Sportmaschinen die Scheiben herausmontiert, damit Michael gut nach unten filmen konnte. Natürlich fährt einem dabei der Flugwind mit Wucht in Nase und Mund; man ist unter dem Äquator nicht gerade dick angezogen, und da wird es oben im Flugzeug recht kalt, vor allem, wenn man, wie wir es des öfteren getan haben, auch den Kilimandscharo hinauf- und herunterfliegt. Eine Bronchitis, die ich schon aus den zentralafrikanischen Kiwu-Bergen mitgebracht hatte, wurde dabei ziemlich bösartig. Als ich Fieber hatte und nur noch flach atmen konnte, ließ ich mir von Michael schleunigst ein Gemisch von Streptomycin und Penicillin einspritzen, denn eine Lungenentzündung kann man wie überall so auch in Afrika schlecht gebrauchen.

Fliegen ist in Afrika viel billiger als Autofahren, und man

kommt natürlich auch sehr viel schneller vorwärts. Wo man sich im Auto einen Tag lang in Schlangenlinien auf staubigen oder schlammigen Straßen durch das Gebirge vorwärtswindet, überfliegt man es im Flugzeug in einer knappen Stunde. Nur wußten wir manchmal nicht, wie wir wieder auf die Erde kommen sollten. Der Tierfänger Carr Hartley, der mitten im Mau-Mau-Gebiet Kenyas lebt, mußte mit dem Auto erst seine grasüberwachsene Landebahn abfahren, während wir ratlos sein Lager in der Steppe umkreisten. So entdeckten wir endlich die schmale, lange Fläche. »Das werde ich mal schleunigst ändern«, sagte Hartley schuldbewußt (der vor fünfzig Jahren in Kenya geboren und noch nie aus Afrika herausgekommen ist, sich aber als Schotte bezeichnet). Er änderte es, indem er einen Schwarzen mit der Egge darüberfahren ließ. So war die Landebahn zwar von oben kenntlicher geworden, sie machte aber auf uns eher den Eindruck eines Sturzackers. Wir sind trotzdem wieder in die Luft gestiegen.

Als die ersten Verkehrsflugzeuge über Afrika flogen, machten sich die Piloten oft den Spaß, fast im Sturzflug auf Herden von Antilopen oder Elefanten hinunterzugehen und sie auseinanderzutreiben. Keinen kümmerte es dabei, wie viele der Tiere in panikartiger Flucht in Sümpfe rannten oder aus ihrem eigenen begrenzten Revier in die Bezirke anderer Herde gerieten. Dort gibt es dann erbitterte Kämpfe, die nicht selten tödlich auslaufen. Vor allem werden dadurch die Tiere aus den Nationalparks und Wildschutzgebieten, wo sie verhältnismäßig wenig scheu sind, herausgetrieben und fallen dann den weißen und eingeborenen Jägern außerhalb der Grenzen rasch zum Opfer. Deswegen ist heute ganz allgemein eine Mindestflughöhe von 600 bis 700 Metern vorgeschrieben – nicht nur in Afrika, sondern auch über den Wäldern Europas und Nordamerikas.

Wo die Flugzeuge nicht zu tief dahingleiten oder wo die Tiere an Flugzeugverkehr gewöhnt sind, achten sie allerdings verblüffend wenig auf diese lärmenden Vögel am Himmel. Auf den Landestreifen eines Farmers in der Nähe des Krüger-Nationalparks ging unlängst ein Nachbar mit einer kleinen Sportmaschine herunter. Als er mit ihr zum Flugzeugschuppen rollen wollte, kam ihm am hellichten Tage eine Löwin mit drei Jungen sehr interessiert entgegen. Zum Glück hatte er den Motor noch laufen, er stieg wieder auf, machte eine Kehre und senkte die Maschine über der Löwin hinunter – sie kümmerte sich gar nicht darum. Erst als er beim zweiten Male ganz nahe über ihr war, fauchte sie und hieb mit der Pranke nach dem Flugzeug. Es war

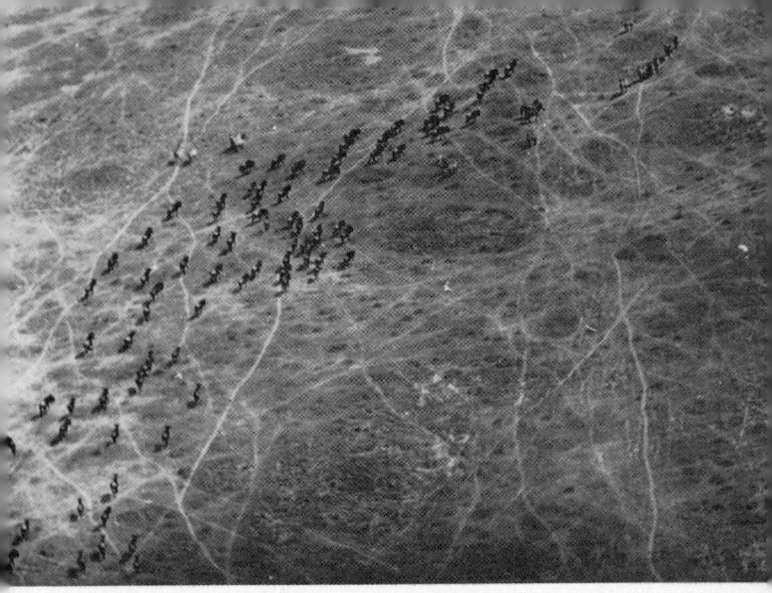

Steppentiere legen ihre Wege wie wir Menschen an.

ihm nicht möglich, diese Löwenfamilie zu vertreiben, sie verzog sich erst, als ein Lastwagen mit laut schwätzenden Eingeborenen herankam.

Dieser Farmer, Campbell in Natal, mußte sich einen löwensicheren Flugzeugschuppen bauen. Die Raubtiere hatten nämlich sichtlich Freude an dem Geräusch, welches die Bespannung eines Leichtflugzeuges macht, wenn man sie mit den Krallen aufreißt. Ebenso schien sie der Krach zerplatzender Reifen zu belustigen. Ein Flugzeug, das einmal die Nacht über draußen blieb, sah am Morgen so aus, als ob zwanzig Schuljungen es mit ihren Taschenmessern bearbeitet hätten. Auch Hyänen haben bei Campbell schon einmal die Vorderreifen zerfetzt.

Wie sehr sich Tiere an Flugzeuge gewöhnen können, sieht man im Umfolozi-Wildschutzgebiet und im Bluhluwe-Bezirk. Während man in einigen Teilen Rhodesiens die Nagana-Seuche auf grausige und von allen zivilisierten Menschen verabscheute Weise durch Abschuß sämtlicher wilden Tiere bekämpft, vernichtet man in den genannten Gegenden die Tsetsefliegen, welche diese Seuche und die Schlafkrankheit übertragen, indem man das Gelände von Flugzeugen aus mit DDT und Gammexan überstäubt. Obwohl Formationen von Flugzeugen dicht über die Baumwipfel hinwegbrausen, heben die Antilopen, Gnus und Zebras kaum die Köpfe.

Überhaupt werden Flugzeuge heute oft benutzt, um Tieren Gutes zu tun. Im Staate Washington sind in den letzten Jahren während harter Winter immer wieder die großen Herden von Wapitihirschen, jenen riesigen amerikanischen Rothirschen, in Obstpflanzungen und Ackerland eingebrochen. Die wütenden Farmer wollten sie alle totschießen. Der Naturschutzverwaltung gelang es jedoch, die hungrigen Tiere mit niedrig fliegenden Hubschraubern in die Wälder zurückzutreiben, wo man sie dann fütterte. Seitdem werden Wapitis in jedem härteren Winter regelrecht von Flugzeugen »gehütet«. Als in den letzten Jahren in einzelnen Teilen Kanadas die Wölfe sehr überhandnahmen, ging man in Britisch-Columbien und im Yukongebiet dazu über, sie vom Flugzeug aus zu jagen – was allerdings nicht gerade waidmännischen Vorstellungen entspricht. Da sechzig Wölfe abgeschossen wurden, stieg der Bestand an Rentieren und Wildschafen bald an.

1951 rettete man die Biber im Staate Idaho, USA, mit Hilfe von Flugzeugen. Man fing sie aus landwirtschaftlichen Gegenden weg, wo die kleinen Dammbauer die Wiesen und Felder mit ihren künstlichen Talsperren überschwemmten und im Übermaß Bäume fällten. 960 Biber wurden paarweise in kleine Käfige gesetzt und mit Fallschirmen aus 150 bis 300 Meter Höhe in unbesiedelte Gebirgsgegenden hinuntergelassen. Die Behälter waren so gebaut, daß sie sich durch den Zug des Fallschirmes und den Aufprall öffneten. Es soll nicht ein Biber dabei umgekommen sein. Manche sind allerdings von der Landestelle noch über 30 Kilometer weitergewandert und haben sogar Gebirgskämme überquert, ehe sie eine neue Heimat fanden, die ihnen gefiel. Seitdem diese Umsiedlung so erfolgreich war, muß jeder Trapper auf neun Biber, die er tötet und pelzt, einen lebend fangen und abliefern. Die »fliegenden Biber« bekommen Ohrmarken mit Nummern, so daß man später, wenn sie einmal wieder gefangen oder geschossen werden, ihr Alter und ihre Wanderungen feststellen kann.

Auch Forellen haben längst fliegen gelernt. In den letzten Jahren besiedelt man in Kalifornien immer mehr Hochgebirgsseen mit Hilfe von Flugzeugen. 1950 warf man bereits 1 685 000 Bachforellen über 421 Seen ab. Diese unzugänglichen Gebirgswässer liegen meistens 1500 bis 3600 Meter hoch, und die Flugzeuge, die zu ihnen gelangen sollen, müssen dabei oft Gipfelketten von über 4000 Meter überfliegen. Man wirft über jedem See 2000 bis 3000, manchmal auch bis 10000 Jungfische ab. Sie fallen aus 100 bis 250 Meter Höhe herab, erst etwa 60 Meter weit im Bogen und dann senkrecht nach unten. 3000 Forellen prasseln auf einer Fläche von 20 mal 35 Meter ins Wasser ein. Der Einsatz von 1000 Fischen mit dem Flugzeug kostet nur ein Fünftel von dem, was man aufwenden muß, wenn man es mit Packpferden macht. Der Staat New York hat sogar einen Miniaturzeppelin zum Einsatz von Bachforellen benutzt.

In Goosebay auf Labrador bildet jetzt die amerikanische Luftwaffe Fallschirmhunde zur Rettung notgelandeter Flieger aus. Ein Schlittenführer, der Schlitten selbst und die Hunde kommen einzeln an Fallschirmen vom Himmel herunter. Die Hunde sind für das Fallschirmspringen besonders ausgebildet, und ihre Herren behaupten, daß sie es recht gern tun und sicherlich lieber im Schnee landen, statt in dem schwankenden Flugzeug zu sitzen.

Eine durchaus unbeabsichtigte Verpflanzung von Tieren kam dagegen vor einigen Jahren bei einem Flugzeugunglück in der Nähe von Rom zustande. Eine Maschine der »Philippine Airlines« stürzte in der Nähe des Flughafens ab, wobei siebzehn Passagiere getötet wurden und unter dem Gepäck auch eine Sendung von Schmetterlingspuppen verlorenging, welche für den Stuttgarter Botanischen Garten »Wilhelma« bestimmt war. Wie erstaunt waren die Schmetterlingskundigen in Rom, als man ihnen im nächsten Jahre farbenprächtige Riesenschmetterlinge anbrachte, die eine Spannweite von 25 cm hatten! Es waren Atlasspinner aus Südostasien. Die 50 Puppen, die in dem Karton waren und kurz vor dem Ausschlüpfen standen, hatten im Gegensatz zu den Menschen den Flugzeugabsturz überdauert und sich zu Schmetterlingen entwickelt.

Geschichtenbücher für Jungens enthielten früher oft wilde Abenteuer, die Flugzeuge mit angreifenden Adlern oder Geiern zu bestehen hatten. Ich glaube nicht an wirkliche Angriffe von seiten der Vögel. Trotzdem bleiben Zusammenstöße mit ihnen gefährlich, denn bei der rasenden Geschwindigkeit moderner Flugzeuge wirkt ein Vogelkörper genau wie ein Geschoß. Erst kürzlich ist an der Grenze zwischen Kenia und Abessinien ein Flugzeug durch einen Geier zum Absturz gekommen. Es war dazu eingesetzt, die Auswirkungen der Rinderpest zu beobachten, die dort unter den Kaffernbüffeln wütete. Der Pilot wich vorsichtig einer Ansammlung von Geiern aus, die über Kadavern kreiste, stieß dabei aber unerwartet mit einem Kahlkopfgeier zusammen, der einzeln flog. Die Maschine mußte notlanden, wonach Pilot und Beobachter 45 Kilometer durch unwegsame Wildnis bis zum nächsten Eingeborenendorf zu marschieren hatten.

Im Herbst 1953 las man in großen Schlagzeilen in verschiedenen deutschen Zeitungen eine Meldung »Tausende Störche bringen Flugzeug zum Absturz« – »Fluggäste funkten ihr Testament«. Danach war das große viermotorige Flugzeug OZ 14, das einer indischen Fluglinie gehörte, mit 44 Fluggästen an Bord, Chefpilot Dadim Thelum, über den Inseln Kasos und Cap Sidero (Nordostspitze Kretas) in 1500 Meter Höhe in einen Schwarm von 12000 bis 15000 Störchen geraten, die Kurs auf Kreta hatten. Dutzende von Störchen seien von den Propellern zermalmt worden, bis schließlich durch Knochen und Federn alle vier Luftschrauben stillgelegt waren. Das Flugzeug soll dann mit dem Flugplatz Iraklion auf Kreta Funkverbindung aufgenommen haben, während sich unter den Passagieren aufregende Szenen abspielten. Vier indische Großindustrielle ließen ihr Testament funken. Bei der Notlandung, zwei Kilometer vor dem Flugplatz, sei das Flugzeug hart aufgeprallt. Obwohl es in Brand geriet,

Friedfertige Flußpferde: Sie kümmern sich nicht um Kormorane und Pelikane.

seien jedoch alle Fluggäste mit dem Leben davongekommen. Dieser Bericht, der so genau mit Orts- und Zeitangaben versehen war, erweckte wegen der großen Anzahl der darin genannten Störche das Interesse der Vogelgelehrten. Sie stellten fest, daß der Artikel von dem deutschen Korrespondenzbüro »Kanzlit« verbreitet worden war. Die Deutsche Botschaft in Athen gab nach umfangreichen Ermittlungen bei allen Flughäfen und griechischen Fluglinien die Auskunft, daß von dem fraglichen Flugzeugunglück überhaupt nichts bekannt sei und in den letzten Jahren keine Notlandungen bei dem Flughafen Iraklion erfolgt waren. Ebensowenig hatten die in Frage kommenden indischen Fluglinien ein Flugzeug verloren; die so genau angegebene Nummer des Flugzeuges war frei erfunden. Die 12000 Störche erwiesen sich also bei genauerer Betrachtung als 12000 Zeitungsenten.

Eher werden hingegen einmal Tiere den Flugzeugen beim Landen gefährlich. Eine Maschine der SAS mußte vor wenigen Jahren auf dem Wege nach New York mehr als eine Stunde lang über dem Flugplatz Gander auf Neufundland kreisen, weil sie keine Landeerlaubnis gefunkt bekam. Als das Verkehrsflugzeug dann endlich hinunterdurfte, erfuhren seine Insassen, daß sich in der letzten Stunde eine aufregende Jagd auf dem Flugplatz abgespielt hatte. Aus den dichten Wäldern, welche ihn umgeben, war eine Bärenfamilie bis auf die Landebahnen vorgedrungen und fühlte sich dort sehr wohl. Die Petze wollten sich durchaus nicht vertreiben lassen, so daß man schließlich mit Maschinenpistolen zwei von ihnen erschießen mußte, worauf die anderen sich wieder in den Wald zurückzogen. Ähnlich haben Wasserflugzeuge auf einigen der zentralafrikanischen Seen Schwierigkeiten mit Flußpferden beim Landen gehabt.

Wir haben vom Flugzeug aus oft in wenigen Viertelstunden einen besseren Überblick über die Tierwelt, aber auch über die Siedlungen der Eingeborenen bekommen, als das in Tagen oder Wochen zu Fuß oder im Auto möglich ist. Ein ostafrikanischer Nationalpark – also ein Gebiet, das der unberührten Natur vorbehalten bleiben soll – war voll von großen zahmen Rinderherden der Massai. Nur ein kleiner, etwas grüner bewachsener Teil beherbergte, wie man vom Flugzeug ausgezeichnet feststellen konnte, zwei Elefantenherden und einige größere Herden von Antilopen. Gerade zu diesem Teil führte die einzige Autostraße für Touristen, und gerade dort war das Übernachtungslager für sie angelegt. Als wir dann nach Tagen im Wagen dorthin kamen, wirkte das Gelände am Ende der Trockenzeit durch die Überweidung mehr wie eine Wüste als ein »Park«. Überall kam der blanke Sandboden zum Vorschein, und streckenweise narrte uns sogar eine Fata Morgana. Der Wind trieb den Sand in Wirbeln zum Himmel. Da man augenblicklich den Eingeborenen immer größere Rechte einräumt und eine immer mehr eingeborenenfreundliche Politik betreibt, wagte man es offensichtlich nicht, gegen den Zustrom der wandernden schwarzen Hirtenstämme und ihre ständig wachsenden Rinderherden etwas zu unternehmen. In den Nationalparks des Kongo ist man einen besseren Weg gegangen. Schon vor Jahrzehnten hat man dort die wenigen Eingeborenendörfer, die in der Gegend waren, umgesiedelt. So sind die Nationalparks wirklich menschenleer und nur für die Tiere da. In anderen Nationalparks entdeckten wir hingegen Eingeborenendörfer (mit Wellblechdächern und Autos), die auf den offiziellen Karten überhaupt nicht verzeichnet waren. Es erübrigt sich wohl hinzuzufügen, daß Nationalparks in Übersee nicht eingezäunte und gehegte Parks in unserem Sinne sind, sondern Geländestriche von der Größe einer europäischen Provinz, die vor der Zivilisation verschont bleiben sollen.

Wie eigenartig Vögel rückwärts zu fliegen schienen, wenn wir sie im niedrig fliegenden Flugzeug überholten! In den USA hat man in den letzten Jahren mit langsam fliegenden Flugzeugen den Weg von Tauben und Möwen in der Luft verfolgt. Bei den Tauben waren gemischte Schwärme von dunklen und hellen Tauben am besten zu begleiten. Die dunklen sind nämlich von oben her über einem Wald kaum noch zu erkennen, die hellen wieder verschwinden über Weizenfeldern und Gewässern. Am ungünstigsten sind Städte als Untergrund, da sie aus vielen, in der Farbe wechselnden Flecken bestehen. Die Tauben flogen etwa 70 Kilometer in der Stunde und ließen sich von dem Flugzeug in keiner Weise stören, obwohl es immer wieder Kreise über ihnen ziehen mußte, da seine Eigengeschwindigkeit zu schnell war. Bei dieser Verfolgung kam heraus, daß Tauben Berge nicht umfliegen, obwohl sie das mit Flugabweichungen von wenigen hundert Metern tun könnten. Sie steigen geradewegs über die Gipfel hinweg. Dagegen vermeiden sie gern offenes Land, wenn Wald in der Nähe ist; Furcht vor Habichten und Falken ist ihnen wohl angeboren. Übrigens mußten die Möwen große Spiralen fliegen, um endlich in die Richtung zu kommen, welche in ihre Heimat führte. Tauben dagegen, insbesondere trainierte Brieftauben, schlugen meistens ohne langes Suchen bald den richtigen Weg ein.

Von Sanden, einer unserer besten Beobachter wildlebender Tiere, sah immer wieder, daß Flugzeuge, die über einem See einige Kreise flogen, die Raubvögel aus der Umgebung rätselhaft anzogen. Fischadler, Schelladler, Schreiadler, Rohrweihen, Bussarde, Turmfalken, Milane strebten von allen Richtungen hinzu, manchmal waren es nur zwei bis drei, oft aber fünf und mehr. Sie hielten sich unter dem Flugzeug auf und kreisten auch mit. Wahrscheinlich ließ der so hoch oben segelnde riesige »Raubvogel«, der ja mit keinem Flügel schlägt, die lebenden Vögel günstige Aufwinde erwarten. Wo die Luft aufsteigt, können sich die Segelflieger-Vögel ohne jeden Flügelschlag tragen lassen. Auch Düsenjäger, die ganz niedrig, knatternd und dröhnend über den Seespiegel dahindonnerten, störten die Vögel wenig. Als eine Maschine mit einer Geschwindigkeit von 150 Stundenkilometern nur etwa 30 Meter über den Kopf von Sandens flog, schloß sich ihr ein Baumfalke an und flog ohne große Anstrengung etwa 500 Meter weit unter ihr mit. Es war wohl nur das Gefühl der eigenen Kraft, das ihn dazu veranlaßte, und wenn dem Tier nicht jede Scheu vor dem Flugzeug gefehlt hätte, wäre es niemals auf diesen freiwilligen Wettflug verfallen.

Ehe wir Menschen selbst das Fliegen gelernt haben, haben wir uns von dem Fliegen der Vögel oft sehr falsche Vorstellungen gemacht. Die Vogelgelehrten behaupteten damals, daß die Zugvögel über Helgoland in einer Höhe von mehreren tausend Metern, einzelne Arten über 3000 Meter, Saatkrähen sogar über 4000 Meter flögen. Das mag wohl manchmal so sein, aber jedenfalls konnten die Vögel, welche die Beobachter von der Erde aus gesehen hatten, bestimmt nicht so hoch in der Luft liegen. Zu Beginn unseres Jahrhunderts bewies v. Lucanus das mit Hilfe von Ballons – er hängte unten tote Vögel daran, welche in Fliegstellung ausgestopft waren. Saatkrähen konnte man in 800 Meter Höhe von der Erde aus gerade noch als Punkte erkennen, noch höher gar nicht mehr. Sperber sah man nur noch 640 Meter hoch als Punkte, Lämmergeier eben noch bei 1500 bis 2000 Meter.

Und doch können Vögel recht hoch fliegen. In den ersten Märztagen 1943 schossen alle deutschen Flakbatterien im Raume von Köln auf »einfliegende Feindflugzeuge«. Nur eine schwieg. Sie wurde von dem Meßtruppführer Mildenberger befehligt, und er hatte Mühe, seinem Kommandeur klarzumachen, warum er nicht hatte schießen lassen. Als Ornithologe hatte er nämlich herausgefunden, daß die Meßgeräte aller Batterien nicht auf Flugzeuge, sondern in Wirklichkeit auf Vögel angesprochen hatten. In den nächsten Wochen konnte er mit seinen Feuerleitgeräten Höhe und Geschwindigkeit der Zugvögel feststellen. So flogen zum Beispiel einmal 150 Ringeltauben 1700 Meter hoch mit einer Stundengeschwindigkeit von 64,8 Kilometern; Kraniche 1200 Meter mit 54 Stundenkilometern; 400 Saatkrähen ein anderes Mal 1900 Meter hoch mit einer Geschwindigkeit von 68,4 Stundenkilometern.

Wer will es bestreiten – wir haben die Vögel längst in ihrer Flugkunst überholt. Wir heben uns längst viel höher in die Lüfte als der kühnste Vogel. Wir finden uns noch besser als er bei Nacht und Nebel zurecht.

Und dennoch. *Wirklich* fliegen können wir nicht. Als Kind habe ich oft geträumt, ich schlüge mit weit ausgebreiteten Armen in die Luft und höbe mich dann langsam Meter für Meter von der Erde, schwebte über die Telegrafendrähte hinweg und ließe die Dächer unter mit liegen. Zu jener Zeit konnte ich das Hängen und Schweben in der Luft, das Sich-von-den-Winden-tragenlassen nachempfinden.

Mich hat noch nie ein Segelflieger mitgenommen, vielleicht ist es da anders. In unseren Motorflugzeugen jedenfalls glaube ich immer in einer ratternden, vibrierenden Autodroschke zu sitzen, die nur zufällig hoch oben durch die Luft fährt. Soviel ich mich auch schon von Verkehrsflugzeugen über Erdteile und Ozeane habe hinzerren lassen müssen, ich bin meiner Jugendsehnsucht damit noch nicht einen Schritt nähergekommen: einmal wie ein Adler auf weiten, weiten Schwingen in den Lüften zu schweben.

Unsere Tiere sehen Filme

Manche Wildtierarten scheinen dazu geboren zu sein, zahm zu werden und mit Menschen Freundschaft zu schließen. Dazu gehören die Geparden, große Raubkatzen, die gelbschwarz getüpfelt sind wie die Leoparden und daher immerzu mit ihnen verwechselt werden. Manche von ihnen sind so liebebedürftig und fangen wie Hauskatzen schon so freudig zu schnurren an, wenn man nur in ihre Nähe kommt, daß man sich fast verpflichtet fühlt, sie aus dem Zoogehege in die eigene Wohnung zu holen.

Damit ich nicht gleich ein paar Dutzend Anfragen nach Geparden bekomme, die als Haustier gehalten werden sollen, möchte ich gleich einschieben: ein Gepard kostet 2500 bis 4500 Mark, er kann nur mit Fleisch ernährt werden, und zwar nicht wie Löwen und Tiger fast ausschließlich mit Pferdefleisch, sondern er braucht Zukost von Geflügel, Meerschweinchen, Kaninchen und anderem Kleingetier. Ein Gepard mit Halsband und Leine eignet sich nur für eine Filmschauspielerin, die sich damit eindrucksvoll für die Presse fotografieren läßt. In Wirklichkeit bringt jeder Gepard als Begleiter seinen Herrn zur Verzweiflung. Er legt sich in kurzen Abständen wiederholt hin und ist auf keine Weise zu bewegen, wieder aufzustehen.

Wir hatten einen unserer Zoo-Geparden in Frankfurt, während das Raubtierhaus umgebaut wurde, behelfsmäßig untergebracht. Er wollte aus seinem Innenraum nicht unmittelbar in einen Auslauf, sondern mußte dorthin geführt werden. Was wir aber auch anstellten, Ali tat uns den Gefallen nicht. So mußten wir ihn in der Schubkarre hinfahren, und er sprang bereitwillig in dieses wacklige Gefährt. Im übrigen war Ali ein Engel an Gutmütigkeit.

Als er ankam, brach bei ihm gleich nach drei Tagen die Katzenseuche aus, die er sich irgendwo unterwegs geholt hatte. Die Schutzimpfung, die bei uns alle Katzen gleich nach der Ankunft bekommen, hatte bei ihm noch nicht wirken können. Ali war die erste Großkatze, die wir am Leben erhalten haben, obwohl die Katzenseuche bei ihm voll ausgebrochen war. Aber der arme Gepard hat viel aushalten müssen. Wir mußten ihm fast eine Woche lang in Abständen von vier Stunden Tag und Nacht Aureomycin in die Schenkelvene einspritzen. Das tat sicher sehr weh, und die ganze Haut der Schenkel war böse zerstochen. Er wehrte sich nach Leibeskräften und mußte immer wieder überwältigt werden. Ich dachte, daß es nun mit seiner Menschenfreundlichkeit vorbei sein würde; aber weit gefehlt, er war genauso zahm geblieben wie er vorher war.

Ein anderer Gepard hielt sich bei uns in der Wohnung auf, als wir im Korridor einen Film vorführten, den mein Sohn Michael von Zootieren gedreht hatte. Wir dachten gar nicht an die große Raubkatze, die da mit uns im Dunkeln saß, als der Gepard plötzlich vorstürzte und ein paar Flamingos packen wollte, die dort auf der Leinwand erschienen. Ähnlich war es uns schon früher mit Hunden ergangen. Auch sie fingen manchmal zu bellen an und rasten auf das Filmbild zu, sobald sich dort andere Hunde oder Geflügel bewegten. Waren diese Hunde allerdings dicht vor dem Bild, dann erlosch ihr Interesse. Vielleicht, weil es sie enttäuschte, daß sie auch in der Nähe nichts von diesen Tieren rochen, oder weil das Bild für sie, ganz aus der Nähe und vom Fußboden her schräg gesehen, verzerrt und unkenntlich wurde. Immerhin machte ich mir darüber meine Gedanken.

Forscher haben aus Brasilien berichtet, daß die Moré und andere Indianerstämme mit Fotos gar nichts anzufangen wußten. Sie hielten sie verkehrt und nannten sie »maramsche«, also mit demselben Wort, das für die Ornamentverzierungen an ihren Pfeilspitzen gilt. Als der Afrika-Fotograf Martin Johnson die Zwergvölker am Kongo besuchte, wollte er ihnen einen besonderen Spaß machen, indem er sie knipste und ihnen die fertig entwickelten Bilder zeigte. Aber auch sie konnten sich selbst, ihre Verwandten oder ihre Behausung nicht wiedererkennen, sie benahmen sich so wie einer von uns sich benähme, dem ein weißes Blatt Papier in die Hand gedrückt wird.

Ich habe trotzdem nie recht glauben mögen, daß Menschen, auch wenn sie noch so ursprünglich leben, keine Bilder zu erkennen vermögen. Deswegen habe ich während einer meiner Afrikareisen den Versuch mit den gleichen Pygmäen wiederholt. In meinem Buche ›Kein Platz für wilde Tiere‹ habe ich beschrieben und mit Fotos belegt, wie ausgezeichnet die Pygmäen Tiere, uns und sich selbst auf Lichtbildern wiedererkannten. Unlängst berichtete ein Jäger von Pygmäen dasselbe. Er zeigte ihnen Zoologiebücher mit bunten Tierabbildungen, um herauszubekommen, ob diese Tiere in ihrer Gegend vorkämen. Die Zwerge waren sehr interessiert daran, logen aber offensichtlich furchtbar, um Belohnungen zu erhalten. Einer behauptete bei dem Bilde eines Wal-

Die Schimpansin erkennt ihre Vettern auf dem Plakat und küßt sie genau auf den Mund.

Ein Serval vor der Leinwand: Schon stürzt er vor und will die Flamingos packen.

rosses, diese Tiere seien bei ihnen nicht selten, lebten aber nur tief im dunklen Walde und überfielen die Menschen! Ich vermute, daß in den anderen Fällen Befangenheit oder Dolmetscherschwierigkeiten und die völlige Neuheit der Bilder die Ursache für das mangelnde Verständnis sind. Denn wie hätten sonst unsere Schimpansen mit so großem Interesse sich immer wieder Bilder ansehen können? Sie versuchten, mit Daumen und Zeigefinger die kleinen Figuren von Antilopen aus Farbfotos »herauszupicken«. Das verkleinerte Bild eines Schimpansenkopfes küßten sie immer genau auf den Mund und zerkratzten es auch dort. Fotos davon sind in meinem Buch ›Wir Tiere sind ja gar nicht so‹ zu finden. Wenn aber Menschenaffen kleine Bilder erkennen, dann müssen das Menschen, und seien es auch noch so primitive, auf jeden Fall können, denn Menschen sind sprachbegabt und haben ein viel höher entwickeltes Hirn als ihre tierischen Verwandten. Selbst Pferde und Zebras benahmen sich zu lebensgroß gemalten Bildern von Artgenossen ähnlich, wie sie das mit anderen Pferden tun (siehe mein Buch ›Elefantenschule‹). Der Angriff unseres Geparden auf das bewegte Filmbild hat mich veranlaßt, es auch anderen Tieren zu zeigen. Unsere Schimpansen waren sichtlich interessiert, vor allem, wenn sie sich selbst auf der Leinwand bewegten. Sie begrüßten die abgebildeten Schimpansen mit interessierten Lauten und verfolgten gespannt, was sie taten. Nach einigen Minuten aber erlosch ihr Interesse wieder, ähnlich wie bei kleinen Kindern, die sich ja auch nicht lange auf einen Vorgang konzentrieren können. Die Servale aus Afrika, entzückende terrierhohe Raubkatzen mit übergroßen Ohren, gingen auch gleich auf das Geflügel im Bild los. Die Gorillas wollten genau hinter die Sache kommen, klatschten mitten darauf und hoben die Bildtafel auf, um zu sehen, ob die anderen Wesen vielleicht dahintersteckten. Das ist gar nicht so lächerlich, wie es manchen Menschen vorkommt, die sich immer so unendlich erhaben gegenüber ihren Mitgeschöpfen dünken. Auch in Afrika passiert es in den jetzt so zahlreichen Kinos, die im Wettlauf mit den Missionen immer tiefer ins Innere vordringen, daß Schwarze, die das erste Mal einer Vorstellung beiwohnen, zum Schluß hinter der Leinwand und dem Bühnenaufbau den Ort suchen, wo die Schauspieler übernachten.

Schwieriger war es schon, das Benehmen der Tiere gegenüber den Filmbildern zu fotografieren. Es muß ja in so einem Raum dunkel sein. Verwendet man aber Blitzlicht, so überstrahlt es das schwache Filmbild auf der Leinwand, und diese erscheint auf dem Foto als grellweiße, leere Fläche. Mein Sohn Michael hat daher lange experimentiert. Er hat um die Bildfläche einen tiefen, trichterförmigen Schacht aus schwarzer Pappe gebaut, so daß der seitwärts angebrachte Blitz nicht hineinblitzen konnte. Und dann hat er in ein zweites Projektionsgerät ebenfalls einen Elektroblitz eingebaut, der mit dem äußeren gekoppelt war. So ist es uns gelungen, zum erstenmal das Verhalten von kleinen Gorillas, Geparden und Servalen gegenüber Lauffilmen zu knipsen.

Legen wir Wildgänse-Eier in die Brutmaschine und ziehen die Tiere künstlich auf, so daß sie von einer alten Gans nichts lernen können, so gehen sie doch mit Warnrufen in Deckung, wenn das erste Mal ein Adler am Himmel erscheint. Die Kenntnis ihres Erbfeindes ist ihnen angeboren, sie braucht nicht gelernt zu werden. Dasgleiche gilt für viele Tierarten. Sie »wissen« auch, wer ihr Artgenosse ist. Eine wilde Stockente, die aus der Brutmaschine kommt und allein aufwächst, paart sich mit dem Stockentenerpel und nicht mit einem Brautenterich oder gar einem Gänserich. Wie wir in dem Abschnitt über den »vierbeinigen Kaspar Hauser« gesehen haben, scheint das bei Pferden anders zu sein. Übrigens hat vor wenigen Jahren ein Farmer in Maberly (nordöstliches Transvaal) ganz zufällig an frei lebenden Meerkatzen das gleiche beobachtet wie ich an meinen zahmen Tieren. In seiner Gegend sind Leoparden seit Jahrzehnten ausgerottet. Das ist der ewig gleiche Kreislauf in den besiedelten Gegenden Afrikas. Erst schießt man die Antilope tot, um Fleisch für die Arbeiter zu haben. Dann müssen sich die Leoparden notgedrungen an das Vieh und die Hunde der Farmer und Neger halten. Deswegen rottet man sie ganz aus, und der Erfolg ist, daß die Paviane und die Warzenschweine überhandnehmen und die Pflanzungen zerstören. Also sehnt man sich wieder die Leoparden zurück, deren Felle so schönes Geld gebracht hatten. Der besagte Farmer hatte den Meerkatzen, die in Scharen auf den Urwaldbäumen am Rande seiner Rodung lebten, den ausgestopften Kopf eines Leoparden gezeigt, der bei ihm im Hause an der Wand hing. Sie nahmen gar keine Kenntnis davon.

Dann aber tauchte nach Jahren wieder ein Leopardenpaar in seiner Gegend auf. Er fand ihre Losung und Spuren und wußte, daß sie fast jede Nacht aus der Quelle an seinem Hause tranken. Die beiden jagten in dieser ganzen Gegend und kamen in Abständen von einigen Wochen immer wieder neu in die Nähe seiner Behausung.

Als er *nunmehr* den Meerkatzen wieder den Leopardenkopf

Eine Serval-Mutter mit ihrem Kind. Servale sind dem Luchs verwandte afrikanische Raubkatzen.

zeigte, gab es helle Entrüstung. Die Tiere versammelten sich in den Ästen darüber, drohten, schimpften unaufhörlich und konnten sich gar nicht davon losreißen. Später stellte der Mann das fast lebensgroße Pastellbild eines Leoparden am Waldessaum auf, und alsbald kamen auf den Warnruf eines Männchens die Meerkatzen eine hinter der anderen auf dem Staketenzaun angelaufen und versammelten sich wieder zur Beschimpfung. Als er mit dem Bild durch den Wald ging, verfolgten ihn die empörten Affen, ohne sich um die begleitenden anderen Menschen zu scheren. Auch sie hatten also ihren Feind auf dem Bilde erkannt. Diesen Meerkatzen ist jedoch die Kenntnis des Leoparden nicht angeboren wie den Wildgänsen die des Adlers, sie müssen ihn erst durch böse Erfahrungen kennenlernen.

Tiererlebnisse mit Zeitungen und Funkhäusern

Als Sextaner war ich ein begeisterter Zwerghuhnzüchter. Und weil sich bekanntlich beizeiten krümmt, was ein Häkchen werden will, habe ich damals in einer kleinen Geflügelzeitung über eine Hühnerrasse geschrieben, die es mir besonders angetan hatte. Ich war sehr stolz, mich das erste Mal gedruckt zu sehen. Aber meine Freude wurde bald gedämpft, als ich sah, *was* da gedruckt worden war.

Es gibt nämlich federfüßige Zwerghuhnrassen, mit breiten Federfahnen an den Beinen, und glattfüßige. Ich hatte über glattfüßige geschrieben, und der Setzer hatte hartnäckig in dem ganzen Aufsatz dafür »plattfüßige« gedruckt. Das war der Grund, warum ich mich bemüßigt fühlte, mir eine saubere und deutliche Schrift anzugewöhnen, weit mehr als dies die Ermahnungen meiner Lehrer vermocht hätten. Außerdem habe ich mir dann das Geld für eine gebrauchte Schreibmaschine zusammengespart und meine Aufsätze lieber selber getippt, auch wenn bis heute das nur mit einem Finger geht.

Mit Zeitung und Rundfunk habe ich im Laufe der Jahrzehnte noch manchmal Überraschungen erlebt. Als zum Beispiel mein sechzehnjähriger Sohn Michael mit einer Anzahl von Tieren auf einem kleinen französischen Schiff aus Afrika zurückkam, nahm die Wochenschau auf, wie er in Hamburg eine Riesenschlange, eine Python, hervorholte und wie diese Schlange dann »auf Befehl« sehr brav wieder in seinen Reisekoffer zurückkroch. Das ist nicht weiter verwunderlich, denn Schlangen schlüpfen in fremder Umgebung immer gern in dunkle Löcher. Riesenschlangen sind nicht giftig, und sie töten ihre Beute durch Erwürgen. Wenn man von einer Giftschlange gebissen wird, so muß an sich schleunigst Giftschlangenserum in den Körper spritzen. Mein Sohn war damals tatsächlich in Afrika von einer Giftschlange gebissen worden und hatte gleich von mir das Serum eingespritzt bekommen.

Er erzählte dies den Pressevertretern, und nun fand ich in vielen Zeitungen einen an sich sehr freundlichen Bericht nachgedruckt, in dem erzählt wurde, diese angeblich giftige Python, die er aus dem Koffer geholt hatte, sei es gewesen, die ihn gebissen hätte. Er habe aber sofort Schlangenserum »geschluckt«! Als wir abfuhren, berichtete eine Zeitung, wir wollten in Afrika Flußpferde, Löwen und Tiger beobachten. Tiger in Afrika!

Vor ein paar Jahren schickte mir eine Dame aus Bayern eine Seite aus dem großen amerikanischen Magazin ›New Yorker‹ zu. Da war im Dezember 1950 ein Bericht einer Amerikanerin über eine Reise durch Deutschland erschienen. Zum Schluß kam sie auf den Frankfurter Zoo zu sprechen. »Dieser Zoo, inmitten schrecklicher Zerstörungen, hatte ein freundliches, gewinnendes Aussehen«, schrieb sie. »Da waren hübsche Teiche mit bunten Enten, Pfauen, und Deutsche, die kurze Hosen und Tiroler Hüte trugen und friedlich pfeiferauchend in den Cafés unter den Bäumen ihr Bier tranken. Kinder jauchzten lachend vor den Affen, hätten am liebsten das schlafende Leopardenkind mit nach Hause genommen und beobachteten ehrfurchtsvoll den Tierlehrer, der den Löwen tätschelte und mit der Peitsche in die Luft knallte, bis das Raubtier fauchte. Es war eine freundliche Feiertagsstimmung von Fröhlichkeit und Wärme.

Aber dann kam ich zu dem Teich, wo das Nashorn umherrauschte, und ich sah einen Jungen, der gerade versuchte, einen kleinen Affen an einer Lederleine in das ungeheure Maul des Riesentieres zu stecken. Der Affe hatte furchtbare Angst und wollte nicht zwischen die großen Zähne, auf die greuliche Zunge. Zuweilen fiel er während des Kampfes ins Wasser, und dann hatte sein Gesicht den Ausdruck von unbeschreiblicher Angst und Elend. Die Menschen hatten niemals eine so komische Szene gesehen, sie konnten kaum ihre Fotoapparate halten, so laut mußten sie lachen. Plötzlich lief der Affe weg und raste wie der Wind davon, wobei er die Leine hinter sich herschleifte. Sein Herr rannte ihm mit einem Wutschrei nach – durch den hellen Sonnenschein, zwischen den leuchtenden Blumen, unter den lieblichen Hängeweiden ...«

Das sollte heißen: so grausam sind im Grunde genommen diese spießbürgerlichen Deutschen! – Ich schickte an die Schriftleitung des ›New Yorker‹ eine Berichtigung:

»In Ihrer Dezemberausgabe hat Joan Stafford einen Vorfall mit einem Flußpferd und einem Affen im Frankfurter Zoo beschrieben. Miß Stafford hat leider mißverstanden, was sich da ereignete, und ich bitte Sie, daß Sie die Sache richtigstellen. Im Frankfurter Zoo ist es völlig unmöglich, daß ein Junge einen Affen in den Mund eines Flußpferdes werfen könnte und daß die Zuschauer bei diesem Anblick lachen würden. Als Direktor des Zoos war ich selbst Zeuge des Vorfalles, den Miß Stafford beobachtete. Der Junge mit dem Affen war mein Sohn, und den Affen namens August haben wir von klein an aufgezogen. Lange Zeit hat er nicht im Zoo gelebt, sondern in meiner Wohnung. Ich selbst bin der Mann, den Ihre Mitarbeiterin erblickte, als er den Vorfall fotografierte.

August ist ein Rhesusaffe, und wie alle Rhesusaffen ist er sehr frech. Er läuft viel mit meinem Sohn herum und wird nur deswegen an einer Lederleine gehalten, damit er nicht die Leute in die Beine beißt. Es macht ihm zum Beispiel großen Spaß, ins Wasser zu springen und von unten her die Enten an den Beinen zu ziehen. Immer wenn er Hunde trifft, neckt er sie, und wenn sie ihn angreifen, springt er einfach über sie hinweg. Das ›Nashorn‹, das Miß Stafford gesehen hat, war ein Flußpferd. Flußpferde essen Brot, Rüben, Heu usw. Sie fressen keine Affen, und auch Nashörner tun das nicht. Sie haben riesengroße Münder mit gewaltigen Zähnen, und sie reißen sie gern gegen die Besucher hin auf. Unser Flußpferd ›Toni‹ ist nicht bösartig. Es ist so gutmütig, daß sein Wärter mit ihm zusammen im selben Bassin badet. August dagegen ist so frech, daß er Toni neckt, indem er ihm auf die Nase springt, während er seinen Mund weit offen hat. Bei dieser Gelegenheit habe ich einen Schnappschuß von ihm gemacht. Der Affe zeigte wirklich keinen ängstlichen Gesichtsausdruck. Ich füge einige Fotos bei, die Sie sicherlich davon überzeugen werden. Es tut mir leid, daß Miß Stafford, die sonst so freundlich über den Frankfurter Zoo geschrieben hat, sich nicht von uns hat erklären lassen, was der Vorgang bedeutete. Sie mag versichert sein, daß weder im Frankfurter Zoo noch in irgendeinem anderen deutschen oder amerikanischen Zoologischen Garten jemand ungestraft kleine Affen von großen Raubtieren auffressen lassen dürfte. Hochachtungsvoll ...«

Ich war gespannt, ob die Schriftleitung des ›New Yorker‹ so fair sein würde, diesen Brief abzudrucken und damit den Irrtum ihrer Berichterstatterin zuzugeben. Bei einheimischen Zeitungen habe ich in dieser Hinsicht manchmal schlimme Erfahrungen gemacht. Aber der ›New Yorker‹ brachte meine Zuschrift wörtlich, ohne sie zu ändern oder zu kürzen. Ehe ich diese neue Nummer des amerikanischen Magazins in der Hand hatte, kam schon der erste Luftpostbrief aus New York, ohne Angabe der Anschrift des Verfassers. »Kein Amerikaner würde mit einem Flußpferd zusammen im selben Wasser baden«, so schrieb der

Absender auf Englisch, »selbst wenn man dem Flußpferd vorher sämtliche Körperöffnungen zugenäht hätte. Aber«, so fuhr er in ungelenkem Deutsch fort, »ihr Deutschen fürchtet Gott und sonst nichts auf der Welt (Bismarck), bestens Ihr Charles F. Hanzlik.« Alle übrigen Briefe aus den USA aber waren sehr freundlich.

Eines Tages machte ich mit Reinhard Albrecht, dem Reporter des Südwestfunks, eine Rätselsendung über Tierstimmen. Ich hatte sie auf Band aufgenommen, und er mußte mit den Hörern zusammen raten, welches Tier da brummte, quietschte, heulte, sang oder brüllte. Zum Schluß bat er mich, ob er mich mal raten lassen dürfe. Ein seltsames äh, äh, äh, äh klang aus dem Lautsprecher. Ich tippte auf Kamelhengst. Aber es war – ich selber. Herr Albrecht hatte aus früheren Gesprächen Verlegenheitslaute von mir herausgeschnitten und mühsam hintereinandergeklebt.

Ich habe mich gerächt. Auf ganz einfache Weise.

Damals sprach ich, fünf Jahre lang, jeden Samstag im Südwestfunk, und Reinhard Albrecht nahm diese vielen hundert Gespräche immer bei mir in der Wohnung auf. Er rauchte dabei – und ich legte nun jedesmal, während er redete, eine Scherz-Streichholzschachtel vor ihn auf den Tisch. Wenn er, ganz angespannt von der Sendung, in Gedanken danach griff, schnarrte sie – er erschrak und mußte nachher das Stück aus der Aufnahme herausschneiden. Natürlich nahm er sich stets vor, das nächste Mal aufzupassen, aber ich habe ihn mindestens vierzigmal drangekriegt.

Gewöhnlich müssen die Zoos den Zeitungen den Stoff für Aprilscherze liefern. Vor ein paar Jahren haben wir es umgekehrt gemacht. Dazu teilte ich ein paar Presseleuten schon Mitte März mit, daß das Staatsoberhaupt von Siam dem Zoo in Kopenhagen einen der berühmten weißen Elefanten zum Geschenk gemacht habe. Weil so ein weißer Elefant noch viel seltener als ein weißer Rabe und ungeheuer kostbar sei, würde er schon in Genua ausgeladen und mit dem Auto nach Dänemark befördert. Da die Reise so lang sei, würde er sich in Frankfurt ein oder zwei Tage die Beine vertreten und dann auch als große Seltenheit hier zu besichtigen sein. Um die Sache beweiskräftig zu machen, hatte ich drei von unseren Elefanten geknipst, eine ganz schwache und helle Kopie von dem Bild hergestellt, den mittleren Elefanten sorgsam daraus ausgeschnitten, und auf eine normale Kopie des gleichen Bildes aufgeklebt. Als dieses Klebebild nochmals fotografiert war, stand wirklich ein ganz hellhäutiger Elefant zwi-

An einem bestimmten Tag war dieser »weiße Elefant« im Zoo zu sehen.

schen zwei dunklen. Fotos sind Dokumente und trügen bekanntlich nicht. Es war ein weißer Elefant zwischen zwei dunkelgrauen.

Dann haben wir Schlemmkreide mit Wasser angerührt, einen Spritzapparat genommen und unsere brave Elefantenkuh Simla von oben bis unten weiß angespritzt. Das gefiel ihr sichtlich, und die Sache war durchaus ungefährlich, denn Elefanten bestreuen sich ja selber mit Staub und Erde. Es war am 31. März. Gleichzeitig kündigte ich den Zeitungen an, daß der siamesische Elefant morgen für einen Tag im Frankfurter Zoo zu sehen sei.

Die Presseleute waren sehr interessiert, ganz besonders die amerikanischen. Sie kamen schon einen Tag vorher und holten aus mir alles Wissenswerte über weiße Elefanten heraus. Ich erzählte die unglaublichsten Dinge. Zum Beispiel, daß die weißen Elefanten schon vom Babyalter an als heilig verehrt und in Tempeln aufgezogen werden, daß die siamesischen Mütter es als glückbringend ansehen, diese Elefantenkinder mit ihrer eigenen Milch zu nähren und dazu vor den Tempeln Schlange stehen. »Der Elefant, der zu uns kommt, ist also tatsächlich mit Menschenmilch großgezogen!« Es war gar nicht so einfach für mich, das alles auf Englisch klarzumachen und dabei eine ernste Miene zu behalten. Die Sache war so interessant, daß die Reporter noch mehr wissen wollten. So erzählte ich, daß sich die Siamesen in religiöser Begeisterung bei Umzügen vor die Füße des weißen Elefanten werfen und Selbstmord begehen. »Der Elefant, der morgen ankommt, hat schon so und so viele Brustkörbe zertreten.« (Dabei ist ein Elefant, der nicht gerade in Wut oder bösartig ist, nie zu bewegen, auf einen Menschen zu treten, er ist viel zu ängstlich dazu.)

Etwas unangenehm wurde mir die Sache, als ich mitten in der Nacht von einem amerikanischen Pressedienst angerufen wurde. Die skandinavischen Zeitungen hatten von der Ankunft des weißen Elefanten im Kopenhagener Zoo in großen Schlagzeilen berichtet. Die Kopenhagener Vertretung des Pressedienstes hätte daraufhin den dortigen Zoodirektor angerufen, und dieser wüßte gar nichts davon. Ob der Elefant nicht etwa für einen Zirkus bestimmt sei? Ich mußte mein Spiel weiterspielen. »Richten Sie bitte meinem Kollegen Reventlow in Kopenhagen aus, er soll die Sache jetzt ruhig zugeben, ich hätte sie nun leider schon ausgeplaudert!«

Der Elefant wurde bei uns im Elefantenhaus gegen Sondereintritt von vielen Menschen bewundert. Neben ihm saß ein braun angemalter »Siamese« mit Turban, der nach Vorschrift zu bestimmten Tageszeiten in der Richtung nach Mekka betete.

Gegen Abend kamen zwei Damen vom Rundfunk, die in einer Spätabendsendung die Aprilscherze des Tages aufklären wollten und gleichzeitig auch darlegen sollten, was von den merkwürdigen Sendungen des Tages nun kein Aprilscherz, sondern Tatsache gewesen war. Die beiden Damen wollten gar nicht glauben, daß ich wirklich einen weißen Elefanten im Zoo hatte. Sie waren nur widerstrebend zu bewegen, bis ins Elefantenhaus zu kommen. Dann aber waren sie sichtlich verblüfft. Sie ließen Leute aus dem Publikum nacheinander in das Mikrofon sprechen und beschreiben, daß hier tatsächlich ein mächtiger, schneeweißer Elefant hinter dem Gitter stand. Der Elefant wurde vom Sender abends unter denjenigen Ereignissen aufgezählt, die keine Aprilscherze, sondern Tatsachen waren ...

Der 1. April ist für die Zoos ein schwieriger Tag. Dauernd kommen Telefonanrufe von Leuten, die »Herrn Wolf« oder »Frau Bär« oder »Fräulein Hecht« sprechen wollen. Die meisten entschuldigen sich schon, wenn sich unser Telefonfräulein mit »Zoologischer Garten« meldet. Es sind nämlich ahnungslose

Leute, die auf ihrem Schreibtisch im Büro einen Zettel vorgefunden haben: sie sollten die Nummer soundso anrufen und Herrn Luchs verlangen. Viele hängen schleunigst auf, sobald sie das Wort Zoo hören. Wir haben manchmal am 1. April über hundert solcher Anrufe gehabt, und ich glaube, ähnlich schlimm ergeht es nur dem Leichenhaus oder den Irrenanstalten.

An einem der letzten Aprilanfänge veröffentlichte die ›Abendpost‹ einen Aufruf, der Frankfurter Zoo kaufe Katzen für drei Mark, um irgendwelche seltsamen, blutgierigen Mäuse zu füttern, die ich aus Afrika mitgebracht hätte. Verschiedene Leute, die zu diesem Zweck Katzen gestohlen hatten und sie bei uns an der Kasse abliefern wollten, waren empört, daß wir sie nicht bezahlen mochten; sie wollten nicht glauben, daß wir an dieser Meldung ganz unschuldig waren, und ich hatte schon Angst, daß der Tierschutzverein gegen mich einschreiten würde.

Ein andermal rief die Redaktion eines Magazins bei mir an, das gern etwas lockere Fotos von unbekleideten Mädchen bringt. Sie fragte, ob ich einen großen Stier hätte. Als ich das bejahte, wollten sie mit einem hübschen Mädchen in den Zoo kommen, das sich nackt daraufsetzen und als »Europa auf dem Stier« fotografiert werden sollte. Die Leute waren hartnäckig. Erst als sie persönlich kamen, ließen sie sich davon überzeugen, daß unser mächtiger, wenn auch gutmütiger afrikanischer Watussistier mit seinen Riesenhörnern weder bekleidete noch nackige Damen auf seinem Rücken duldet.

Ich habe immer eine stille Liebe zu Dänemark und Kopenhagen gehabt. Vor dem Krieg bin ich fast jedes Jahr dort gewesen. Als Soldat wurde ich für ein paar Tage dorthin abkommandiert. Ich wollte in mein angestammtes Hotel am Bahnhof gehen, aber der Portier nahm mich nicht auf, denn dieses Hotel war jetzt nur für deutsche Offiziere vom Major an aufwärts bestimmt, und so weit hatte ich es in diesem Krieg noch nicht gebracht. Ich mußte also ins Hotel »Kong Frederick« ziehen. Am selben Abend war die dänische Presse mit Blitzlicht bei mir und brachte am nächsten Tag Berichte mit Bildern über Elefantenversuche und ähnliche Dinge.

Schon früh am Morgen rief mich als kleinen Wehrmachtsangehörigen der Presseattaché der Deutschen Gesandtschaft an. Er hätte sonst so große Schwierigkeiten, die dänische Presse mit Druck und Zwang dazu zu bringen, daß sie günstig über Deutschland berichtete. Hier hätte er gar nichts veranlaßt, die Zeitungen hätten das von allein getan, wie ich denn das gemacht hätte. Ich erwiderte, daß Elefanten und Wölfe doch nichts mit Politik zu tun hätten, wurde aber von der Deutschen Gesandtschaft zu einem Abendessen mit Schnepfen ins Hotel Angleterre eingeladen, zusammen mit Svend Fleuron. Die Schnepfen waren sehr zäh, aber die Unterhaltung mit Fleuron recht angeregt und ausgiebig. Der Attaché fragte mich, ob ich in Stockholm Vorträge über Tierpsychologie halten möchte. Natürlich war ich begeistert. Wer Soldat im Felde war, kann nachfühlen, daß es eine schöne Sache war, während des Krieges für drei Tage ins reiche Schweden zu fahren, wo Frieden herrschte, Milch und Honig flossen und man womöglich noch Butterpakete mit nach Hause schmuggeln konnte. Ich erfuhr aber bald, daß man den Plan fallengelassen hatte, weil selbst Furtwängler schon ausgepfiffen worden war. Ein paar Jahre später habe ich dafür gedankt, daß die Geschichte nicht zustande kam, denn sonst hätten die Amerikaner mich nach 1945 sicherlich wegen Nazipropaganda während des Krieges im neutralen Ausland verfolgt.

Tiermenschen pflegen sich als solche nicht politisch zu betätigen. Ich glaube, das ist gut so, selbst wenn sie auch persönlich eine ausgeprägte politische Überzeugung haben. Trotzdem müssen sie manchmal politische Ängste ausstehen.

Ich bin zweimal von der Berliner Gestapo in den Alex bestellt worden, wobei ein paar eiserne Türen ohne Klinken freundlich hinter mir verschlossen wurden. Der Beamte sagte mir, ich wüßte wohl schon, warum ich herbestellt sei. Das ist so ein beliebter Trick von Kriminalbeamten, weil dann manche Leute Sünden zu entschuldigen beginnen, von denen die Kripo noch gar nichts weiß.

Als ich verneinte, hielt er mir ein Aktenstück vor. Ich hätte eine Mark in einen Umschlag gesteckt, »an eine beliebige Papierhandlung in Halberstadt« darauf geschrieben und gebeten, mir eine Flugansicht von Halberstadt zu schicken. Ob ich mir nicht klarmache, daß das heutzutage verdächtig sei, bei den bevorstehenden Fliegerangriffen? Und wozu ich denn diese Flugansicht brauchte?

Zu einem Aufsatz über Saurier in der Zeitung, sagte ich. In einem Lehmlager bei Halberstadt hätte man viele Saurierknochen gefunden, nachdem man bis dahin schon jahrelang welche mit dem Lehm zusammen zu Ziegeln verbrannt hätte. Ich wollte dieses Bild von Halberstadt mit einem Aufsatz abdrucken lassen und darunter schreiben, daß in den Mauern dieser Häuser von Halberstadt Saurierknochen steckten.

Was denn Saurier wären, fragte mich der Herr Kommissar, und ich hielt ihm einen Vortrag über diese ausgestorbenen Riesenechsen. Wenn ich ein ausländischer Spion wäre, hätte ich mir wohl die Postkarte persönlich für zwanzig Pfennig in Halberstadt gekauft und hätte sie nicht mit meiner vollen Adresse schriftlich angefordert. Ich konnte den Mann mühsam davon abhalten, in der Redaktion Haussuchung nach dem Saurier-Aufsatz machen zu lassen.

Ein anderes Mal hatte ich zu einem Maikäfer-Aufsatz ein Bild von einem kleinen Jungen geknipst, der vor einem Blütenbaum einen Maikäfer von seinem dicken Fingerchen abfliegen ließ. Darunter stand »Maikäfer flieg, dein Vater ist im Krieg!« Dieses Bild wurde von der Zensur verboten, weil Maikäfer Schädlinge seien und man dafür keine Propaganda machen dürfe ...

Wieder ein anderes Mal wollte ich darstellen, was unsere tüchtigen deutschen Ziegen für Milch geben. Ich hatte die Litermenge ausgerechnet und eine große Talsperre voll Milch gemalt. Auch dieses Bild wurde von der ängstlichen Zensur des Dritten Reiches verboten, »weil die Leser sonst denken könnten, es gäbe schon zu viel Ziegenmilch in Deutschland ... Dann würden sie keine Ziegen mehr halten«. Zensoren haben schon allezeit viele unfreiwillige Witze gemacht.

Neulich kam ein Mann aus dem Sudetenland zu mir, der Hundefutter erzeugen und ein lobendes Gutachten von mir darüber haben wollte. Er war erstaunt, daß ich Deutscher und kein Tscheche sei. In einer bestimmten tschechischen Zeitung seien jahrelang Aufsätze von mir erschienen, und auf Grund meines unaussprechlichen Namens hätten viele Tschechen gedacht, daß ich irgendwo in Böhmen lebte. Ich kann aber leider kein Wort Tschechisch und auf Polnisch nur einige Sätze, die ich als Soldat gelernt habe. Dafür ist einmal im Kriege ein Buch von mir auch in tschechischer Übersetzung erschienen. Ich habe nur mit Schwierigkeiten ein einziges Stück davon bekommen, das ich sorgsam aufbewahre. ›Wir Tiere sind ja gar nicht so‹, heißt danach auf Tschechisch ›Takova ismemy zvirata‹.

Es ist ein seltsames Gefühl, ein eigenes Buch in der Hand zu haben, in dem man nicht einmal die Unterschriften unter den Bildern entziffern kann. Die tschechische Sprache ist viel kürzer und gedrängter als die deutsche, und so ein Buch hat daher viel weniger Seiten. Weil es während der Zeit des seligen »Reichsprotektorates« erschienen war, habe ich nach dem Kriege ängstlich das Vorwort übersetzen lassen, ob nicht etwa die tschechischen Herausgeber irgend etwas Nazistisches hineingesetzt hätten. Zum Glück war es aber ganz unschuldig.

So macht auch ein Mann, der nur als eine Art Anwalt unserer vierbeinigen und geflügelten Mit-Weltbürger schreibt, seine Erfahrungen mit Zeitungen, Verlegern und Rundfunksendern.

Bildnachweis:

Alle Fotos sind vom Verfasser, mit Ausnahme des Bildes auf Seite 12, das der Zoo Philadelphia, und des Bildes auf Seite 63, das Dr. Ernest Walker, Washington, zur Verfügung stellten.

BERNHARD GRZIMEK

Auf den Mensch gekommen

Erfahrungen mit Leuten

474 Seiten, 32 Abbildungen, DM 34,– C. Bertelsmann Verlag

Ich habe es gelesen – nein: verschlungen. Alle Wetter: diesem Mann steht Sprache zur Verfügung! Das erzählt und erzählt und fesselt und fesselt, und man merkt gar nicht, wie es später und später wird, und man ist angelangt auf Seite 474, und es ist Mitternacht vorüber ... Es ist die Geschichte eines ungewöhnlich bewegten, ungewöhnlich tätigen, ungewöhnlich erfolgreichen Lebens. Lesen Sie selbst!

Dr. Lindemann, Norddeutscher Rundfunk

Wenige wissen, wieviele dramatische Episoden sich im Leben dieses weitgereisten Mannes ereignet haben und gegen welche Widerstände der eigenwillige Zoodirektor ankämpfen mußte. In dieser charmanten Lebensbeichte berichtet Grzimek von Begegnungen mit kleinen und kleinlichen Menschen, doch auch von menschlichem Opfermut und Pioniergeist. Das Buch ist derart spannend geschrieben, daß man es wahrhaftig in einem Zug durchlesen kann.

Die Tat

Die Kenntnisse, die Weisheiten und auch die Witze, die er austeilt, soll man sich hinter die Ohren schreiben. Die Pädagogengeste steht ihm aber, und sie steht ihm wohl auch zu. Sein Ruhm wurzelt ja in der Fähigkeit, eigene Erfahrungen ....

Die Zeit

Und Grzimek hat Schauderhaftes vom Eigennutz der Menschen und der Leute im besonderen zu erzählen, vor allem der Leute, die sich einen Dreck um unseren gemeinsamen Besitz ... kümmern. Breit und prächtig erzählt ...

Stuttgarter Zeitung

Da ist nichts Beschönigendes, Verlogenes, Verschleiertes oder sonstwie Unklares! Da hat sich ein weltbekannter Mann sein gesundes Urteil gewahrt und spricht es auch in aller Öffentlichkeit und Offenheit aus, ohne Rücksicht auf Geschäft, Politik, Kirche! Dazu muß man gratulieren!
Das Buch ist stilistisch hervorragend.

Oberstudienrat Dr. A. Zänkert